Dossiers et Documents

DANS LES COULISSES
D'ENQUÊTE

*Les reportages qui ont mené
à la **commission Charbonneau***

Projet dirigé en collaboration par Jean Pelletier, Pierre Cayouette et Myriam Caron Belzile

Conception de la grille graphique : Nathalie Caron
Mise en pages : André Vallée — Atelier typo Jane
Révision linguistique : Line Nadeau et Isabelle Pauzé
Conception de la couverture : Anne Tremblay, photographie
de François Fortin

Québec Amérique
329, rue de la Commune Ouest, 3e étage
Montréal (Québec) Canada H2Y 2E1
Téléphone : 514 499-3000, télécopieur : 514 499-3010

Nous reconnaissons l'aide financière du gouvernement du Canada par l'entremise du Fonds du livre du Canada pour nos activités d'édition.

Nous remercions le Conseil des arts du Canada de son soutien. L'an dernier, le Conseil a investi 157 millions de dollars pour mettre de l'art dans la vie des Canadiennes et des Canadiens de tout le pays.

Nous tenons également à remercier la SODEC pour son appui financier. Gouvernement du Québec – Programme de crédit d'impôt pour l'édition de livres – Gestion SODEC.

 Conseil des Arts du Canada **Canada Council for the Arts**

Catalogage avant publication de Bibliothèque et Archives nationales du Québec et Bibliothèque et Archives Canada

Cayouette, Pierre
Dans les coulisses d'*Enquête* : les reportages qui ont mené à la
    Commission Charbonneau
(Dossiers et documents)
ISBN 978-2-7644-1243-5 (Version imprimée)
ISBN 978-2-7644-2780-4 (PDF)
ISBN 978-2-7644-2781-1 (ePub)
1. Journalisme d'enquête - Québec (Province). 2. Corruption (Politique)
- Enquêtes - Québec (Province). 3. Enquête (Émission de télévision). I.
Sabourin, Marc-André. II. Titre. II. Collection : Dossiers et documents
(Éditions Québec Amérique).
PN4914.I58C39 2014   070.4'309714   C2014-941918-X

Dépôt légal : 4e trimestre 2014
Bibliothèque nationale du Québec
Bibliothèque nationale du Canada

Imprimé au Québec

Pierre Cayouette

avec la collaboration de

Marc-André Sabourin

DANS LES COULISSES

D'ENQUÊTE

*Les reportages qui ont mené
à la **commission Charbonneau***

ICI RADIO-CANADA   QuébecAmérique

TABLES DES MATIÈRES

AVANT-PROPOS

MILITANT DES FAITS

PAR ALAIN GRAVEL

Je n'avais même pas encore 20 ans et je voulais devenir journaliste. Je m'en souviens comme si c'était hier. J'avais les cheveux longs et des boutons plein le visage, mais je rêvais déjà de pouvoir, un jour, changer le monde.

Nous vivions les grands bouillonnements des années 1970. C'était l'époque des répressions sanglantes en Amérique latine. L'époque de la révolution iranienne. L'époque du guêpier de la guerre au Vietnam. L'époque de la guerre froide où les superpuissances se partageaient le monde en calculant le nombre d'ogives nucléaires qu'elles détenaient respectivement.

L'élection du gouvernement de René Lévesque en 1976, puis le référendum du 20 mai 1980 avaient plongé le Canada et le Québec dans une grave crise existentielle. S'en est suivi l'interminable débat constitutionnel. Jeune, j'ai vécu cette période extrêmement fébrile. J'aurais été le premier sur la ligne de front pour défendre les plus pauvres, les plus démunis, pour dénoncer les injustices, pour changer le monde ! Mais je n'étais pas du genre à descendre dans la rue pour manifester mon indignation à coup de slogans. Je n'avais pas envie non plus d'aller me frotter aux boucliers des escouades anti-émeute. Petit, jeune et maintenant plus vieux, j'ai toujours été, je suis et je serai toujours un indécrottable solitaire.

Si, un jour, j'ai milité pour la gauche, ce ne fut sans doute que le temps de quelques soupers sur le Plateau-Mont-Royal afin de provoquer mes amis de droite. Si j'ai milité pour la droite, ce ne fut aussi que le temps de quelques «dîners» bien arrosés à Outremont, sans doute pour narguer mes amis de gauche.

Ai-je déjà été marxiste, capitaliste, indépendantiste ou fédéraliste? Non. Les *-ismes* ne m'ont jamais vraiment attiré! Pas militant pour un sou!

Sauf pour JOURNALISME! Je suis un journaliste dans le sang. En rêvant malgré tout, depuis toujours, de changer le monde pour le rendre meilleur, loin des modèles d'intérêt et des pensées préfabriquées. Mais quand on a comme seule chapelle le journalisme et qu'on veut influencer le cours des choses, rien n'est simple. Surtout que le journalisme ne rate jamais une occasion de servir des leçons de modestie à tous ceux et celles qui se pensent trop forts, qui se prennent pour d'autres et qui veulent aller trop vite. Le journalisme est avant tout le métier du doute. Dans mon domaine, en effet, c'est le doute qui rend meilleur. La certitude est le plus grand piège. Mais changer le monde quand on n'est armé que d'une plume, d'un micro ou d'une caméra, ça ne se fait pas en criant ciseau! Il faut prendre le grand détour des faits pour faire avancer les choses. Patiemment, obstinément et, j'ajouterais, compulsivement!

Je me revois à 20 ans, au Saguenay-Lac-Saint-Jean, à une de mes premières affectations. J'assurais la couverture de la crise politique majeure qui secouait… la petite municipalité de Lac-Bouchette. Bonjour la révolution! Bonjour le scandale! Je me souviens aussi de l'ordre de mon patron à feue CKVL d'aller couvrir un concours de la compagnie Saputo, qui achetait de la publicité à notre antenne. J'en pleurais.

Un jour, à CKAC, dans les années 1980, on m'a demandé de me rendre à une conférence de presse pour le lancement d'une crème antirides, commanditée par… CKAC. Que d'illusions perdues, moi qui avais comme modèles les Pierre Nadeau, Jean-François Lépine, Madeleine Poulin, Raymond Saint-Pierre ou

Pierre Foglia! Triste réalité aussi lorsque plus tard, à TVA, on insiste pour que je trouve un quelconque scandale à Oka parce que, me disait-on, «ça fait longtemps qu'on n'a pas mangé du Mohawk»! Je ne pouvais pas tomber de plus haut. Mais il fallait que je mange mes croûtes.

Finalement, pour moi, manger mes croûtes aura été de quitter CKVL après l'épisode Saputo pour entrer, dans les jours suivants, à CKAC. Puis, à CKAC, où je suis resté pendant neuf ans, j'ai cédé et accepté à contrecœur de me rendre au lancement de la fameuse crème antirides, mais pour montrer que ça ne pouvait pas marcher. Au grand déplaisir de mes patrons. Douce vengeance! Et le jour où on m'a demandé de «manger du Mohawk», j'ai téléphoné à celui qui venait de m'offrir un poste à l'émission *Le Point* à Radio-Canada, Jean Pelletier, pour accepter sa proposition.

C'est comme ça que j'ai grandi comme journaliste. Patiemment, en franchissant toutes les étapes du métier. J'ignorais que, par chacune de mes affectations, les petites comme les grandes, j'étais en train de faire ma petite révolution en érigeant pierre par-dessus pierre mon édifice de crédibilité qui, malgré tout, reste si fragile qu'à la moindre erreur il risque de s'écrouler.

Ça fait 35 ans que je pratique ce métier. J'ai couvert à peu près tous les types de sujets: des conseils municipaux, des assemblées syndicales, des campagnes électorales, des premières de théâtre, des manifestations sportives, des procès, des massacres comme celui de l'élection ratée en Haïti en 1987, de vraies révolutions comme celle d'Afrique du Sud… J'ai fait des reportages d'affaires publiques et des enquêtes sur des sujets à caractère politique, économique, judiciaire ou social.

J'ai touché à tout. J'ai même participé à un grand reportage sur le phénomène des danses à dix dollars à la très sérieuse émission *Le Point*. Jamais je n'oublierai, le lendemain de sa diffusion, la mine déconfite du ministre de la Sécurité publique de l'époque, l'ostentatoire Claude Ryan, qui devait répondre aux questions de l'opposition à l'Assemblée nationale sur les raisons ayant conduit les policiers à se rendre à cinq ou six reprises dans les isoloirs pour confectionner leurs preuves. Ça valait cent piastres !

Au fil des ans, dans la pratique de mon métier, j'ai finalement découvert que ce dont je rêvais, c'était de trouver la vérité, quelle qu'elle soit, y compris celle qui choque. En fait, je suis un militant des faits.

Il est facile, dans ce métier, de dire n'importe quoi. Mais ce l'est moins d'établir la vérité. Or, comme journaliste, on ne peut vraiment changer les choses que par la démonstration des faits. En la présentant modestement et rigoureusement à la population, qui sera par la suite libre d'en juger. C'est comme si, pendant toutes ces années, je m'étais exercé à faire ce que je fais aujourd'hui : du journalisme d'enquête reposant sur des faits.

Le Québec n'a pas une longue tradition de la pratique du journalisme d'enquête. Certes, il nous est tous arrivé, un jour ou l'autre, de tomber sur un filon nous permettant de débusquer une histoire troublante et d'en faire un reportage d'enquête. Mais qu'une entreprise décide d'affecter une équipe exclusivement dédiée au journalisme d'enquête apparaissait, il n'y a pas si longtemps, comme une lointaine utopie.

C'est pourtant ce qu'a décidé de faire Radio-Canada, en 2007, en créant l'émission *Enquête*.

Je me souviens lorsque Jean Pelletier m'a invité à piloter, comme animateur, ce magazine d'affaires publiques. Autant j'en étais honoré, autant j'avais la trouille. Lors des entrevues de l'époque pour annoncer l'arrivée de notre émission, je ne cachais pas mon enthousiasme à l'idée d'enfin pouvoir consacrer toutes mes énergies, avec mes collègues, à chercher ce qui est occulté, gardé secret. Mais, au fond de moi-même, je me demandais comment nous allions y arriver.

Il y avait peu de modèles d'émissions comme celle que nous projetions de réaliser. Pas seulement ici, mais dans le monde entier. Ces émissions coûtent cher, sont risquées et ne rendent personne millionnaire. Devant moi, au-delà de mes rêves et de mon engagement professionnel, devant le précipice de mes ambitions, il y avait un vide immense, sans filet. Mais nous étions condamnés à réussir tellement les attentes étaient grandes.

On s'est donc serré les coudes derrière notre capitaine, Jean Pelletier, qui a toujours cru à la valeur de l'information journalistique comme outil de changement d'une société et on a plongé. Des patrons comme lui, ça ne court pas les rues !

C'est Jean Pelletier qui a compris le premier l'importance des informations que nous détenions au début de notre enquête dans l'industrie de la construction. Il nous a sans cesse encouragés et poussés à travailler d'arrache-pied pour sortir nos histoires. Il a suivi tout ce que nous avons fait. Il nous a écoutés religieusement lorsque nous lui racontions nos rencontres avec nos sources. Prenant des notes dans ses multiples petits calepins, il a toujours été de bon conseil. Si parfois il nous a freinés, ce n'était jamais pour nous étouffer dans nos élans, mais bien pour nous relancer sur des bases plus solides. Lui et Alain Saulnier, le grand patron de l'info à Radio-Canada jusqu'en 2011, nous ont accordé toutes les ressources dont nous avions besoin. Le successeur d'Alain, Michel Cormier, est aussi d'un soutien indéfectible.

Quand nous avons largué les amarres du grand paquebot du scandale de l'industrie de la construction, il nous est arrivé d'avoir le mal de mer, pris dans les remous de ce si gros dossier. Mais la structure de Radio-Canada, sa tradition d'excellence en information et ses exigences professionnelles nous ont permis de traverser la tempête et de devenir un modèle en matière de journalisme d'enquête.

Du temps où j'étais président de la Fédération professionnelle des journalistes du Québec, au début des années 2000, je me souviens de la faible cote de popularité des journalistes dans les sondages portant sur la confiance des gens envers les différents corps de métiers. On était toujours au bas du palmarès, même derrière les vendeurs d'automobiles. Aujourd'hui, les choses ont radicalement changé. Lorsque les gens me reconnaissent dans la rue, ils ne me félicitent pas, mais me remercient. Au nom de mes confrères et consœurs, je vous assure que cette gratitude me va droit au cœur.

Jamais non plus je n'oublierai les regards pleins d'admiration de mes collègues anglophones quand Marie-Maude Denis et moi avons reçu, à Toronto, en 2012, le prix Tara-Singh-Hayer de la *Canadian Journalists for Free Expression* pour souligner notre courage dans la couverture des divers éléments ayant marqué le scandale dans l'industrie de la construction au Québec. Je me souviens aussi des regards envieux d'un groupe de journalistes français venus à Montréal pour la remise du prix Albert-Londres, lorsque je leur expliquais comment nous, reporters québécois, avons changé notre monde en pratiquant simplement mais rigoureusement notre métier.

C'est vrai que le Québec n'est plus le même depuis quelques années. Ce sont les journalistes qui ont, les premiers, alerté la population sur l'arnaque historique d'entrepreneurs sans scrupules parfois associés à la mafia, tout comme de syndicalistes, de professionnels ou de politiciens véreux, sans valeur ni morale. Ce sont aussi les journalistes qui ont forcé les autorités à créer des escouades policières spécialisées, à changer des lois ou à resserrer des règlements. C'est grâce à leur travail acharné si des gens autrefois intouchables ont été arrêtés et devront répondre de leurs gestes devant les tribunaux.

Enfin, si une commission d'enquête d'envergure telle la commission Charbonneau a réussi quotidiennement à faire la lumière sur le passé peu glorieux de l'industrie de la construction québécoise, c'est encore une fois en raison du travail incessant des journalistes d'enquête. Malgré mes rêves de Don Quichotte de journaliste, jamais je n'aurais pensé qu'un jour j'aurais contribué à ce point à améliorer la vie de mes compatriotes par la seule pratique de mon métier.

La nouvelle génération de journalistes y est pour beaucoup dans cette révolution journalistique, à commencer par ma collègue Marie-Maude Denis. C'est elle qui, la première, a attaché le grelot.

Des collègues d'*Enquête*, qui ont sauté dans le train une fois en marche, ont aussi une grande part du mérite. Je parle notamment des journalistes Christian Latreille, Gino Harel, Anne Panasuk et Sylvie Fournier. Aussi, les réalisateurs Claudine Blais, Emmanuel Marchand, Luc Tremblay, Sonia Desmarais et Johanne Bonneau. Sans nos recherchistes, travailleurs de l'ombre, rien n'aurait été possible : les Daniel Tremblay, Monique Dumont et Chantal Cauchy.

Je m'en voudrais aussi d'oublier le travail de collègues d'autres médias qui ont répondu présent dès les débuts de l'aventure : André Noël, André Cédilot, Vincent Larouche, Fabrice de Pierrebourg, Kathleen Lévesque, Linda Gyulai et autres.

Ce livre vous guidera dans les coulisses de nos enquêtes des dernières années dans l'industrie de la construction. Pierre Cayouette et Marc-André Sabourin nous ont prêté leurs précieuses plumes pour en faire le récit. Ce qui en ressort est un témoignage authentique sur la possibilité pour chacun d'entre nous de changer le monde dans nos domaines respectifs en nous appuyant sur des valeurs qui ont de moins en moins la cote, l'honnêteté, la rigueur et la vérité.

Montréal, octobre 2014

INTRODUCTION

Bien avant que s'amorcent les travaux de la commission Charbonneau, en mai 2012, les Québécois en savaient déjà beaucoup sur les possibles stratagèmes de collusion et de corruption dans l'octroi de contrats publics, de même que sur les liens entre le monde de la construction et le financement des partis politiques. Bon nombre de témoignages que l'on y a entendus jour après jour devant la juge France Charbonneau viennent en effet corroborer ce que les reportages percutants de l'émission *Enquête* ont révélé au cours des cinq dernières années.

Jamais, dans l'histoire récente du Québec, le travail des artisans d'une émission d'affaires publiques n'aura eu un tel effet sur le cours des choses.

Dès octobre 2009, une équipe d'*Enquête*, dont font partie les journalistes Alain Gravel et Marie-Maude Denis, de même que la réalisatrice Claudine Blais, avait démontré l'existence d'un mécanisme de trucage d'appels d'offres dans l'octroi de contrats publics. Le stratagème visait, bien sûr, à éliminer la libre concurrence. Intitulé « Collusion frontale : pratiques douteuses dans l'industrie de la construction », le reportage révélait que, dans la région de Montréal, la collusion gonflait le prix des grands travaux d'au moins 30 pour cent. L'enquête journalistique allait jusqu'à démontrer la mécanique utilisée par un club sélect d'entrepreneurs pour déterminer qui serait le plus bas soumissionnaire. Un ex-conseiller au cabinet du sous-ministre des Transports du Québec,

François Beaudry, y décrivait avec une précision quasi chirurgicale le système de langage codé – autour d'une partie de golf virtuelle – mis en place par les entrepreneurs pour déjouer une éventuelle écoute électronique et se partager les contrats. C'est dans le cadre de ce même dossier que l'entrepreneur Paul Sauvé a décrit la situation avec une image qui fait époque : « Ici, au Québec, c'est le *far west*. Tout est arrangé d'avance. Et si vous avez le malheur d'obtenir un chantier qui n'était pas destiné pour vous [*sic*] par les égides qui régissent, vous êtes dans la merde. »

Les plus fidèles parmi les centaines de milliers de téléspectateurs d'*Enquête* se souviennent sans doute des révélations fracassantes d'Alain Gravel dans les premières minutes de l'émission du 15 octobre 2009, tout juste après son habituel « Bienvenue à *Enquête* » et avant l'indicatif musical :

> « *Des milliards de dollars sont donnés par nos gouvernements pour la construction de routes ou d'infrastructures. L'octroi des contrats se fait par appels d'offres. Celui qui offre le plus bas prix l'emporte. Avant que les soumissions des entrepreneurs ne soient rendues publiques, tout doit demeurer secret pour que la libre concurrence puisse jouer pleinement son rôle. Ce que ma collègue Marie-Maude Denis et moi avons découvert dans notre enquête, c'est que, lorsque les entrepreneurs s'entendent à l'avance pour fixer les prix ou se répartir les contrats, la vraie compétition n'existe plus et les prix sont gonflés.* »

La veille de la diffusion du reportage, l'équipe d'*Enquête* en avait exposé les grandes lignes au *Téléjournal*, animé par Céline Galipeau.

Dès mars 2010, un reportage d'*Enquête* révélait au public ce sur quoi la commission Charbonneau allait se pencher au printemps 2014, quatre ans plus tard. Les premiers mois d'audiences de la commission Charbonneau ont consacré beaucoup de temps à la Fédération des travailleurs et travailleuses du Québec (FTQ), au Fonds de solidarité et à leurs dirigeants. Là encore, tout a commencé par des reportages d'*Enquête*. En mars 2009, au terme d'une longue investigation, Alain Gravel et Marie-Maude Denis révélaient qu'un haut dirigeant de la FTQ-Construction avait réclamé le remboursement de plus de 125 000 dollars en six mois pour des dépenses en restaurants et en alcool.

Ce sont par ailleurs le journaliste Christian Latreille et la réalisatrice Catherine Varga qui ont fait état d'allégations de menaces, de discrimination et d'intimidation lors de l'embauche de travailleurs sur les chantiers de la Côte-Nord. Leur reportage a fait connaître au public le controversé syndicaliste Bernard Gauthier (alias Rambo), figure désormais familière aux Québécois.

C'est aussi à Marie-Maude Denis que l'ex-candidat à la mairie Benoît Labonté a fait des confessions saisissantes, diffusées au *Téléjournal*, sur l'utilisation de prête-noms dans le financement des partis politiques municipaux et provinciaux. Le 22 octobre 2009, Céline Galipeau a ouvert ainsi son bulletin quotidien : « Ce soir, un homme qui n'a plus rien à perdre brise l'omerta. »

L'ex-chef de Vision Montréal avait choisi de vider son sac et de se confier à Marie-Maude Denis : « La réalité, là, puis c'est vrai dans tous les partis, au municipal, au provincial – y a pas un parti qui fait exception –, c'est qu'y a de l'argent qui se ramasse *cash* et qui est donné à des prête-noms qui, eux, font un chèque personnel, individuel. » Dans la même entrevue, Benoît Labonté révélait l'existence d'un système de ristournes demandées à des entreprises par un certain Bernard Trépanier, longtemps associé à Union Montréal, le parti de celui qui était maire de Montréal à l'époque, Gérald Tremblay. « Partout où je passe, c'est le même commentaire qui me revient : Bernard Trépanier, trois pour cent, Bernard Trépanier, trois pour cent. Bang, bang, bang, bang ! »

Avant de défiler devant la juge France Charbonneau, les Bernard Trépanier, Gilles Cloutier, Lino Zambito, Jocelyn Dupuis, Ken Pereira et Michel Arsenault, des visages désormais connus des Québécois, ont été au cœur des reportages d'Alain Gravel, de Marie-Maude Denis et de leurs collègues. Sans les efforts de l'équipe d'*Enquête* et des journalistes de la presse écrite, il y a fort à parier que la commission Charbonneau n'aurait jamais vu le jour.

C'est grâce à l'équipe de cette grande émission d'affaires publiques que les conclusions du rapport Duchesneau (*Rapport de l'Unité anticollusion au ministre des Transports du Québec*) ont été dévoilées en primeur, au *Téléjournal*, à Radio-Canada, le 14 septembre 2011. « Et cet empire clandestin dont je parle, c'est en fait les liens qui existent entre le monde de la construction et le financement illégal des partis politiques. On serait, selon les témoignages que j'ai recueillis, devant une culture éhontée et généralisée de pots-de-vin et de corruption », y affirmait Jacques Duchesneau.

Le présent livre raconte certains des dessous de cette série de reportages qui a ébranlé le Québec.

Il faut un patient travail d'enquête pour en arriver à mettre au jour des révélations d'une pareille ampleur. Les journalistes qui ont débusqué ces scandales ne manquent ni de courage ni de rigueur. Leurs reportages demeurent toutefois le fruit d'un travail d'équipe. Les patrons de rédaction, les réalisateurs, les recherchistes, les caméramans et beaucoup d'autres acteurs de l'ombre ont joué un rôle important dans cet exploit journalistique, comme le montre le récit qui suit. Il en est ainsi pour toutes leurs sources qui, parfois au péril de leur vie, ont accepté de témoigner à l'écran.

Il ne s'agit pas ici de reproduire le contenu des audiences de la commission Charbonneau ni de faire l'apologie de reporters-vedettes. Notre intention est plutôt de pénétrer dans les coulisses d'une grande émission d'affaires publiques qui fait la gloire de Radio-Canada afin de mieux comprendre la nature du travail de l'équipe qui se cache derrière. De mieux comprendre aussi les exigences de rigueur auxquelles cette équipe doit se conformer ainsi que les risques et dangers du journalisme d'enquête.

Dans l'avant-propos, le journaliste et animateur d'*Enquête*, Alain Gravel, rappelle qu'il a entrepris sa carrière, il y a 35 ans, avec l'espoir très noble de contribuer à «changer le monde». À en juger par le retentissement immense de ses reportages des dernières années, il peut désormais, tout comme ses collègues, crier victoire.

1

CAP SUR LAVAL

« Si je trouve c'est qui le tabarnak qui parle aux journalistes,
il s'en va patrouiller dans un trou pour le reste de sa carrière ! »

Un chef de police s'adressant à son équipe d'enquêteurs

NOVEMBRE 2008

Marie-Maude Denis ouvre la portière de la camionnette de Radio-Canada en prenant bien soin de ne pas renverser les cafés et les viennoiseries qu'elle tient en équilibre. « Tiens », dit-elle à Bernard, son caméraman, en lui tendant un espresso et un croissant.

Bernard ne savait pas trop à quoi s'attendre lorsque Marie-Maude est débarquée à Montréal pour remplacer Alexandre Dumas, qui quittait Radio-Canada après 32 ans de couverture des faits divers. Le *beat* des chiens écrasés, comme les gens l'appellent dans les salles de nouvelles, n'a jamais été très populaire ; y être assigné, ne serait-ce que pour une journée, est perçu comme une punition par bien des journalistes. Mais Marie-Maude, elle, avait *demandé* ce poste.

Dès son arrivée, la brunette de 27 ans s'est fait remarquer dans les corridors avec ses yeux coquins, son rire contagieux, son enthousiasme et ses réparties vives. Bernard n'était pas insensible à son charme, et encore moins les autres caméramans qui enviaient ouvertement leur confrère.

Sur le terrain, Marie-Maude était à la fois une collègue agréable et une journaliste redoutable. Qu'elle se trouve sur les lieux d'un incendie, d'un drame familial ou même d'une prise d'otages, elle parvient presque toujours à faire parler victimes, voisins et policiers. Et à la grande surprise de Bernard, des sources ont rapidement commencé à l'appeler, même si elle était nouvelle en ville, pour lui donner de petites primeurs.

Mais aujourd'hui, ni le responsable des affectations ni les sources n'avaient de boulot pour eux. Ils boivent leurs cafés dans la camionnette, à l'abri du vent frais et des flocons épars, en écoutant distraitement les voix grincheuses et métalliques émises par le balayeur d'ondes policières.

— Écoute ça! s'exclame Marie-Maude en montant le son du capteur.

— … *tous les patrouilleurs du 40, code TH.*

— C'est bon ça, un code TH? On devrait y aller? demande la journaliste.

— Mets-en que c'est bon!

— C'est quoi?

— Ça veut dire: «Tout le monde au Tim Hortons.» Code TH…

Les deux s'esclaffent quelques instants, puis Marie-Maude baisse le son du balayeur.

— *Shit!* Si ça continue comme ça, on va devoir faire un topo sur la pseudotempête de neige, s'impatiente la journaliste.

— Ouais…

— Bon ben, si c'est tranquille de même, aussi bien en profiter. Y a une personne à Laval que j'essaie de rencontrer depuis un moment. On va voir si elle est chez elle?

Content de s'activer, Bernard dépose son espresso à moitié bu dans le porte-verre et démarre la camionnette en guise de réponse. La journaliste vérifie l'adresse dans son carnet avant de la donner à Bernard, qui repère l'endroit dans le GPS mental qu'il s'est construit à force de parcourir les rues et ruelles de la métropole et ses environs pendant plus de 18 ans.

Le bouchon matinal s'est enfin résorbé et les ponts qui mènent à Laval ne seront pas engorgés avant plusieurs heures encore. Ils ne mettent qu'une trentaine de minutes à se rendre à destination.

Ils conviennent que Bernard restera dans la voiture. Pour le moment, Marie-Maude ne cherche qu'à obtenir des informations sur un dossier sur lequel elle planche depuis quelques jours déjà. Inutile d'inquiéter sa source en débarquant avec une caméra. Le caméraman installe tout de même un micro sans fil sur la journaliste, par précaution. Il la regarde cogner à la porte, qui s'ouvre rapidement, puis disparaître à l'intérieur d'une maison unifamiliale semblable à toutes les autres autour.

Bernard suit la conversation depuis la camionnette grâce au micro. Après quelques banalités, Marie-Maude entre dans le vif du sujet, et les noms de personnes et de compagnies s'accumulent rapidement. Bernard en reconnaît quelques-uns, dont celui du maire Vaillancourt, mais la plupart lui sont inconnus. Si bien qu'il finit par perdre le fil de la conversation et par n'écouter que d'une oreille distraite.

Ces derniers temps, Bernard conduit régulièrement Marie-Maude à la pêche – la recherche aléatoire d'information – dans les banlieues nord de Montréal. Tout ça a commencé lorsque Marie-Maude est montée dans la camionnette un matin, visiblement excitée par des renseignements qu'elle venait de recueillir auprès d'une source anonyme. Depuis, elle ne lui parle de son enquête qu'à demi-mot, toujours sur le ton de la confidence. Bernard connaît les thèmes généraux – la construction, la corruption, Laval –, mais pas les détails. « Tu vas voir, ça va être plus gros que le scandale des commandites », lui a juré sa collègue, sans vouloir en dire davantage.

Perdu dans ses pensées, Bernard est presque surpris lorsque Marie-Maude revient dans la camionnette.

— Tu as trouvé ce que tu cherchais ? demande-t-il.

— Plus ou moins, se contente de répondre Marie-Maude. On va manger ?

L'équipe s'arrête dans un restaurant italien du boulevard Saint-Laurent, où l'on trouve les pâtes et les pizzas fines dont raffole Marie-Maude, puis se sépare en arrivant à la tour brune de Radio-Canada, près du pont Jacques-Cartier. Marie-Maude se dirige vers le Centre de l'information, communément appelé le CDI, tandis que Bernard se met en *stand-by* au local des caméramans. Si une urgence survient, il sera prêt en deux minutes.

• • •

Le CDI bourdonne au rythme de l'actualité sans surprise d'aujourd'hui. *Le Club des ex* tire à sa fin sur le plateau de RDI, et l'animateur Simon Durivage salue ses ex et les auditeurs. Partout autour, reporters, recherchistes, rédacteurs et pupitreurs vaquent à leurs tâches pour nourrir l'appétit sans fin des diverses plateformes d'information de la société d'État.

Marie-Maude circule parmi les rangées et s'arrête en voyant Isabelle Richer. Elle s'est liée d'amitié avec la journaliste judiciaire dans la foulée du scandale de prostitution juvénile à Québec. Le procès, qui impliquait notamment Robert Gillet, un *morning man* populaire de la capitale, s'était déroulé à Montréal, en 2004, pour éviter un parti pris du jury. Marie-Maude, qui travaillait alors à Québec, était venue dans la métropole plusieurs mois pour couvrir l'affaire et Isabelle lui avait été d'une grande aide.

Son cubicule, situé à l'extrémité nord-ouest du CDI, est isolé de l'activité incessante des plateaux par quelques salles de réunion. Peu de gens y circulent et cette tranquillité convient parfaitement à la nature délicate du sujet sur lequel travaille Marie-Maude.

La journaliste ouvre un document Word dans lequel elle résume rapidement sa rencontre du matin, puis le classe dans un dossier qui contient déjà une dizaine de fichiers semblables. À la vue des notes accumulées ces derniers jours, la jeune journaliste se sent un brin étourdie. Elle sait qu'elle tient quelque chose de gros, mais ne parvient pas encore à mettre le doigt sur la manière de le raconter dans un reportage de nouvelles.

Marie-Maude hésite un instant, puis replonge dans ses notes. Les renseignements qu'elle possède portent sur des allégations de trucage d'appels d'offres pour une série de contrats accordés par la Ville de Laval il y a plus de dix ans. On y donne plusieurs noms. Des entrepreneurs manipuleraient des appels d'offres, se lieraient pour exclure des soumissionnaires, s'entendraient sur des pots-de-vin... On y décrit un stratagème bien huilé.

Marie-Maude Denis ressent encore ce curieux mélange d'excitation et de sentiment d'imposture, une sensation qui la suit depuis ses débuts à Radio-Canada. Sa carrière dans l'organisation est une étrange succession de postes qui a commencé alors qu'elle avait à peine 16 ans : distributrice de tracts, assistante de plateau, chroniqueuse à la radio, responsable des communications, journaliste télé à Québec et, finalement, à Montréal.

Côté études, elle fait pâle figure à côté de certains de ses collègues avec ce qu'elle appelle son «bac de schizophrène» obtenu de l'Université Laval : un mélange de sciences politiques, théâtre et communications, qu'elle a ensuite recentré sur le journalisme écrit. Pourtant, aujourd'hui, elle a entre les mains une primeur qui, elle en est persuadée, pourrait avoir l'effet d'une bombe le jour où les Québécois en prendraient connaissance.

Les rencontres qu'elle a eues confirment qu'elle est sur la bonne piste. La plupart des noms mentionnés lui demeurent toutefois inconnus et ce qu'elle pensait être un bon sujet pour un topo au bulletin de 18 h prend une ampleur de plus en plus démesurée. Malgré ses multiples entrevues et les notes que lui a données son patron, Pierre Tourangeau, un journaliste d'expérience qui a déjà enquêté sur Laval, elle se sent perdue.

Sa détresse n'échappe pas à son voisin de bureau, Christian Latreille. Elle lui a montré des extraits de ses notes de recherche et parlé du sujet à plusieurs reprises.

— J'ai pensé à ton affaire, lui dit Christian de sa belle voix chaude. Y avait une recherchiste ici avant, Monique Dumont, qui parlait tout le temps de scandales à Laval. Tu devrais lui montrer ton document ; elle est à *Enquête* maintenant.

« Pourquoi pas ? », se dit Marie-Maude. Au point où elle en est, elle n'a pas grand-chose à perdre. D'autant plus que Christian lui affirme que Monique, avec qui il a notamment travaillé sur l'affaire Claude Robinson, est digne de confiance.

Les bureaux d'*Enquête* sont situés au rez-de-chaussée de la tour de Radio-Canada, à l'extérieur du CDI. La petite porte munie d'une serrure électronique qui y mène se trouve quelques mètres en retrait, si bien qu'il est facile de passer tout droit sans la remarquer.

Marie-Maude cogne à la porte et demande à la dame qui lui ouvre où se trouve Monique Dumont. « C'est là », indique-t-elle en pointant un bureau sur lequel s'accumulent d'impression-nantes piles de papiers soigneusement triés. Il y en a tant qu'elles s'étendent sur les deux espaces de travail adjacents. Au milieu de ce classeur à aire ouverte est assise une dame aux cheveux gris-blanc bouclés vêtue avec goût.

— Monique Dumont ?

— Oui ?

— Marie-Maude Denis, dit la jeune journaliste en tendant la main. J'ai des informations dont j'aimerais vous faire part ; c'est Christian Latreille qui m'a suggéré de venir vous voir. C'est sur Laval.

Intriguée, Monique la guide vers la grande salle de conférence vitrée placée bien en vue au centre des bureaux d'*Enquête*. La recherchiste prend connaissance des informations recueillies par la journaliste. Quelques secondes plus tard, elle ne peut s'empêcher de lancer un grand cri.

2

D'« ENJEUX » À « ENQUÊTE »

*« Le monde vire fou quand ils voient un reportage à la télé.
Crissez-nous patience, on sait quoi faire ! »*

Une source policière se plaignant de l'orientation
des enquêtes par le gouvernement

Un an plus tôt, en mai 2007, Monique Dumont arrive un peu passé 9 h au bureau de *Zone libre* et se lance dans sa traditionnelle minute d'indignation. « Non mais, avez-vous vu ça ? », s'emporte-t-elle à voix haute. Ses collègues portent à peine attention à sa diatribe sur une quelconque transaction immobilière à Laval.

Monique fait une fixation sur Laval. Non pas la banlieue elle-même – la recherchiste y vit depuis des années –, mais la corruption qui rongerait son administration. Son indignation remonte à 1998. Elle venait alors d'intégrer l'équipe d'enquête de la salle des nouvelles et des sources ont commencé à lui écrire pour dénoncer des irrégularités dans la banlieue nord. Plusieurs entrepreneurs auraient mis la main sur une série d'immeubles et de terrains à des prix dérisoires. Ses relations évoquaient l'existence d'un stratagème suffisamment puissant pour influencer les politiques provinciales et même fédérales. Et celui qui aurait tiré les ficelles, toujours selon ces mêmes sources, aurait été le maire de Laval, Gilles Vaillancourt. Depuis, Monique suit et documente ses moindres faits et gestes, sans relâche.

Cette recherchiste, toutes les équipes d'enquête, journalistiques et policières, voudraient la compter dans leurs rangs.

« Ça n'a pas de bon sens ! » se dit-elle en secouant la tête. Enfin calmée, elle se glisse devant son ordinateur et ouvre une de ses nombreuses bases de données pour y ajouter les informations qui ont suscité son intérêt dans le journal ce matin. C'est plus fort qu'elle : si un article, ne serait-ce qu'un paragraphe coincé entre deux nouvelles, retient son attention, elle compile les noms des personnes concernées dans ses dossiers, même si cela n'a aucun lien avec les reportages auxquels elle travaille. Probablement un effet secondaire de son baccalauréat en histoire et de sa maîtrise en bibliothéconomie, la science de l'organisation et de la gestion des bibliothèques.

En ouvrant ses courriels, la recherchiste aperçoit une convocation à une réunion. Rien d'exceptionnel, si ce n'est le fait que tant l'équipe de *Zone libre* que celle d'*Enjeux* y assisteront. Normalement, les deux émissions d'affaires publiques fonctionnent séparément, même si elles partagent les mêmes locaux. « Si tout le monde doit être présent à la rencontre, c'est que quelque chose d'important – ou de grave – sera annoncé », pense-t-elle.

Monique Dumont ne s'en fait pas trop. Elle s'est jointe à l'équipe de *Zone libre* à titre de journaliste à la recherche, il y a quelques mois à peine, lors de la création du module *Zone libre enquête*. L'objectif était de produire huit reportages percutants à diffuser tout au long de la saison 2006-2007 et cela a été réussi haut la main. L'enquête de Guy Gendron sur les répercussions environnementales de l'exploitation des sables bitumineux en Alberta, notamment, a tellement dérangé que le gouvernement Harper a boycotté les questions et les demandes d'entrevues des journalistes de Radio-Canada pendant une semaine !

Rien n'est plus gratifiant pour la recherchiste que de travailler à des enquêtes de longue haleine et elle ne regrette pas un instant d'avoir quitté le CDI. Elle y a eu beaucoup de plaisir, mais tout était à recommencer chaque jour, selon les nouvelles de l'heure, et il y avait moins de place pour les reportages en profondeur.

Elle ne compte plus le nombre de fois où un pupitreur lui a dit que ses histoires de contrats lavallois étaient trop compliquées ou trop locales pour *Le Téléjournal*. Rien ne la faisait plus rager que lorsqu'elle voyait sa primeur à la une de *La Presse* ou du *Journal de Montréal*, quelques jours plus tard. «Tu vois, c'était ça, mon histoire trop compliquée», lançait-elle alors en brandissant un exemplaire du journal sous le nez de son patron.

Le manque d'enthousiasme de ses collègues du CDI pour Laval ne l'a pas empêchée de creuser ce filon. Dès qu'elle terminait ce qui lui était assigné, elle cherchait de nouvelles informations et enrichissait sans cesse ses bases de données. Au fil du temps, elle s'est fait de nombreux contacts, y compris un qui lui écrit chaque fois avec une adresse de courriel différente. Elle ignore complète-ment son identité – ils utilisent un code pour savoir que c'est lui qui écrit –, mais toutes les informations qu'il lui a données se sont avérées.

Vers le milieu des années 2000, Monique Dumont a même rallié le recherchiste Daniel Boily, de même que trois journalistes de la salle des nouvelles à sa cause : Davide Gentile, Philippe Schnobb et Jean-Hugues Roy. Ensemble, ils effectuaient de nom-breuses demandes d'accès à l'information pour mettre la main sur des contrats accordés par les villes des couronnes nord et sud de Montréal.

Tout ce bagage, Monique l'a emporté à *Zone libre*. Elle n'a pas encore convaincu ses nouveaux collègues de consacrer une enquête à la Ville de Laval, mais elle a bon espoir d'y parvenir. Peut-être pendant la saison 2007-2008.

• • •

La salle de conférence peine à contenir les membres des équipes d'*Enjeux* et de *Zone libre*. La nervosité est palpable et tous observent le grand patron, Jean Pelletier, assis au bout de la table. Comme à l'habitude, le visage de l'homme ne laisse rien transparaître. Ses yeux sombres et sévères et son aplomb de tous les instants sont aussi intimidants que son passé de grand reporter. On lui doit notamment une primeur mondiale au sujet des otages américains réfugiés à l'ambassade canadienne d'Iran, en 1980, alors qu'il était correspondant à *La Presse*. Au fil des ans, le «premier directeur des affaires publiques et des grands reportages documentaires» a su inspirer le respect avec son jugement, sa rigueur et sa loyauté. Tous peuvent compter sur lui pour les défendre, que ce soit sur la place publique ou dans les échelons supérieurs de Radio-Canada.

Lorsque Jean Pelletier prend enfin la parole, le silence se fait dans la salle et le grand responsable de l'information va droit au but. Les équipes d'*Enjeux* et de *Zone libre* fusionneront pour créer une nouvelle émission hebdomadaire. L'objectif sera de mener uniquement des enquêtes journalistiques de longue haleine. La première émission sera diffusée en septembre prochain et l'animateur sera Alain Gravel.

Autour de la table, les réactions sont mitigées. Jean Pelletier s'y attendait : personne n'aime voir ses habitudes bouleversées et les journalistes ne font pas exception. Si plusieurs sont ravis de pouvoir enfin se consacrer à l'enquête, d'autres se montrent moins enthousiastes. L'enquête est un type de journalisme qui ne convient pas à tous.

Et il y a aussi les délais. Faire des enquêtes, des vraies, nécessite des mois, parfois même des années. C'est un travail patient, difficilement compatible avec des échéances serrées. Comment allaient-ils produire une enquête pertinente par semaine, dont la première est prévue pour septembre, dans trois mois ? Ce ne sera certainement pas cet été, pendant les vacances, qu'ils pourront emmagasiner des topos…

Jean Pelletier balaie les réticences du revers de la main. Au début, il suffira d'adapter le matériel qui allait être diffusé à *Enjeux* et *Zone libre*. Oui, ce sera beaucoup de travail, mais il est temps de redonner une place à l'enquête journalistique, un genre qui se porte mal au Québec alors que les chroniqueurs et l'opinion alimentent de plus en plus l'actualité. Jean Pelletier, avec sa vision noble du journalisme, rêve depuis longtemps de renverser cette tendance.

— Et ce sera quoi, le nom de cette nouvelle émission? lance quelqu'un dans la salle.

— Il n'est pas encore choisi. Vous pouvez m'envoyer vos suggestions au cours des prochains jours.

La réunion se termine et les gens quittent la salle, perplexes, la mine plus ou moins déconfite. Monique Dumont ne fait pas exception; plusieurs éléments l'inquiètent. Au-delà des délais, il y a tout un défi logistique en ce qui concerne la recherche… Mais pour ce qui est du reste, elle n'aurait pu demander mieux. Après tout, elle avait joint l'équipe de *Zone libre* justement pour faire des enquêtes. Et maintenant qu'il faudra en produire davantage, ses chances de convaincre un journaliste de s'intéresser à Laval ne feront qu'augmenter.

Au cours des jours qui suivent, Jean Pelletier reçoit une trentaine d'idées de noms. Des déclinaisons d'*Enjeux* et de *Zone libre*, des titres génériques et d'autres qui ne veulent rien dire, tel A-18, le nom du local où se trouvent les équipes. De manière tout à fait démocratique, le directeur finit par choisir lui-même le titre de l'émission: *Enquête.*

Les réactions sont immédiates. «On va avoir l'air de quoi, nous, quand on va appeler quelqu'un? s'exclame Monique Dumont. "Bonjour, voudriez-vous nous accorder une entrevue, c'est pour *Enquête.*" Avec un nom d'émission de même, personne ne va vouloir nous parler!»

Elle n'est pas la seule à critiquer le nouveau nom, mais Pelletier est intraitable. Ce sera *Enquête.* Le titre est précis, incisif et, surtout, il dicte le ton que devront avoir les reportages.

· · ·

La première émission d'*Enquête*, diffusée le 12 septembre 2007, propose un reportage sur le comportement des médias après la fusillade au collège Dawson.

Une semaine plus tard, le deuxième dossier, consacré aux confessions de la cycliste Geneviève Jeanson, ébranle le Québec. Après l'avoir nié pendant des années, l'athlète craque et avoue à Alain Gravel avoir consommé de l'érythropoïétine, mieux connue sous le nom d'EPO, pour améliorer ses performances. Du coup, *Enquête* devient ce grand magazine d'affaires publiques qui n'en finira plus de multiplier les histoires percutantes. Dans *La Presse* du lendemain, Nathalie Petrowski encense la nouvelle émission : « Chose certaine, cette enquête [...] est ironiquement le contraire de la classique enquête, froide et factuelle. C'est du *human* à son meilleur. »

• • •

Ce n'est que plusieurs mois plus tard que Monique Dumont obtient enfin sa chance de parler de Laval. Depuis une heure, la chef recherchiste – elle a eu une promotion avec la création d'*Enquête* – tente de convaincre l'équipe de se pencher sur le cas de Laval. C'est le rédacteur en chef de l'émission, Alain Kémeid, qui lui a accordé ce temps pour défendre son sujet parce qu'il croit au potentiel de cette histoire. Monique est persuadée qu'au moins un journaliste s'intéressera à ce qu'elle raconte.

Une heure, c'est court pour parler d'un sujet qu'elle creuse depuis presque dix ans. Fidèle à ce que lui a enseigné le journaliste Michel Morin, qui pouvait lire de complexes rapports d'Hydro-Québec pendant des heures, Monique commence par l'aspect technique, car, pour faire un reportage sur la possible corruption à Laval, il faut d'abord comprendre les rouages internes. Sauf que le côté technique, pour le commun des mortels, c'est ennuyeux.

La recherchiste griffonne et tourne rapidement les pages de son tableau de papier blanc, avec la même agitation dont elle fait preuve pendant ses minutes d'indignation. Appels d'offres, changements de zonages, copinage, sociétés à numéro, collusion, contrats scindés, entrepreneurs, firmes de génie, cabinets d'avocats, délais, ententes de gré à gré… Les minutes s'allongent tandis qu'autour de la table les bâillements et les coups d'œil au BlackBerry se font de plus en plus fréquents.

Après un moment, Gravel s'emporte. Bien qu'il reconnaisse l'intérêt et la rigueur de l'exposé de sa collègue, il s'inquiète et voit mal, pour l'instant, comment faire de toutes ces allégations un bon reportage pour la télévision. « On a juste des concepts ; on n'a pas de preuve, rien. »

Le regard embrumé des autres journalistes et réalisateurs indique que le sentiment de Gravel est partagé. Cette salle de réunion regroupe l'une des meilleures équipes de reporters du Québec et Monique l'a endormie en parlant de Laval, l'administration municipale qu'elle soupçonne d'être la plus sale de la province.

La corruption qui y régnerait serait la plus pernicieuse qui soit, car elle se déroulerait à l'intérieur des mécanismes de sécurité existants, sous forme d'appels d'offres truqués. Prouver ces crimes s'avérerait complexe pour des policiers et encore plus pour des journalistes. Pour réveiller l'équipe d'*Enquête*, Monique aura besoin de bien plus que des concepts techniques et d'un tableau blanc. Elle a besoin d'une preuve, une vraie.

3

LA NAISSANCE D'UN DUO PROLIFIQUE

« Le mur de Chine n'est pas aussi étanche qu'il devrait l'être. »

Une source policière critiquant l'intrusion
du gouvernement à la Sûreté du Québec

« J'AI MON *SMOKING GUN*! J'AI MON *SMOKING GUN*! »,
crie Monique en sortant de la salle de conférence, Marie-Maude
sur les talons, l'air confuse. La jeune journaliste savait qu'elle
détenait des informations explosives, mais à ce point? Ce qu'elle
ignore, c'est que la chef recherchiste avait entendu parler des trou-
vailles de la journaliste, sans jamais parvenir à une corroboration.
Aujourd'hui, Monique possède enfin le début de la preuve qui lui
manquait.

Quelques personnes se rassemblent autour des deux femmes
pour connaître la source de cette agitation. Mais en entendant le
mot « Laval », leur intérêt retombe aussi vite qu'il est apparu. Cela
n'empêche pas Monique de filer dans le bureau d'Alain Kémeid
pour lui faire part de l'information qu'elle perçoit comme étant
son *smoking gun*, ce qui, dans le jargon policier, est une preuve
irréfutable. Le rédacteur en chef admet que, cette fois, il est peut-
être temps de s'intéresser à la banlieue.

Une rencontre est rapidement organisée avec Jean Pelletier,
Alain Kémeid et le patron de Marie-Maude, Pierre Tourangeau.

Ce dernier accepte de libérer sa journaliste quelques jours afin qu'elle creuse davantage cette histoire au sujet de Laval. Après tout, c'est elle qui a mis la main sur ces informations exclusives et les donner à un autre reporter serait plutôt cavalier. Mais comme elle n'a aucune expérience d'enquête, un journaliste chevronné travaillera de pair avec elle.

Le nom de Guy Gendron sort le premier. Le reporter compte plus de 30 années d'expérience, au Canada comme à l'étranger, et a mené de nombreuses enquêtes percutantes, dont une récemment sur la biologie totale, une forme de médecine douce extrêmement contestée qui incite les patients à abandonner leur traitement pour se concentrer sur le « stress » qui cause la maladie.

Marie-Maude Denis n'aurait pu demander mieux lorsque Pierre Tourangeau lui annonce la nouvelle. Elle connaît déjà Guy et lui a même sollicité ses conseils pour ce dossier quelques jours auparavant. Elle voulait écrire des courriels et passer des coups de fil à des sources sans que ceux-ci puissent être retracés et le journaliste lui a donné des trucs.

Mais lorsqu'on lui demande de travailler sur Laval, Guy refuse. Il serait en conflit d'intérêts, car il a fréquenté quelqu'un de la famille de Gilles Vaillancourt pendant deux ans et a côtoyé le maire assez souvent pendant cette période pour le tutoyer. Le grand patron d'*Enquête*, Jean Pelletier, se rend alors au bureau d'Alain Gravel.

Les deux hommes se connaissent depuis 20 ans. Ils se sont rencontrés pour la première fois lors d'une soirée, en 1987, alors que Jean Pelletier était président de la Fédération professionnelle des journalistes du Québec et que le reporter rentrait tout juste d'un séjour en Haïti, où il avait couvert l'élection présidentielle pour la station de radio CKAC. Le scrutin avait tourné à l'horreur lorsque des Tontons Macoutes, la milice paramilitaire de la dictature duvaliériste, avaient ouvert le feu sur la foule qui attendait devant les bureaux de vote. Alain s'était réfugié avec de nombreux blessés dans une église, tandis que le son des mitraillettes se faisait toujours entendre à l'extérieur. « Qu'est-ce que je crisse ici ?, se demandait sans cesse le journaliste, paniqué. J'ai deux petits enfants qui m'attendent à la maison. Qu'est-ce que je crisse ici ? » Contrairement à de nombreux Haïtiens et à d'autres reporters, Alain s'en est tiré indemne.

Au cocktail, Jean avait serré la main du jeune journaliste en le félicitant : « J'ai beaucoup apprécié vos reportages à Haïti. » Flatté, celui-ci lui avait alors expliqué à quel point l'expérience avait été un cauchemar et qu'il n'avait pas l'intention de repartir.

— J'ai deux enfants. Un garçon et une petite fille qui vient de naître… Je dois penser à ma famille, maintenant. Je ne vais jamais y retourner.

— Alors, c'est qu'ils ont gagné, avait répondu Pelletier du tac au tac.

La réplique avait hanté le reporter pendant plusieurs semaines. Et lorsque l'occasion de retourner à Haïti s'est présentée, il a sauté dans l'avion avec son magnétophone pour aller couvrir l'élection présidentielle de janvier 1988.

Le bureau d'Alain Gravel se trouve à l'extrémité est des locaux d'*Enquête*. L'endroit, l'un des rares à bénéficier d'une fenêtre, aurait l'air spacieux si ce n'était du fouillis qui y règne. Une petite table de travail est couverte de documents épars, malgré le classeur prêt à les accueillir tout près. Des lettres et des colis attendent ici et là d'être ouverts et un chandail de vélo sèche sur une chaise – plusieurs collègues qualifient d'ailleurs l'endroit de « vestiaire ». Au moins, le cycliste a la décence de cacher ses cuissards…

Jean ne remarque même pas le bordel tant il y est habitué. Alain lui fait dos, penché sur son écran d'ordinateur. Il porte des lunettes à monture simple sur le bout du nez et son visage sévère est marqué par l'une de ses nombreuses moues.

— Alain ?

En entendant la voix de son patron, l'animateur se retourne et le regarde par-dessus ses lunettes.

— Pourrais-tu travailler avec une fille de la salle des nouvelles, Marie-Maude Denis? Je cherche quelqu'un pour l'encadrer.

— C'est l'histoire de Laval, ça?

— Oui.

— Je sais pas… Il y a loin de la coupe aux lèvres, là, répond Gravel.

L'animateur ne voit aucun problème à l'idée de travailler avec Marie-Maude. Au contraire, il avait déjà remarqué la journaliste à la télé, lors du procès de Robert Gillet, et l'avait trouvée prometteuse. Cependant, il a vu le *smoking gun* de Monique et il était resté sceptique. C'est une piste intéressante, certes, mais ce n'est pas une preuve. Impossible, à cette étape, de valider l'authenticité des informations amassées à ce jour par la jeune journaliste.

— C'est certain qu'il y a matière à creuser, dit Gravel. Sauf que, si on embarque dans ça, on en a pour un bout avant d'arriver à quelque chose.

— Prenez le temps qu'il vous faudra, lui répond Jean.

— Il nous faut trois mois, sans pression.

— Vous l'avez.

• • •

«Je travaille avec Alain Gravel.» Marie-Maude doit répéter la phrase plusieurs fois dans sa tête pour y croire. La reporter est honorée, mais aussi un peu intimidée. Ce n'est pas tous les jours qu'une journaliste débutante est jumelée avec un animateur-vedette pour produire un reportage. «Si on me met avec lui, l'histoire doit être encore meilleure que je le croyais», se dit-elle.

Les deux journalistes se rencontrent à quelques reprises pour faire le point sur le sujet, mais le vrai travail d'équipe s'amorce au début de décembre, lorsqu'Alain et Marie-Maude quittent Radio-Canada pour rencontrer une source que leur a désignée Pierre Tourangeau et qui, *a priori*, n'a absolument rien à voir avec Laval. « Mais vous allez voir, il connaît tout le monde », leur avait assuré Tourangeau. C'est un *long shot*, mais les deux journalistes doivent bien commencer quelque part.

L'organisation de la rencontre est digne d'un roman policier. Leur source a une manière de procéder à laquelle elle refuse de déroger : c'est elle qui établit le contact, et pas l'inverse. D'ailleurs, ni Marie-Maude ni Alain ne possèdent ses coordonnées. Tourangeau a fait parvenir un message à son informateur, qui a ensuite appelé Marie-Maude pour prendre rendez-vous.

« Salut, c'est ma poule », avait dit la voix au bout du fil. L'homme faisait une blague en référence à « ma chouette », le surnom de l'informateur qui a mis le journaliste du *Globe and Mail* Daniel Leblanc sur la piste du scandale des commandites. Inutile de chercher un nom de code plus loin : la nouvelle source de Marie-Maude et Alain s'appellera Poule.

Utiliser des faux noms permet aux journalistes de parler de leurs sources, que ce soit dans un reportage ou pendant une réunion avec des collègues, sans que les gens puissent deviner de qui il s'agit. Cela permet aussi de protéger l'identité de leurs informateurs au cas où leurs ordinateurs seraient piratés ou saisis par la police.

Le lieu de la rencontre avec Poule, lui, n'a rien de mystérieux : La Mère Clavet, une brasserie située sur la rue de la Gauchetière Est, à un jet de pierre de la tour de Radio-Canada. Les deux reporters n'ont littéralement qu'à traverser un stationnement pour s'y rendre.

La Mère Clavet était jadis une véritable institution où se déversaient les bureaux de la société d'État à l'heure du lunch – ou plus tôt, pour ceux qui aiment boire une bière avant midi. La brasserie grouillait alors d'activité jusqu'à la fin de la journée, de nombreux employés préférant finir leur quart dans ce bureau-satellite. Avec les années, les mœurs ont évolué. Le restaurant demeure plein autour de midi, mais se vide rapidement passé 13 h.

L'endroit, lui, n'a pas changé. Les tables, les chaises, les moulures et les grosses poutres au plafond sont toujours recouvertes d'une teinture ambrée.

Poule se trouve déjà assis à une table dans un coin. Le duo se présente en lui serrant la main brièvement, puis s'assoit. Personne ne leur porte attention. C'est l'heure du lunch et l'endroit est bondé. Fidèle à ses habitudes, Marie-Maude commande un pizza-ghetti, tandis qu'Alain demande un burger et leur source, une salade.

Sitôt la serveuse repartie, les journalistes commencent à poser leurs questions. Tous deux prennent des notes discrètement, mais ils n'ont ni magnétophone ni caméra cachée. Pour établir une relation de confiance, surtout lorsqu'il s'agit d'une personne qui risque gros en acceptant de parler, la dernière chose à faire est de débarquer avec l'artillerie lourde.

Tourangeau avait raison : Poule connaît tout le monde. Si bien que même Marie-Maude, qui travaille sur le sujet depuis plus longtemps qu'Alain, ignore la plupart des noms qui sont mentionnés. Et des noms, il y en a beaucoup ; leur source est une vraie pie. *Deep Throat*, le pseudonyme de l'agent du FBI qui a révélé l'information à l'origine du Watergate et de la démission du président Richard Nixon en 1974, lui aurait probablement mieux convenu comme nom de code !

Marie-Maude mentionne Tony Accurso assez tôt dans la rencontre. Poule sait très bien qui est l'entrepreneur. Mais pour ce qui est d'un quelconque lien avec Laval, là, il ne voit pas trop.

— Accurso, c'est la FTQ.

— La Fédération des travailleurs et travailleuses du Québec ? Le syndicat ? demande Alain, étonné.

— Oui. Et le Fonds de solidarité, c'est sa banque personnelle.

Le Fonds de solidarité FTQ est un véritable pilier de l'économie québécoise. Il a été créé en 1983, quelques mois après la récession qui avait propulsé le taux directeur de la Banque du Canada à un sommet de 21,24 pour cent, rendant l'accès au crédit extrêmement difficile pour les particuliers et les entreprises. L'objectif du Fonds était en apparence simple : investir dans des compagnies québécoises afin de créer et maintenir des emplois dans la province. Mais encore fallait-il convaincre les épargnants pour qui un bon rendement est plus important que de contribuer à l'économie locale.

La FTQ a donc persuadé les gouvernements provincial et fédéral de consentir aux investisseurs un crédit d'impôt totalisant 30 pour cent sur les premiers 5000 dollars placés dans le Fonds chaque année. Cet argument, combiné à un marketing efficace, a poussé des centaines de milliers de Québécois à acheter des actions au fil des ans, malgré un rendement inférieur à plusieurs autres véhicules de placement. Alain Gravel lui-même y a placé près de 40 000 dollars. Comment un entrepreneur en construction, un patron, peut-il utiliser un fonds d'investissement créé et géré par un syndicat de travailleurs comme sa « banque personnelle » ? Curieux, les deux journalistes pressent Poule de questions, qui n'est que plus heureux de parler davantage.

La litanie de noms reprend de plus belle, entraînant Alain et Marie-Maude sur un terrain encore plus inconnu : la FTQ. Mais cette fois, le duo parvient à discerner des informations pertinentes. Louis Laberge, l'ancien président de la FTQ dont le travail acharné a mené à la création du Fonds, était un bon ami d'Accurso. Avant le décès du chef syndical, en 2002, les deux hommes jouaient régulièrement aux cartes jusqu'au petit matin. Sans l'aide du Fonds, jamais Tony Accurso n'aurait pu acheter l'entreprise Simard-Beaudry Construction en 1999, une transaction qui a permis à l'homme d'affaires de devenir l'un des plus importants acteurs dans l'industrie de la construction au Québec.

Le président de la FTQ de l'époque, Michel Arsenault, serait aussi un de ses bons amis.

— En ce moment même, Arsenault est en vacances sur le bateau d'Accurso, dit Poule.

— Son bateau ? Où ça ? le questionne Marie-Maude.

— Aux Bahamas, sur un yacht, le *Touch*.

Alain se redresse légèrement dans sa chaise. Le reporter de 50 ans est un gars de terrain et, jusqu'à présent, il ne voyait pas trop comment raconter cette histoire : tous ces noms qui ne lui disent rien, les premières informations recueillies par Marie-Maude, les concepts de Monique… Mais là, il vient de flairer une piste : quand un chef syndical passe une semaine en vacances sur un bateau avec un patron, quelque chose ne tourne pas rond. Voilà qui mérite d'être fouillé.

Poule continue de parler encore et encore, et de sortir toujours plus de noms, mais Alain ne l'écoute que d'une oreille. Trois mots tournent en boucle dans sa tête : Accurso, Arsenault, bateau, Accurso, Arsenault, bateau. Voilà une histoire que le public et lui peuvent comprendre. Voilà une histoire qui se raconte à merveille dans un reportage télé.

Un peu plus tard, Marie-Maude et Alain quittent Poule devant La Mère Clavet en le remerciant. En plus de l'histoire de bateau, la source leur a donné quelques noms de personnes qui pourraient leur en dire davantage. Tandis que les deux journalistes traversent le stationnement qui les sépare de Radio-Canada, un obstacle bien plus imposant se dessine sur leur chemin : corroborer l'information selon laquelle Michel Arsenault, le président de la FTQ, s'est bel et bien rendu sur le yacht de Tony Accurso.

• • •

Le guide *Normes et pratiques journalistiques* de Radio-Canada stipule que les journalistes d'enquête doivent tenter de contre-vérifier rigoureusement l'information avant de la diffuser.

Dès le retour de leur entrevue avec Poule, le duo se met au travail. Marie-Maude retranscrit ses notes, auxquelles Alain ajoute les siennes. Ils rencontrent ensuite leur patron, Jean Pelletier, pour lui faire part de leur nouvelle piste. Comme eux, il est enthousiasmé par cette histoire mais ignore comment la valider.

— Nous pourrions demander à un détective privé de prendre des photos, pense Jean à voix haute après quelques minutes de remue-méninges.

— Ça serait écœurant! s'exclame Gravel. Mais faut se dépêcher: d'après Poule, Arsenault revient à Montréal dans 48 heures.

— Je peux m'en occuper! dit Marie-Maude.

— Alors, c'est réglé, conclut Jean. Appelle à *La Facture*; ils travaillent parfois avec des détectives privés et ils auront peut-être quelqu'un à te référer.

Marie-Maude saisit aussitôt le téléphone, tandis qu'Alain retourne à son bureau avec une petite idée en tête. En arrivant, il demande à sa recherchiste de trouver le numéro de l'attaché de presse de Michel Arsenault. Celle-ci n'a besoin que de quelques secondes pour lui donner un numéro et un nom: Jean Laverdière.

«Laverdière? Je le connais!», s'exclame Alain. Il actionne son magnétophone et décroche le téléphone.

La conversation s'étire pendant plusieurs minutes. Alain demande au relationniste si le petit restaurant qu'il a lancé fonctionne toujours, si le milieu des médias lui manque, s'il s'occupe des communications en général ou surtout de celles de Michel Arsenault. Tranquillement, sans empressement, le journaliste se dirige là où il veut en venir.

— Michel Arsenault est-tu dans le coin ces temps-ci?

— Euh... il est à l'extérieur du pays. Il doit rentrer samedi.

— Ah OK! Pis yé tu bien loin à l'extérieur?

— Loin, loin, loin.

— C'est où ça, loin, loin, loin?

— Ben, entre toi et moi, y a pris une semaine de vacances, pis yé en croisière avec sa femme.

— En croisière ? Dans les Antilles ?

— Ouais.

— OK… bon. Hum…

— L'urgence est où ?

— Non, non, c'est pas urgent. C'est que je veux le voir, là. On pensait faire des entrevues, vu le contexte politique actuel, mais on n'est pas trop sûrs.

Alain repart complètement dans une autre direction et demande à Laverdière s'il est encore temps d'acheter des actions pour le Fonds de solidarité. Puis, juste avant de raccrocher, il valide de nouveau ce que lui a dit le relationniste.

— Ben écoute, je te rappelle. Là, tu me dis que Michel Arsenault revient samedi et qu'il est dans les Antilles.

— Oui, il est à l'extérieur.

— Parfait. OK, merci !

— Bye !

Alain raccroche et arrête le magnétophone, le sourire aux lèvres. Il l'ignore, mais cet enregistrement lui épargnera bien des ennuis.

4

SI LA PHOTO EST BONNE...

*« Marteau, c'est le souffre-douleur du gouvernement et,
en même temps, sa bouée de sauvetage. »*

Une source policière

La neige et la pluie se livrent bataille à Montréal, à quelques jours de Noël. Au centre-ville, les piétons marchent en effectuant des demi-cercles pour contourner les amoncellements de gadoue. Dans les quartiers résidentiels, les automobilistes tournent dans les rues à la recherche d'un endroit où garer leur voiture, et les plus entreprenants se pellettent littéralement un espace de stationnement dans un banc de neige.

À 2300 kilomètres au sud, le mercure indique 27 °C. L'ancien policier ontarien se tient sur le quai d'une marina à Nassau, la capitale des Bahamas. Avec son teint basané, ses vêtements clairs et son appareil photo flambant neuf autour du cou, il ressemble à un touriste en balade. Il marche au rythme de ceux qui ont du temps à perdre et s'arrête ici et là pour observer les bateaux qui dorment au son des clapotis de l'eau.

Le terme « château flottant » semble plus approprié que « bateau » pour décrire les embarcations qui mouillent l'ancre ici. Certains sont si hauts qu'il est impossible d'en apercevoir le pont. D'autres sont si gros qu'ils transportent une piscine. Tous arborent un étrange assortiment d'antennes à leur sommet tandis que l'intimité des passagers est préservée par des vitres teintées. Le blanc de leur coque est si pur qu'il en devient presque aveuglant sous le soleil.

L'homme s'arrête un moment pour essuyer la sueur qui perle sur son front. Le quai est complètement découvert et n'offre aucune protection contre les rayons qui plombent. C'est la première fois qu'il fait ce genre de boulot. « Il est où, ce bateau, qu'on en finisse ? », se demande l'ex-policier en lisant attentivement le nom de chaque yacht qu'il aperçoit. Et encore faudra-t-il que les passagers soient sur le pont, car la commande est claire : il faut voir les visages des gens sur les images.

Si, dans les films d'espionnage, les photographes embusqués n'attendent que quelques instants avant que leur cible apparaisse dans leur objectif, la réalité est généralement bien moins excitante et aujourd'hui ne fait pas exception. Au fur et à mesure que les heures passent, l'appareil photo se fait plus lourd et le soleil, plus chaud. L'agent rêve à la douche et à la sieste qu'il s'offrira en rentrant lorsque le nom d'un bateau attire son attention. Fatigué, il doit relire à deux reprises les trois mots en belles lettres noires avant d'être certain que c'est le bon yacht. Et la chance lui sourit enfin : les passagers sont à l'extérieur.

L'agent reste à une distance raisonnable pour ne pas se faire remarquer et saisit son appareil photo. Ses doigts moites glissent sur les boutons en plastique tandis qu'il prend plusieurs clichés. Les images sont mal cadrées, mais contiennent l'essentiel : le nom du bateau et les passagers. Satisfait, il tourne les talons et quitte les lieux. Il lui faudra une bonne bière froide pour lui faire oublier sa longue journée.

• • •

Avec les fêtes qui approchent, l'enquête de Marie-Maude et Alain avance au ralenti. À moins que le détective privé n'envoie les photos bientôt, il ne se passera pas grand-chose avant les vacances.

Les deux reporters ont tout de même les coordonnées de quelques autres informateurs confidentiels que Pierre Tourangeau a sorties de son épais carnet d'adresses. Marie-Maude a réussi à fixer un rendez-vous avec l'un d'entre eux, un homme d'affaires prospère de Montréal, mais en janvier seulement.

Il reste aussi les nombreux noms que leur a donnés Poule. Sans y croire, Alain décroche son combiné et compose le numéro de l'un d'eux, un membre de la direction de la FTQ. Le reporter a assez d'expérience pour savoir que ces personnes-là ne parlent pas aux médias.

La sonnerie ne retentit qu'une fois avant qu'une voix terne réponde à l'autre bout du fil.

— Allô?

— Bonjour, Alain Gravel de Radio-Canada. Vous allez bien?

— Oui.

— Écoutez, j'ai entendu dire qu'il se passe des choses à la FTQ et j'aimerais ça vous parler, commence vaguement le journaliste.

— De quoi?

Alain hésite un moment, puis suit son instinct et décide de plonger.

— On s'est fait dire que des dirigeants syndicaux vont en vacances sur le yacht d'un patron du milieu de la construction, Accurso.

— OK, je vais vous parler. Rappelez-moi après les fêtes et on prendra rendez-vous.

La réponse surprend tellement le journaliste qu'il parvient à peine à balbutier : « Parfait, je vous rappelle » avant de raccrocher. Alain fixe le téléphone pendant plusieurs minutes, songeur. « Pourquoi accepte-t-il de me parler ? » Personne ne répond aux questions d'un reporter sans raison ; il y a toujours un motif, un intérêt personnel. Pour le quidam qui participe à un *vox pop*, c'est peut-être pour avoir l'occasion de passer à la télé ou de faire entendre son opinion. Pour l'entreprise qui organise une confé-rence de presse, c'est de faire valoir sa marque. Pour le politicien qui divulgue de l'information sur un projet de loi à venir, c'est de sonder l'opinion publique.

Un journaliste qui n'est pas conscient des intérêts de ses sources court le risque de se faire manipuler. Cela se révèle d'autant plus vrai dans le journalisme d'enquête. Rares sont les gens qui donnent des informations délicates ou compromettantes en ayant à cœur l'intérêt public. Et Alain est persuadé que sa nouvelle source n'appartient pas à ce groupe.

• • •

« J'ai reçu les photos ! » crie Marie-Maude. Après quelques journées sans développement, cette petite phrase suffit pour envoyer une bonne dose d'adrénaline dans les veines d'Alain. L'animateur rejoint Marie-Maude devant son écran d'ordinateur où défilent les clichés les uns après les autres. Ils ont l'impression d'assister à un petit film saccadé dans lequel des acteurs se prélassent au soleil sur le pont d'un yacht. Le hic, c'est que les acteurs leur sont tous inconnus.

Dans le cas de Tony Accurso, c'est normal. Personne dans l'équipe, pas même Monique, ne sait de quoi il a l'air. Étrangement, aucune photo de lui, aucun article à son sujet n'est trouvable dans les archives des médias. Il s'agit presque d'un exploit, dans la mesure où ses entreprises reçoivent des millions de dollars en contrats publics chaque année.

Michel Arsenault, lui, est une personnalité publique qu'on voit régulièrement dans les journaux ; les deux collègues devraient pouvoir l'identifier sur un des clichés. Marie-Maude s'arrête sur une image et se penche davantage vers l'écran. La qualité de la photo est médiocre et les visages sont difficilement reconnais-sables, même en zoomant. Le dirigeant syndical ne semble nulle part.

Tous deux se remettent au travail. Marie-Maude imprime les meilleurs clichés afin de les montrer, plus tard, à leurs sources qui connaissent Tony Accurso.

• • •

Malgré la période des fêtes, l'équipe d'*Enquête* ne chôme pas. Alain et Marie-Maude interrompent leurs vacances à plusieurs reprises pour aller rencontrer des sources, autour d'un café. Alain doit en plus terminer des reportages sur d'autres sujets, tandis que la jeune journaliste jongle avec la couverture des faits divers. Même si elle a été libérée pour enquêter sur Laval, elle demeure rattachée à la salle des nouvelles. Et comme les collègues se font plus rares à cette période de l'année, elle est régulièrement appelée en renfort. Les accidents, les drames familiaux et les crimes surviennent à tout moment, y compris pendant les vacances de Noël.

Le 6 janvier, vers 18 h, Marie-Maude se rend avec Alain au rendez-vous qu'elle a fixé avec la source de Pierre Tourangeau. La période des fêtes l'a épuisée et la journée a été longue, mais elle ne veut manquer cette rencontre sous aucun prétexte.

L'homme d'affaires réside à Westmount. Pour s'y rendre, il faut gravir d'étroites rues sinueuses et pentues où les cyclistes – Alain y compris – adorent s'endurcir les mollets en été. Les vieilles demeures qui s'y trouvent bénéficient d'une des plus belles vues qui soient sur l'île. Par conséquent, l'évaluation municipale de la plupart d'entre elles frise ou dépasse les deux millions de dollars.

Les deux journalistes descendent du taxi et admirent un moment la somptueuse demeure de leur source. « Méchante cabane ! », s'exclame Alain.

Le duo franchit l'entrée et active la sonnette. Le thermomètre n'affiche que moins 7 °C, mais le vent se fait mordant et les journalistes sont heureux de se réfugier à l'intérieur lorsque la porte s'ouvre. La beauté de la jeune femme qui les accueille ferait tourner la tête du plus fidèle des maris. La dame se présente comme étant la conjointe de l'homme qu'ils viennent rencontrer et les guide à l'intérieur de la vaste demeure aux murs couverts d'œuvres d'art.

La jeune femme ouvre la porte d'un salon où les attendent deux hommes : leur source et son associé. Leur hôte leur sert un verre de vin rouge, puis commence à parler. Il raconte comment son entreprise est devenue une multinationale et se fait un plaisir de discuter de la FTQ et du Fonds de solidarité lorsque les journalistes l'entraînent sur ce terrain. S'il a accepté de les rencontrer, c'est justement parce qu'il a une dent contre le Fonds.

L'homme d'affaires parle longuement de cette transaction et ponctue la discussion de plusieurs anecdotes sur la FTQ, où il a visiblement ses entrées. Il y a un an et demi, des employés de la centrale syndicale mécontents se seraient enchaînés dans le bureau d'un dirigeant. En voyant cela, celui-ci aurait décroché le téléphone et des fiers-à-bras seraient arrivés quelques minutes plus tard avec des scies mécaniques en marche pour faire fuir les protestataires.

De temps à autre, Marie-Maude jette un regard en coin à la conjointe de leur source, qui assiste à la discussion. Les vêtements griffés et les bijoux qu'elle porte valent probablement la moitié du salaire annuel de la journaliste. Et plus la conversation s'étire, plus elle montre des signes évidents d'ennui. Marie-Maude elle-même trouve le temps un peu long, car elle ne se sent pas très bien. Elle ignore si c'est la fatigue, le vin, dont elle n'a pris qu'une gorgée, ou le peu de sympathie que lui inspire l'interlocuteur, mais elle a hâte de partir.

Comme toujours, Alain tourne autour du pot avant d'aller dans le vif du sujet. Plus d'une heure s'écoule avant qu'il laisse tomber le nom qui les intéresse : Accurso.

Après un moment à écouter l'homme d'affaires et à poser de nouvelles questions sur la FTQ, le reporter passe à l'attaque.

— C'est quoi, l'influence d'Accurso sur le Fonds de la FTQ ?

L'homme plisse les yeux et se penche vers ses invités en les pointant du doigt :

— Vous êtes venus ici pour me parler de la FTQ, mais c'est Accurso qui vous intéresse !

Pendant une fraction de seconde, Alain et Marie-Maude craignent que leur informateur ne les mette à la porte. Puis le millionnaire reprend :

— Vous êtes sur la bonne voie. Mais écoutez : c'est un homme très puissant, dit-il en s'arrêtant sur chaque mot. Il est protégé par ses amis. Vous ne serez jamais capables de l'atteindre.

Leur hôte recule dans son siège et l'entrevue reprend son cours sans que le duo apprenne qui sont les « amis » d'Accurso. Leur source en sait visiblement davantage, mais se refuse à toute révélation.

La discussion se termine vers 21 h. Leur hôte les guide à la porte en parlant de sa maison, de ses œuvres d'art, de sa cave à vin... En remarquant l'intérêt d'Alain qui, sans être un grand connaisseur, aime les bonnes bouteilles, l'homme d'affaires les invite à descendre visiter sa réserve. Le journaliste accepte de bon cœur, mais Marie-Maude décline l'offre en expliquant qu'elle ne se sent pas bien.

— Ça va ? lui demande Alain.

— Oui, oui. Vas-y, je vais attendre à l'extérieur. J'ai besoin de prendre l'air.

Alain suit l'homme d'affaires. Ensemble, ils descendent une volée de marches et se glissent derrière une petite porte. La pièce à température contrôlée dans laquelle ils se trouvent renferme des centaines de bouteilles. Le millionnaire laisse le journaliste regarder autour de lui pendant un moment avant de le diriger vers une étagère qui contient une cinquantaine de bouteilles similaires. Il en prend délicatement une et la tend à Alain : un Château d'Yquem, un des meilleurs vins liquoreux du monde.

Le riche propriétaire reconduit de nouveau Alain jusqu'au portique et lui serre la main une dernière fois. À peine la porte refermée, le reporter voit Marie-Maude se précipiter vers un banc de neige et vomir généreusement.

— Es-tu correcte? s'inquiète-t-il.

— Ça va aller, répond Marie-Maude d'une voix faible, les mains appuyées sur les genoux.

Décidément, elle ne peut pas sentir cet endroit.

• • •

Le lendemain matin, les deux journalistes ont un nouveau rendez-vous avec Poule. Ils veulent lui montrer les photos du *Touch* prises par le détective privé.

Installée à une table dans un petit café, la source observe attentivement chaque image sans dire un mot. Alain et Marie-Maude, impatients, scrutent son visage à la recherche d'un quelconque indice montrant qu'il s'agit bel et bien de Tony Accurso. Ils ont l'impression qu'une éternité s'est écoulée lorsque Poule repose la pile de clichés sur la table et brise enfin le silence:

— Non, il n'est pas là.

— Sur aucune photo? s'inquiète Marie-Maude.

— Y a personne que je connais sur ces photos, déclare Poule.

Et si Poule ne reconnaît personne, c'est qu'il n'y a aucune personne d'intérêt sur les images. Alain et Marie-Maude parlent peu en revenant de leur rendez-vous. Ils savaient que Michel Arsenault n'apparaissait pas sur les images, mais ils espéraient au moins qu'Accurso s'y trouverait. Ils doivent maintenant fournir une nouvelle preuve que le président de la FTQ a passé du bon temps sur le *Touch* en compagnie de l'entrepreneur.

Il faudra plusieurs jours avant que quelqu'un, en regardant les photos de nouveau, remarque les trois petits mots en belles lettres noires sur la coque du yacht : *Out of Touch*. Le détective embauché par l'équipe d'*Enquête* a braqué sa lentille sur le mauvais bateau. Le pauvre homme a confondu le *Touch* et le *Out of Touch*...

5

DES FACTURES ÉTONNANTES

*« La négligence de la victime [FTQ-Construction]
ne constitue pas une défense. »*

Juge Denis Lavergne, au moment de déclarer Jocelyn Dupuis
coupable de fraude et de fabrication de faux, le 26 septembre 2014

« Lénine » jauge Alain et Marie-Maude d'un air supérieur, comme s'il se demandait si les deux journalistes méritaient vraiment l'information qu'ils tentent de lui soutirer.

Comme prévu, Alain avait relancé ce membre de la direction de la FTQ au retour des vacances de Noël. Ensemble, ils ont convenu de se rencontrer au café Le Petit Flore, un bistro français sans prétention de la rue Fleury, près de l'extrémité nord de l'île de Montréal. L'endroit est juste assez loin du siège social du syndicat pour éviter la présence d'oreilles indiscrètes.

Si Alain avait été surpris que Lénine accepte de le rencontrer, il l'est encore plus de constater à quel point l'homme, malgré son attitude de conspirateur du dimanche, parle librement contre ses supérieurs depuis plusieurs minutes. Il confirme que Michel Arsenault se trouvait sur le bateau d'Accurso en décembre dernier et affirme que Jean Lavallée, l'ancien président de la FTQ-Construction, y était aussi. Plus encore, il confie que les séjours sur le yacht d'Accurso sont populaires auprès des politiciens :

le président du comité exécutif de la Ville de Montréal, Frank Zampino, notamment, y aurait pris du soleil.

Si cette information est véridique, il s'agit là d'une véritable bombe politique. Mais des ouï-dire, des rumeurs et des ragots ne valent pas grand-chose, surtout quand la personne qui les prononce ne souhaite pas les endosser publiquement ni les répéter devant la caméra. Alain Gravel s'est bien sûr empressé de demander à sa source « s'il avait du papier ou quelque chose » qui pouvait prouver ses affirmations.

Après une minute de réflexion, Lénine brise enfin le silence.

— Je peux vous dire qu'il y a un gars qui placarde des tracts partout à la FTQ pour se plaindre de mauvaise représentation : Ken Pereira. Un ostie de cave. Lui, il en aurait peut-être du papier. Mais appelez-le pas, c'est un *loose cannon*.

• • •

« Je viens voir Alain Gravel. » La voix rauque de l'homme surprend le commis à l'accueil de Radio-Canada. Le visiteur ne ressemble pas aux invités habituels des différentes émissions de la société d'État. Sa chemise à col ouvert laisse deviner un torse musclé et des trapèzes saillants, tandis que de petites veines se détachent sur son crâne rasé. Sa bouche, encadrée par une courte barbe noire, ne semble pas avoir appris à sourire. Ses yeux noirs viennent compléter son image de dur à cuire. « Tu pourrais croire que sa *job*, c'est de casser des gueules », dira plus tard Marie-Maude en le décrivant.

Le commis lui demande de patienter et décroche le combiné. « Monsieur Gravel ? Monsieur Pereira vous attend à l'accueil. »

Alain avait appelé Ken Pereira peu de temps après sa rencontre avec Lénine pour savoir s'il accepterait de parler. « J'vas être là dans une heure », avait répondu l'homme dans un lourd accent québécois, malgré ses origines portugaises.

Le journaliste vient chercher son invité à l'accueil, puis le guide jusqu'aux bureaux d'*Enquête*, où son air de *tough* attire des regards curieux. Alain referme la porte de son bureau, dans lequel Marie-Maude se trouve déjà. Bien qu'elle dispose toujours de son cubicule dans la salle des nouvelles, elle s'est dégagé un minuscule espace de travail dans le désordre du local de l'animateur et y passe désormais la plupart de son temps. Alain est plutôt solitaire – il se qualifie lui-même de *loner* – et n'aurait normalement pas toléré cette intrusion. Mais il apprécie l'intelligence de la jeune journaliste. Sa tendance à ruer dans les brancards complète bien le style plus posé de l'animateur. Un peu comme le yin et le yang.

Ken Pereira s'installe à la petite table de travail sur laquelle il dépose son cellulaire, puis raconte son histoire. La FTQ-Construction l'a recruté dans un autre syndicat pour diriger une petite section régionale, l'Association nationale des mécaniciens industriels. Celle-ci était en dormance depuis plusieurs années et le mandat de Ken consistait notamment à faire du maraudage pour la relancer et en faire une unité syndicale d'importance.

Les choses se sont corsées lorsqu'il a eu du mal à placer « ses gars sur des chantiers » au Québec, alors qu'il peut le faire sans problème ailleurs au Canada. Il accuse la FTQ-Construction, et plus particulièrement l'ancien directeur général, Jocelyn Dupuis, de favoriser les membres d'un autre local au moment du placement syndical.

Selon lui, Jocelyn Dupuis a mené un train de vie digne d'un prince pendant qu'il était en poste. Des factures de restaurants salées, des repas bien arrosés en bonne compagnie, le tout aux frais des syndiqués. Lorsque Ken Pereira a tiré la sonnette d'alarme à la FTQ, il a été exclu de la FTQ-Construction. Michel Arsenault, soutient-il, lui avait pourtant promis de régler le problème. « Et j'ai *tapé* toutes mes discussions », avoue Ken. Alain remarque soudainement le cellulaire du représentant syndical placé bien en vue sur la table.

L'animateur répète à Ken ce qu'il a déjà dit à Lénine : il leur faut plus d'une source. « Je vais voir ce que je peux faire », laisse tomber l'homme de sa grosse voix rauque en sortant du bureau. Dès qu'il est hors de vue, Alain regarde sous la table, puis sous la chaise où se trouvait Ken.

— Qu'est-ce que tu fais ? lui demande Marie-Maude, intriguée.

— Rien, je… je regarde s'il n'a pas mis un micro, admet Alain, conscient d'avoir l'air un peu parano.

Mais le représentant syndical n'a rien caché ou, à tout le moins, rien que le journaliste ne parvienne à trouver. De toute façon, cette histoire n'ira pas plus loin, pensent les deux collègues. Ils en ont déjà plein les bras avec Accurso et son bateau, pas question d'embarquer en plus dans le conflit interne d'un syndicat dont personne n'a jamais entendu parler. Les journalistes compilent leurs notes, puis rentrent chez eux la tête bien remplie.

• • •

« Je viens voir Alain Gravel. » La même voix rocailleuse et les mêmes roulements de r surprennent le commis à l'accueil de la Maison de Radio-Canada, le lendemain. Ken Pereira a l'air aussi dur que la veille, mais le sac de sport qu'il porte en bandoulière lui donne, cette fois, davantage une allure de culturiste que de fier-à-bras.

Ni Alain ni Marie-Maude ne s'attendaient à le revoir, et encore moins à le revoir si tôt. Une fois la porte du bureau de l'animateur fermée, le représentant syndical dépose son sac de sport sur la table et en sort une pile impressionnante de petits papiers.

— J'ai apporté du papier, dit Pereira en voyant les regards interrogateurs des journalistes.

Ce sont, pour la plupart, des notes de restaurants, qui portent tous la même signature. Certains sont des originaux, tandis que les autres sont des copies certifiées par un commissaire à l'assermentation. Les sommes sont astronomiques : des centaines de dollars par repas. Selon Ken, il s'agit des factures accumulées pendant six mois par Jocelyn Dupuis, alors directeur général de la FTQ-Construction qu'il accuse de désavantager son local.

Ken sort quelques reçus du lot sur lesquels il souhaite attirer l'attention des journalistes, dont un de 681 dollars au Hawgs Deli, un *truck stop* situé près de l'autoroute Métropolitaine. « Et ça, c'en est un pour un repas avec Raynald Desjardins, dit Ken. Un gars proche de la mafia. »

Au total, les dépenses s'élèvent à 125 000 dollars sur une période de six mois. Difficile d'imaginer plus concret et plus compromettant comme papiers ! « C'est trop beau pour être vrai », se dit Marie-Maude. Tout comme elle, Alain doute de l'authenticité des documents. Les reçus sont tous faits à la main et semblent avoir été découpés avec des ciseaux Crayola. Quel comptable accepte ça comme preuves de dépenses ? Et comment savoir si la signature qu'ils arborent est bel et bien celle de Jocelyn Dupuis ?

Le représentant syndical accepte de leur laisser les reçus le temps qu'ils effectuent des copies. Les deux journalistes ignorent complètement s'ils les utiliseront, mais une chose est certaine, si toutes leurs sources étaient aussi efficaces que Ken, leur enquête serait terminée depuis longtemps.

• • •

En plus des reçus, Ken a fourni les numéros de téléphone cellulaire de nombreux haut placés et dirigeants de la FTQ et de la FTQ-Construction. Au lieu de devoir passer par un intermédiaire qui risque de leur mettre des bâtons dans les roues, tel un relationniste, Alain et Marie-Maude ont un accès direct aux décideurs, même durant les week-ends. Un rêve pour n'importe quel journaliste !

Au cours des jours qui suivent, les reporters continuent de creuser le filon du bateau et de l'influence de Tony Accurso au Fonds de solidarité. Étrangement, presque toutes les personnes qu'ils appellent acceptent de répondre à leurs questions. Certaines sources leur parlent des relations qu'entretient Accurso avec Michel Arsenault et Jean Lavallée, l'ancien président de la FTQ-Construction qui siège toujours au conseil d'administration du Fonds de solidarité. D'autres se vident le cœur au sujet de Jocelyn Dupuis. Son compte de frais présumément excessif semble bien connu dans le syndicat et l'ancien directeur général de la FTQ-Construction aurait, selon ces sources, des liens avec le crime organisé, plus particulièrement avec les Hells.

« Il y a un conflit interne à la FTQ-Construction », affirme un matin Marie-Maude, tandis qu'Alain hoche la tête en approuvant. Bien qu'elle l'appelle son « mentor », l'animateur a rapidement constaté qu'il n'a pas grand-chose à lui apprendre. Assis avec eux, Jean Pelletier les écoute parler en prenant des notes. Comme tous les jours depuis le début de cette enquête, il s'est arrêté pendant quelques minutes dans le bureau d'Alain pour connaître les développements. Alain Gravel ne se souvient pas de la dernière fois où son patron avait fait preuve d'autant d'enthousiasme pour une enquête. Il a toujours suivi de près le travail de ses journalistes, mais jamais à ce point. « Je te le dis, Alain, ça va être énorme », avait prédit Jean un matin, alors qu'ils buvaient un café ensemble.

Marie-Maude poursuit sur sa lancée en expliquant l'existence de deux clans à la FTQ-Construction. Celui de Jean Lavallée, proche d'Accurso, et celui de Jocelyn Dupuis, proche de Joe Borsellino, un important entrepreneur à la tête de Construction Garnier. Des élections ont eu lieu récemment pour remplacer ces deux dirigeants, et ce sont les poulains de Dupuis qui ont gagné. Mais Jean Lavallée refuse de céder son poste au conseil d'administration du Fonds de solidarité au nouveau président de la FTQ-Construction. Bref, c'est la guerre. Et si les deux clans se confient à Marie-Maude et Alain, c'est que chacun est persuadé que le reportage porte sur l'autre camp. « Ils ne nous voient vraiment pas venir », dit Alain.

Pour les journalistes, ce conflit interne représente peu d'intérêt. Il facilite toutefois la cueillette d'information sur ce qui intéresse *Enquête* : le système. Sans pour l'instant en avoir de preuve tangible, le duo commence à entendre parler de l'existence probable d'une culture de corruption et de collusion dans le milieu de la construction. La FTQ ainsi que le Fonds de solidarité seraient touchés et des entrepreneurs, possiblement des membres de la mafia et des politiciens, y joueraient un rôle.

Cette hypothèse se précise davantage au fur et à mesure de leurs rencontres. Les deux journalistes font des pieds et des mains pour trouver de nouvelles relations et ils réarrangent souvent leurs plans du week-end pour prendre un café avec une source qui accepte enfin de témoigner. Récemment, ils ont même convaincu des procureurs et des policiers bien placés de se confier à eux. Mais comment raconter tout ça dans un reportage ?

Jean Pelletier referme son calepin. Il n'a pas cessé d'écrire pendant que Marie-Maude et Alain parlaient, si ce n'est pour demander des précisions ici et là. « Il est temps de trouver un réalisateur, dit-il en se levant. Pourquoi pas Claudine Blais ? Elle a de l'expérience dans ce genre d'histoires. »

Dans une émission d'affaires publiques comme *Enquête*, le rôle principal du réalisateur est de raconter en images la recherche et le travail de terrain réalisés par l'équipe journalistique. C'est lui qui coordonne les tournages et supervise le montage. Souvent, il participe aussi à la recherche et à la rencontre des sources.

Alain cogne à la porte déjà ouverte de Claudine. Celle-ci s'est récemment jointe à l'équipe d'*Enquête* après plusieurs années à *La Facture*, où elle a acquis une solide expérience en caméra cachée. Elle sourit dès qu'elle lève la tête et aperçoit le journaliste. Tous deux se connaissent bien ; ils se sont rencontrés plusieurs années auparavant à TVA et sont arrivés à peu près en même temps à Radio-Canada pour travailler à l'émission d'affaires publiques *Le Point* dans les années 1990.

« Aurais-tu du temps pour nous ? » commence Alain avant de se lancer dans ses explications. Claudine n'a aucune expérience du milieu syndical ni de la construction, mais est grisée par ce nouveau sujet. C'est une des choses qu'elle adore de son métier :

repartir à zéro à chaque reportage. Comme l'heure du lunch approche, le journaliste l'invite à venir manger.

Ils passent par le bureau de l'animateur pour ramasser Marie-Maude. Elle est occupée à découper des photos de type portrait, qu'elle épingle ensuite à un babillard. Une vingtaine d'images s'y trouvent déjà. Certaines sont accompagnées d'un papillon auto-collant sur lequel sont inscrites quelques notes. Le nom « Accurso » est écrit en lettres majuscules sur un papier jaune, bien qu'il ne soit annexé à aucune image. À la vue de ce schéma complexe, la réalisatrice a un aperçu de l'ampleur du travail qui l'attend.

Le trio se rend Chez Miville, le restaurant interne de Radio-Canada. Coincé entre un petit café et la cafétéria, l'endroit se trouve à mi-chemin entre un restaurant familial et un bistro sans charme. Il est ouvert au public et convient parfaitement à ceux qui souhaitent casser la croûte avec un invité, mais qui n'ont pas le temps de sortir de la tour ou qui refusent de subir les caprices de la météo.

Un serveur les guide à une table et leur tend des menus. Dès qu'il s'éloigne, Claudine brise la glace.

— Bon, expliquez-moi où vous en êtes.

Marie-Maude jette un œil aux tables autour. Il n'est pas rare que des journalistes d'autres médias viennent manger ici avec des employés de Radio-Canada et la dernière chose qu'elle souhaite est de voir sa nouvelle exclusive s'ébruiter. Elle ne reconnaît aucun visage et, rassurée, se penche vers Claudine.

— C'est sur Accurso, murmure presque la journaliste.

Claudine la regarde un instant avec ses grands yeux bruns. Elle ne sait rien de Marie-Maude, si ce n'est qu'elle vient de la salle des nouvelles, et son attitude de conspiratrice la fait sourire.

— C'est qui, ça?

Alain éclate de rire. Claudine n'est pas la première, et ne sera certainement pas la dernière, à ne pas savoir qui est Tony Accurso. Avec Marie-Maude, il lui explique les grandes lignes du sujet.

— Ça m'intéresse, dit Claudine à la fin de la discussion.

— Je te préviens, la met en garde Alain, si on embarque là-dedans, on en a pour des années. Cinq, peut-être même six ans.

— Ben voyons ! rétorque la réalisatrice sans y croire.

• • •

Après avoir obtenu le feu vert de la direction, Claudine Blais, Alain Gravel et Marie-Maude Denis se lancent alors dans la production du reportage qu'ils intituleront « Scandale à la FTQ » et qui aura l'effet d'une bombe, lorsqu'il sera diffusé, le 5 mars 2009. Marie-Maude est soulagée. Le mois de janvier tire déjà à sa fin et ses patrons à la salle des nouvelles – ainsi que ses collègues obligés de la remplacer aux « chiens écrasés » – ont bien hâte qu'elle revienne. Il est plus que temps de produire quelque chose pour justifier son absence.

• • •

Le lendemain, Claudine, Marie-Maude, Alain ainsi que Monique Dumont se réunissent dans la salle de conférence d'*Enquête* pour élaborer un plan de match. Tous s'entendent pour dire que les reçus apportés par Ken Pereira sont louches. Il est pour le moins étrange de dépenser 602 dollars dans un casse-croûte. Soit les documents fournis par Ken sont faux, soit Jocelyn Dupuis a falsifié ses reçus, soit les notes sont réelles et justifiées.

« On n'a pas le choix, dit Monique, il faut valider les reçus. » Selon la chef recherchiste, la méthode la plus rigoureuse consisterait à faire analyser la signature de Dupuis par un expert. Mais pour ça, il faut d'abord mettre la main sur un document paraphé hors de tout doute par le représentant syndical. « Je m'en occupe », assure Monique.

Pour la première fois depuis qu'ils enquêtent ensemble, Marie-Maude et Alain se sépareront. Au cours des dernières semaines, Alain s'est bien rendu compte que sa collègue possède toutes les compétences nécessaires pour faire de l'enquête. Comme elle ne manque pas de front, elle ira dans les restaurants fréquentés par Jocelyn Dupuis à la recherche de garçons ou filles de table qui se rappellent l'avoir servi. L'animateur, lui, se penchera sur les liens qu'entretiendrait le dirigeant syndical avec le crime organisé. Une tâche qui convient parfaitement à son approche qu'il qualifie lui-même de « ratoureuse ». Claudine Blais, de son côté, a déjà un tournage à planifier. Alain a appelé Ken Pereira et celui-ci accepte d'accorder une entrevue à la caméra. En conformité avec son image de dur à cuire, il souhaite parler à visage découvert.

6
REMOUS À LA FTQ-CONSTRUCTION

« Peu importe le problème, on dirait que votre priorité,
c'est toujours de mettre ça sous la couverture. »

La juge France Charbonneau à Michel Arsenault, le 27 janvier 2014

Contrairement à certaines émissions de variétés, *Enquête* ne dispose pas d'un studio de tournage exclusif. Lorsqu'un réalisateur souhaite filmer une entrevue, il doit réserver un local plusieurs jours, voire plusieurs semaines d'avance, sinon celui-ci risque d'être utilisé par une autre équipe. Manque de chance, c'est exactement le problème qu'a Claudine ce jour-là.

Dès qu'Alain l'a informée que Ken acceptait de parler, la réalisatrice s'est ruée sur le téléphone pour trouver une salle. Au cours de leur carrière, les deux collègues ont vu plus d'une source se défiler à la dernière minute et ils veulent filmer Ken le jour même pour éviter qu'il leur fasse faux bond.

Après de nombreux coups de fil, Claudine finit par dénicher un local : la salle Jean-Despréz. L'endroit accueille normalement des remises de prix, des cocktails ou des activités promotionnelles, mais il fera l'affaire pour cette fois. Avec l'équipe de tournage, elle y installe un rideau noir, deux chaises positionnées l'une en face de l'autre et illumine le tout avec un éclairage simple. Un preneur de son est prêt à capter les propos de l'invité à l'aide d'une perche, tandis qu'Alain Gravel porte un micro-cravate pour enregistrer ses questions. Les interviewés d'*Enquête* sont maquillés uniquement lorsqu'ils le demandent. Et comme ce n'est pas le genre de Ken, il suffit de l'asseoir dès son arrivée et de démarrer la caméra.

Si cette installation est routinière pour les gens du métier, elle peut facilement s'avérer intimidante pour les non-initiés. L'équipe technique le sait et se fait donc un devoir de demeurer la plus discrète possible. Alain, lui, doit mettre son invité à l'aise et lui faire oublier la caméra et les personnes qui l'entourent. C'est seulement à ce moment que sa source parlera librement.

Le journaliste commence par des questions simples auxquelles Ken répond avec assurance. Son visage est aussi dur qu'à l'habitude et son regard ne quitte pas celui d'Alain. Si la caméra le trouble, il ne le laisse pas paraître.

— Un moment donné, j'ai reçu des papiers. On peut dire les comptes de dépenses de monsieur Dupuis. Des comptes de dépenses qui font... euh... qui font n'importe quelle personne se sentir mal à l'aise. Un millionnaire, je pense, y gaspille pas comme monsieur Dupuis gaspillait.

— Et vous m'assurez que c'est des papiers véridiques, là ?

— C'est sûr. J'les ai amenés directement à Michel Arsenault.

— Qui est le président de la FTQ.

— Oui.

L'objectif de Gravel, c'est de faire répéter à Ken Pereira ce qu'il lui a déjà raconté en privé. La plupart des réponses du représentant syndical sont familières à l'animateur. À l'aide de ses questions, celui-ci amène son invité à apporter des précisions qui permettront au public de s'y retrouver et qui faciliteront le montage de l'entrevue.

— Y a fait quoi finalement, Michel Arsenault ?

— Michel Arsenault a tout de suite réagi en voulant fermer la FTQ-Construction. La fermer, on ne veut pas dire mettre en tutelle, là. C'était une des stratégies que, moi, j'avais suggérées. C'est descendre en bas, prendre les clés, prendre toutes les papiers, sortir tout le monde du bureau, fermer ça pour deux, trois jours, couper les cartes de crédit, couper les accès aux téléphones, pis régler ça entre nous autres. On sait bien que je m'expose un peu maintenant, là. C'est-à-dire y en a qui vont penser que je suis un traître, y en a d'autres qui vont… mais j'ai toute fait ça pour que ça reste dans la famille, on peut dire, de la FTQ. Mais c'est pas ça qui est arrivé.

— Parce qu'Arsenault s'est écrasé ou quoi ?

— Michel Arsenault, il m'a dit personnellement que le problème, on devrait le régler entre nous autres. Avec son consentement, je suis allé voir tous les directeurs.

— Après ?

— Oui, avec les papiers. Une semaine plus tard, l'exécutif s'est mis ensemble, pis y ont voté six contre deux pour m'expulser de la FTQ-Construction.

Le journaliste s'éloigne de l'allocation de dépenses de Jocelyn Dupuis et questionne Ken au sujet de Tony Accurso. Une fois l'entretien terminé, le caméraman tourne son objectif vers l'animateur pour prendre quelques plans de coupe, soit des images où Alain fait semblant d'écouter les propos de son invité. Ces plans seront utilisés au montage pour dynamiser l'aspect visuel.

• • •

Le lendemain, Marie-Maude rejoint la recherchiste Chantal Cauchy pour aller visiter les restaurants que fréquente Jocelyn Dupuis. Au début, la jeune journaliste voulait participer à l'entrevue de Ken Pereira avec Gravel, mais Claudine y a mis le holà. Un reportage à deux têtes aurait été un cauchemar à réaliser. Qu'auraient-ils fait pour la narration ? Deux voix ?

Comme Alain Gravel et Marie-Maude Denis ont autant travaillé sur cette histoire, ils se sont entendus pour faire deux reportages complémentaires. Celui d'Alain sera réalisé par Claudine, et celui de Marie-Maude, par Johanne Bonneau.

Afin de faciliter les recherches sur le terrain, Marie-Maude et Chantal ont convenu de se concentrer sur la dizaine de restaurants qui reviennent le plus souvent parmi les reçus fournis par Ken. La moitié d'entre eux se trouvent sur l'île de Montréal, l'autre, dans les environs de Laval. Les deux femmes prévoient consacrer une journée à chaque territoire, en compagnie du caméraman Pierre Mainville.

La petite équipe quitte la tour de Radio-Canada autour de 8 h 30 dans une camionnette banalisée. Elle a une caméra cachée, mais aussi une caméra traditionnelle, au cas où quelqu'un accepterait de témoigner. Les quelques heures de calme qui précèdent le lunch seront parfaites pour poser des questions aux serveurs et serveuses.

Après deux arrêts où personne ne pouvait – ou ne voulait – les aider, les trois collègues débarquent au Hawgs Deli, près de l'autoroute Métropolitaine, là où Jocelyn Dupuis a déjà dépensé 681 dollars pour un petit-déjeuner. Le restaurant se trouve dans une jolie maison canadienne en pierres grises qui contraste violemment avec les locaux commerciaux sans charme des environs.

Le trio s'installe dans un coin de la salle à manger principale où quelques personnes sirotent un café en avalant un déjeuner tardif. La paire de fesses roses d'un cochon bien gras est accrochée au mur, là où d'autres auraient mis un trophée de chasse. L'endroit est réputé pour sa poutine au *smoked meat*, mais vu l'heure qu'il est, les trois collègues se contentent de commander un café, comme ils l'ont fait dans les deux autres restaurants qu'ils ont visités jusqu'à maintenant.

Sans attendre, Marie-Maude mentionne à la serveuse le nom qui apparaît sur les factures de Dupuis. « J'vais lui dire de venir vous voir », répond la femme. Un moment plus tard, une nouvelle employée arrive, un peu méfiante. La journaliste se présente et lui parle des reçus de Jocelyn Dupuis qui portent son nom. « 681 piastres ! s'exclame la femme. Ben voyons donc. Je la connais, cette gang-là, pis y prennent juste un ordre de toasts pis du café quand y viennent icitte ! »

La serveuse est visiblement outrée de savoir que quelqu'un utilise son nom pour se mettre de l'argent dans les poches, et Marie-Maude, sentant que le fruit est mûr, lui demande si elle accepterait d'accorder une entrevue à la caméra. Le visage de la femme se rembrunit immédiatement. La journaliste insiste gentiment, comme elle a appris à le faire aux faits divers. En vain. « Moi, j'veux pas parler à la caméra. »

Les trois collègues repartent sans terminer leurs cafés – c'était leur troisième de la journée ! – et se rendent à un autre restaurant, près du siège social de la FTQ. À mesure que l'heure du lunch approche, l'endroit se remplit. Un garçon de table un peu pressé dit ne rien pouvoir faire pour les aider. Comme le trio commence lui-même à avoir faim, il jette un bref coup d'œil au menu, puis décide d'aller dans un resto qui offre autre chose que des frites et de la viande.

Inutile de se presser pour manger ; à l'heure du *rush*, les serveurs risquent de ne pas être très disposés à répondre aux questions. Les trois collègues étirent donc le repas en discutant de diverses stratégies pour convaincre les gens de parler à la caméra.

Autour de 14 h, le trio reprend la route, vers le sud cette fois, et roule jusque dans le Vieux-Montréal. Même si le mois de février n'attire pas beaucoup de touristes, le caméraman Pierre Mainville tourne en rond quelque temps avec la camionnette avant de trouver une place de stationnement dans le quartier historique de la métropole.

Marie-Maude et Chantal Cauchy marchent jusqu'au Gibby's, un restaurant très fréquenté par les touristes et réputé pour ses steaks et ses fruits de mer. L'horaire indique que le resto est fermé, mais comme la porte n'est pas verrouillée, les deux femmes entrent à l'intérieur du vieil immeuble en pierres grises.

« Y a quelqu'un ? », lance Marie-Maude en jetant un œil aux alentours. La salle à manger est déserte et aucun bruit ne provient des cuisines. La journaliste regarde Chantal, qui hausse les épaules, et les deux femmes avancent d'un pas hésitant. Une porte ouverte donnant sur un escalier attire l'attention de Marie-Maude. Des voix parviennent d'en haut et la jeune reporter grimpe les marches, la recherchiste sur les talons.

Les deux intruses aboutissent dans un petit bureau où deux personnes semblent occupées à faire la comptabilité. « Excusez-moi », commence Marie-Maude en faisant sursauter les deux employés. La journaliste s'excuse de nouveau et explique qu'elle cherche la serveuse qui est généralement attitrée à la table de Jocelyn Dupuis. Hélas ! le nom du représentant syndical ne leur est pas familier et le reste de l'équipe ne reviendra que dans quelques heures pour préparer le service du soir.

— On peut essayer de retrouver les factures dans notre système, offre gentiment l'une des deux personnes.

— Vraiment ? OK ! dit Marie-Maude qui ne s'attendait pas à tant.

Les neuf reçus du Gibby's que Marie-Maude a en sa possession totalisent 11 051 dollars. Comme ils remontent à plus de six mois, les deux employés prennent plusieurs minutes à parcourir les archives correspondantes. Après un moment, ils sont catégoriques : aucune des sommes inscrites sur les reçus du représentant syndical ne figure dans leur comptabilité. Mais l'amabilité des restaurateurs s'arrête là ; ils refusent d'accorder une entrevue à la caméra.

Le trio retourne à Radio-Canada mi-figue mi-raisin. Il n'a pas trouvé de serveuses prêtes à parler devant la caméra, mais il a de sérieux soupçons de falsification de factures… Reste à savoir si c'est Ken Pereira ou Jocelyn Dupuis qui en est l'auteur. L'équipe se sépare en espérant que, demain, elle reviendra de sa tournée de restaurants lavallois avec des images.

• • •

Pendant que Marie-Maude Denis chassait ses serveuses aux quatre coins de Montréal, Monique Dumont éteignait des feux. En tant que chef recherchiste, elle participe d'une manière ou d'une autre dans tous les reportages diffusés par *Enquête* et les urgences sont fréquentes. Ce n'est qu'en milieu d'après-midi qu'elle trouve enfin le temps de se mettre sur le cas de la signature de Dupuis. Le problème, c'est qu'elle ignore comment se la procurer.

« T'as eu une bien bonne idée, Monique, mais c'était plus facile à dire qu'à faire », pense-t-elle, installée à son bureau, les yeux perdus sur son écran. Après un moment de réflexion, elle décide de commencer par le début. « Qu'est-ce qu'on signe dans la vie ? » songe-t-elle. Des reçus de cartes de crédit ? Ça, elle en a plein, mais l'objectif est justement de valider la signature qui s'y trouve ! Des autographes ? Dupuis est un ancien dirigeant de la FTQ-Construction, pas une vedette rock. Une pétition ? Peut-être, mais encore faudrait-il dénicher une cause qui l'interpelle, ainsi qu'une personne prête à cogner à sa porte… « Sa porte ! », réalise-t-elle soudainement.

Monique tire son clavier vers elle et tape dans Google le nom de la ville où réside Jocelyn Dupuis. En quelques clics, elle arrive sur le rôle d'évaluation foncière, y entre l'adresse du représentant syndical – elle l'avait déjà en sa possession – et presse la touche « *Enter* ». Apparaissent alors une foule d'informations sur la demeure, dont l'année de construction, l'évaluation municipale, le nom du propriétaire, la superficie et le numéro de cadastre. En constatant que Jocelyn Dupuis est le proprio, Monique sait qu'elle est sur la bonne voie.

La recherchiste note le numéro de cadastre et va sur le site Web du Registre foncier du Québec. Comme le stipule la page d'accueil, « tout citoyen peut y avoir accès et retracer l'historique des transactions faites sur un lot depuis sa création ». Le service est payant, mais *Enquête* y possède un compte, et Monique n'a qu'à taper son code d'utilisateur, son mot de passe, puis le numéro de cadastre du terrain de Jocelyn Dupuis.

La quantité d'informations qui s'affichent à l'écran est impressionnante. Servitudes, noms des anciens propriétaires, prix de vente, acte hypothécaire… Coup de chance, les documents sont déjà numérisés. Autrement, elle aurait dû communiquer avec le Registre foncier du Québec pour les commander. Mais là, il suffit de les télécharger pour les consulter.

Tout sourire, Monique clique sur le fichier de l'acte hypothécaire et fait défiler le document. En bas, tout en bas, apparaît la signature en longueur de Jocelyn Dupuis. Au total, trois petites minutes ont été nécessaires pour dénicher cette information. « Si les gens savaient à quel point la vie privée est illusoire », se dit la recherchiste pour la millième fois.

Maintenant, elle n'a plus qu'à trouver un expert pour comparer cette signature avec celles des reçus. « On doit bien avoir ça quelque part dans notre base de données », pense-t-elle en ouvrant un nouveau document.

• • •

Le lendemain, toujours à 8 h 30, Marie-Maude, la réalisatrice Johanne Bonneau et Pierre Mainville montent dans une camionnette banalisée de Radio-Canada et prennent l'autoroute des Laurentides, direction Laval. Ils dépassent toutefois la banlieue et empruntent la 640 Est pour ensuite sortir sur le boulevard Curé-Labelle.

Pierre arrête la camionnette devant le Pub Sainte-Thérèse, un resto-bar de quartier qui a pignon sur rue depuis plus de 30 ans. Jocelyn Dupuis y serait venu à au moins quatre reprises et serait reparti avec des reçus de 214 dollars, 385 dollars, 518 dollars et 2194 dollars !

Avant que Marie-Maude descende, Pierre l'équipe d'une caméra cachée. Aujourd'hui, pas question de revenir les mains vides ! La lentille ne fait que quelques millimètres de circonférence et se camoufle facilement sous des vêtements ou dans un sac. Elle est reliée à un récepteur de la taille d'un gros cellulaire à clapet qui, lui, est beaucoup plus difficile à dissimuler. Heureusement, c'est encore l'hiver et les vêtements chauds que porte Marie-Maude offrent de nombreuses poches pour tenir le récepteur à l'abri des regards.

Plutôt que de s'installer à une table, Marie-Maude arrête la première serveuse qu'elle croise.

— J'aimerais voir Claudette, s'il vous plaît.

— T'es pas à bonne place, répond la femme.

— Y a pas de Claudette qui travaille ici ?

— Non.

— Ça fait combien de temps que vous travaillez ici ?

— 17 ans.

Pour en avoir le cœur net, la serveuse interpelle une de ses collègues qui a davantage d'ancienneté. Elle aussi est catégorique : aucune Claudette ne travaille ou n'a travaillé ici.

Marie-Maude retourne dans la camionnette où l'attendent Johanne et Pierre. « Vous avez enregistré ça ? », s'exclame la journaliste tout énervée en ouvrant la portière. « Oui ! », répondent en chœur les deux autres. Leur satisfaction de voir leur enquête progresser est telle qu'ils sont à peine déçus lorsque, de retour à Laval, ils essuient des échecs dans deux restaurants. Après une longue pause dîner, l'équipe met le cap vers le Zibo !, un resto-bar situé en plein cœur du Centropolis, un complexe commercial construit au début de 2002 et dont fait partie le Colossus, le fameux cinéma en forme de soucoupe volante qui borde l'autoroute des Laurentides.

Marie-Maude, Johanne et Pierre entrent dans le restaurant et se dirigent vers le bar. Ils espèrent y trouver Linda, la personne qui a signé tous les reçus du Zibo! de Jocelyn Dupuis. «C'est moi», dit la préposée au bar. Marie-Maude lui montre les reçus sans mentionner le nom de Dupuis. La jeune femme est outrée devant l'exorbitance des sommes réclamées; jamais elle n'a signé ces papiers!

La voyant aussi indignée, la journaliste lui demande si elle voudrait témoigner à la caméra. Au début, son non est ferme. Mais Marie-Maude lui parle des autres factures, dans d'autres restaurants, et la colère de la serveuse continue de monter. Si bien qu'elle finit par flancher sous la pression gentille mais déterminée de la jeune reporter.

Pierre n'a pas à se faire prier. Il court chercher la caméra et revient presque aussitôt dans le restaurant. Marie-Maude et la serveuse sont déjà prêtes et l'entrevue commence dès que la caméra est allumée.

— Est-ce que c'est votre signature? demande la journaliste.

— Pas du tout. Mon nom s'écrit avec un *y*.

Lynda et non *Linda*, comme il est inscrit sur les reçus.

— Mon Dieu! C'est des beaux dîners, poursuit la serveuse en regardant les papiers.

La jeune femme, qui connaît bien sa clientèle d'affaires, n'en revient pas.

— J'ai pas vu de montants comme ça, astronomiques, à tous les jours. Ça va arriver, oui, des fois, un jeudi midi, que quelqu'un va amener ses clients manger… Mais un 900 piastres au Zibo! Laval, pas deux fois en quatre jours!

L'équipe de Radio-Canada boit les paroles de la serveuse.

7
UNE SOURCE MENACÉE

« Tu t'en vas trois mois et demi, pis tu commences une job *déjà.
Attends une minute, là, c'est moi, ton* boss, *ostie !»*

Raynald Desjardins à Jocelyn Dupuis lors d'une conversation enregistrée
par Diligence le 10 novembre 2008 et diffusée à la commission
Charbonneau le 30 octobre 2013

Le nom de Raynald Desjardins apparaît sur plusieurs factures de Jocelyn Dupuis. Au cours de ses recherches, Alain a découvert que non seulement les deux hommes mangent souvent ensemble, mais qu'ils travaillent à un projet d'affaires commun. Pour Alain, ces preuves sont suffisantes pour affirmer dans son reportage que Dupuis et Desjardins se connaissent bien. Mais il lui faudra quand même plus.

Conscient que sa démarche journalistique doit être solide, Gravel décide de confronter Desjardins. « Je vais l'appeler, il ne voudra pas me parler et ça finira là », se dit-il. Alain compose le numéro de la Société internationale Carboneutre (SICN), la compagnie où Desjardins travaille avec Dupuis. Une réceptionniste lui explique que monsieur Desjardins vient rarement et que le mieux serait de le joindre sur son cellulaire, dont elle n'a pas le numéro.

— Pis comment je fais si vous ne possédez pas son numéro ? demande sèchement l'animateur.

— Euh… c'est à quel sujet?

— J'aimerais ça lui parler… en privé.

— OK, OK, OK. Ce que je vais faire, c'est que je vais prendre votre nom et votre numéro de téléphone.

Gravel laisse ses coordonnées, puis demande si le prénom de Desjardins est Reynald ou Raynald.

— C'est pour être certain de parler au bon, explique le journaliste.

— Je crois que c'est Raynald avec un *a*, dit la réceptionniste, surprise.

Alain raccroche en sachant très bien que Desjardins ne le rappellera pas. Au moins, on ne pourra pas lui reprocher de ne pas avoir essayé. Il soupire de nouveau, puis ouvre le texte du reportage sur son ordinateur, où il entre de nombreuses modifications et précisions.

• • •

En début d'après-midi, Alain apporte encore des corrections au document Word lorsque la sonnerie de son BlackBerry retentit. L'afficheur indique le nom de Ken Pereira.

— Salut, Ken.

Marie-Maude, qui travaille à la petite table dans le bureau d'Alain, lève la tête en entendant le nom du représentant syndical.

— Y s'est passé quelque chose, dit l'homme de sa grosse voix. Faut que je vous parle.

— Là, là?

— Oui.

Alain note l'adresse où se trouve le représentant syndical, un restaurant de sushis de la rue Sainte-Catherine avec lequel il n'est pas familier, et attrape son manteau. Marie-Maude, qui a tout de suite vu que quelque chose clochait, le suit.

Le restaurant n'est pas loin de la tour de Radio-Canada et ils ne mettent que quelques minutes à s'y rendre. Ken se trouve déjà à l'intérieur, tout près de la caisse où trône un gros bouddha souriant couleur or. Le symbole religieux ne pourrait contraster davantage avec l'attitude du représentant syndical. Il jette constamment des regards nerveux par-dessus son épaule et ses mains tremblent. Lorsqu'il aperçoit les deux journalistes, il vide d'un trait son verre de cognac et fait signe au serveur de lui en apporter un deuxième.

— Qu'est-ce qu'il se passe ? demande Marie-Maude en s'assoyant.

— J'ai été kidnappé.

Les deux journalistes se regardent d'un air étonné… Est-ce que leur source fabule ?

— Kidnappé ? Par qui ? demande Gravel.

— La police.

Ken raconte comment une camionnette blanche s'est arrêtée à ses côtés, aujourd'hui, alors qu'il marchait dans la rue. La porte s'est ouverte et un homme lui a ordonné de monter à l'intérieur en lui montrant son insigne.

Tandis qu'il parle, il ne cesse de regarder vers la porte, comme s'il redoutait l'arrivée de quelqu'un. Marie-Maude et Alain ne reconnaissent plus leur source. Où est passé le dur à cuire, le *tough* qui fait peur avec sa grosse voix rauque ?

Dans la camionnette, des enquêteurs l'ont pressé de questions. Apparemment, eux aussi s'intéressent à la FTQ et ils auraient entendu le nom de Ken à plusieurs reprises. De nombreuses personnes savent qu'il parle aux journalistes et ça ne plaît pas à tout le monde.

— Ils m'ont dit qu'y a des menaces, que j'suis en danger. Ils m'ont offert de me protéger.

Les deux journalistes essaient de rassurer leur source tant bien que mal. Ils craignent que Pereira ne change d'avis et demande que son entrevue ne soit pas diffusée. Le cas échéant, Radio-Canada n'aurait, bien sûr, pas eu l'obligation d'acquiescer à sa demande. Mais tandis qu'ils lui prodiguent des paroles rassurantes, eux-mêmes commencent à être en proie aux doutes.

Plusieurs informateurs ont parlé d'un climat de terreur à la FTQ et bien des gens ont refusé de répondre à leurs questions, même sans caméra, par crainte de représailles. Alain et Marie-Maude savaient que ça joue dur dans le syndicat, sans croire que c'est dangereux pour autant. Du moins, jusqu'à présent.

Lorsqu'ils quittent Ken un peu plus tard, c'est à leur tour de jeter des coups d'œil par-dessus leurs épaules.

• • •

Vers 17 h 30, Alain prend son casque, enfile un pantalon moulant de sport et sort déverrouiller son vélo. Ses collègues le trouvent fou de rouler à bicyclette même en hiver, mais l'animateur affirme à qui veut bien l'entendre qu'en pédalant, il n'a jamais froid. Comme d'habitude, il emprunte des rues peu passantes pour éviter le trafic et met une quarantaine de minutes à se rendre chez lui, à Ahuntsic, un quartier nord de Montréal.

Il arrive en même temps que son voisin d'en face, qui lui adresse un petit signe de tête. Cet homme discret est conseiller juridique pour la police. Bien des dossiers importants passent entre ses mains. « Les secrets qu'il doit connaître… », se dit Alain pour la énième fois. Il se jure qu'un jour, il l'approchera pour parler.

L'animateur range son vélo dans la cour. Avec les années, il a appris qu'il valait mieux laisser sa bécane au froid plutôt que de la mettre à l'intérieur. Les changements de température fréquents accélèrent l'oxydation et peuvent ronger un dérailleur en un hiver.

Sa femme, Marie, est déjà arrivée et lit un magazine dans le salon.

— Faut que je te conte quelque chose, lui dit Alain en se penchant pour l'embrasser.

— OK, mais va prendre une douche avant, répond Marie en le repoussant. T'es dégueulasse!

Alain se lave en vitesse et enfile un vieux t-shirt et des jeans. Marie a toujours su le conseiller dans ses moments de doute et il a hâte d'avoir son avis sur le «kidnapping» de Ken. En sortant de sa chambre, il va droit vers la cuisine et allume la hotte de la cuisinière à la puissance maximale. Il n'y a pourtant rien sur le feu.

— Qu'est-ce que tu fais? s'étonne Marie en rejoignant Alain dans la cuisine.

— C'est pour pas qu'on nous entende.

— Pardon?

— Au cas où il y aurait des micros.

Marie scrute le visage de son *chum* à la recherche d'un sourire ou d'un quelconque signe qu'il s'agit d'une mauvaise blague. Quand Alain lui avait confié qu'il enquêtait sur la construction et le crime organisé, elle avait émis des craintes qu'il s'était empressé de minimiser. Mais là, en voyant les traits crispés d'Alain, elle explose.

— TU M'AVAIS DIT QUE CE N'ÉTAIT PAS DANGEREUX!

— C'est pas dangereux! lui jure Alain. C'est juste au cas où.

— EILLE! QUAND TU AS PEUR D'AVOIR DES MICROS DANS TA MAISON, C'EST PARCE QUE C'EST DANGEREUX!

De longues minutes s'écoulent avant qu'Alain parvienne à rassurer Marie. Mais lorsqu'il raconte ce qui est arrivé à Ken, l'inquiétude de sa compagne revient de plus belle. Ce ne sera pas la dernière fois qu'elle aura peur pour son conjoint.

• • •

Le lendemain, Alain vient à peine d'accrocher son chandail de vélo sur une chaise pour le faire sécher lorsque le téléphone sonne.

— Alain Gravel.

— Bonjour, je suis la secrétaire de monsieur Desjardins. Il est disponible pour vous parler.

— Oui… euh… OK, parfait ! balbutie Alain, pris de court.

Il s'empresse d'enclencher son magnétophone, dont la lumière rouge s'allume au moment même où Raynald Desjardins prend la parole.

— Monsieur Gravel ?

La voix de Desjardins est monocorde, sans couleur.

— Oui.

— Ça va ?

— Oui, oui, répond le journaliste. Je vous appelle… j'anime une émission d'information à Radio-Canada et je prépare une émission…

— J'espère que vous n'allez pas faire un programme sur moi, le coupe Desjardins.

— Non, non, c'est pas sur vous. Vous êtes bien le Raynald Desjardins, bien connu… qu'on connaît bien ?

— Y en as-tu d'autres qui sont pas connus ?

— Je sais pas… Vous êtes bien l'ex-trafiquant de drogue, celui qui a fait de la prison.

— Non, non, non. J'ai été condamné, mais je n'étais pas un trafiquant.

— OK.

L'animateur continue de patiner pendant plusieurs secondes. L'appel de Desjardins le prend au dépourvu. Il ne croyait vraiment pas que celui-ci le rappellerait et il est plus ou moins prêt à lui poser des questions. Rapidement, le professionnel en lui reprend la situation en main. Il explique qu'il travaille à un dossier portant sur la FTQ et Jocelyn Dupuis, puis demande à Desjardins s'il est un partenaire d'affaires de Dupuis dans la SICN.

— Non, je suis pas partenaire. Je travaille avec lui pour un projet de décontamination. Avec des ingénieurs, des gens du gouvernement, en conjoncture avec d'autres personnes.

— Comme on dit, vous êtes revenu dans le droit chemin.

— Totalement, monsieur.

Puis, Alain précise qu'il s'intéresse particulièrement au train de vie luxueux de Jocelyn Dupuis lorsque ce dernier était à la FTQ et que le nom de Desjardins apparaît à l'occasion sur des factures allant jusqu'à 2500 dollars…

— S'il y a des factures de 2500 piastres ou plus ou moins, c'est lui qui les a payées, précise l'homme apparemment repenti. C'est pas moi qui ai acquitté la somme. S'il l'a fait, ben y était représentant du Fonds de solidarité. J'ai toujours eu une relation avec lui qui était très bonne, c'est mon bon ami à moi.

Alain a-t-il bien entendu? Raynald Desjardins vient-il d'admettre qu'il est un bon ami de Jocelyn Dupuis? L'animateur, qui n'en croit pas ses oreilles, poursuit l'entrevue. Fidèle à ses habitudes, il fait répéter l'information qui l'intéresse.

— Donc, vous avez eu des repas avec lui, avec Jocelyn?

— Oui, certains repas. Mais je peux pas dire les montants des repas, j'le sais pas, répond Desjardins en laissant échapper un petit rire.

Gravel le questionne ensuite sur le projet de décontamination, lui demande si c'est vrai qu'il a approché le Fonds de solidarité FTQ pour recevoir un investissement de 25 millions de dollars, ce que l'homme d'affaires nie totalement. Le journaliste force la note et demande à l'entrepreneur s'il accepterait d'accorder une entrevue à la caméra.

« Non », répond sèchement Desjardins, qui explique vouloir « rester dans l'ombre » et être « un honnête citoyen ».

Encore une fois, Alain fait répéter son interlocuteur :

— Juste pour être certain qu'on se comprenne bien, vous êtes pas propriétaire de SICN ?

— Non.

— Vous êtes pas partenaire de Jocelyn Dupuis dans SICN ?

— Non.

— Mais vous êtes partenaire avec lui dans un projet de décontamination ?

— Aucunement encore.

— Ou vous travaillez avec lui ?

— On travaille en conjoncture, précise Desjardins.

— Ça veut dire quoi, travailler en conjoncture ?

— C'est bien simple, monsieur. Monsieur Dupuis est P.-D. G. de SICN, puis je suis en train de monter un programme pour essayer de vendre des plans à l'extérieur, c'est tout.

À force de le questionner, Alain parvient à comprendre que Raynald Desjardins est un représentant de la SICN, mais sans contrat ni salaire.

— Si jamais j'ai besoin de vous rappeler, est-ce qu'il y a un numéro de cellulaire où je peux vous rejoindre ?

— Téléphonez à ma secrétaire.

Gravel note les coordonnées de la dame, puis raccroche. « *Shit, shit, shit, shit!* », crie le journaliste devant Marie-Maude, qui ne peut retenir un fou rire. Elle était dans la pièce quand le téléphone a sonné et elle n'a rien manqué de la conversation. « Ostie! », s'exclame Gravel, qui n'en revient toujours pas.

• • •

La cerise sur le gâteau arrive quelques jours plus tard avec les résultats de l'expertise sur les signatures de Dupuis. L'experte judiciaire Yolande Gervais, qui compte 30 années d'expérience, est catégorique : l'écriture sur les reçus, que ce soit les chiffres, les signatures et les noms des serveuses, est exactement la même que celle figurant sur l'acte hypothécaire de Jocelyn Dupuis déniché par Monique.

À moins d'une semaine de la diffusion, toute l'équipe met les bouchées doubles. Marie-Maude et Chantal Cauchy ainsi qu'Alain et Claudine Blais terminent la révision du contenu et s'assurent que les deux reportages se complètent bien. Mais le temps manque, si bien que Claudine doit sacrifier le week-end qu'elle avait prévu passer avec des copains dans un chalet loué. Pendant que ses amis s'amusent, elle reste enfermée dans une chambre à relire des comptes rendus intégraux.

Alain Gravel rentre aussi au bureau durant le week-end pour confronter Jocelyn Dupuis. C'est une étape importante dans un reportage d'enquête. Une fois que tout le matériel et toutes les preuves sont amassés, le journaliste peut communiquer avec la personne concernée.

L'animateur consacre son samedi à essayer de joindre le représentant syndical en Floride, où il joue au golf. À la fin de la journée, alors que Gravel n'y croit plus, Jocelyn Dupuis le rappelle enfin. L'homme ne nie pas l'exorbitance des sommes réclamées. Selon lui, « c'est des comptes de dépenses, c'est autorisé, c'est tout. » Il refuse, sans surprise, d'accorder une entrevue à la caméra.

Il reste encore une dernière personne à confronter : Michel Arsenault, le président de la FTQ et le supérieur de Jocelyn Dupuis. Alain l'appelle au début de la semaine. Le journaliste s'assure que son magnétophone tourne, puis compose le numéro du cellulaire - fourni par Ken Pereira - du patron syndical.

— Oui ? répond sèchement une voix.

— Monsieur Arsenault ?

— Oui.

— C'est Alain Gravel de Radio-Canada.

— Oui.

Cette fois, le « oui » est plus appuyé. On sent un peu d'exaspé-ration dans le ton.

— Écoutez, je sais que vous avez parlé à ma recherchiste tantôt, dit le journaliste.

— Oui, je l'ai référée à Louis Cauchy.

— Ça, je comprends, là, qu'il y a des relationnistes. Mais nous, on a des choses qui demandent des réponses.

— J'ai pas de commentaires.

— Comment ça, vous avez pas de commentaires ? Vous avez pas de commentaires quand on vous dit qu'un de vos officiers syndicaux dépensait 20 000 piastres par mois ?

— Monsieur Gravel…

— Oui ?

— Monsieur Gravel, appelez-moi pas pour me faire la leçon, j'ai pas de commentaires à…

— J'vous pose des questions, l'interrompt le journaliste. J'vous fais pas la leçon, j'vous pose des questions.

— R'gardez, à la FTQ, on a un service de communications. Communiquez avec eux. Bonne journée.

— Mais vous êtes le président. Étiez-vous sur le bateau de Tony Accurso au début décembre, monsieur Arsenault ?

Silence.

— Monsieur Arsenault ?

Alain dépose le combiné. Comme le représentant syndical utilisait un cellulaire, il n'y a eu aucun bruit lorsqu'il a mis fin à la conversation. A-t-il entendu la dernière question du journaliste avant de raccrocher? Lui seul le sait. L'animateur espérait un commentaire.

Gravel compose de nouveau le numéro de Michel Arsenault. Après trois sonneries, le répondeur s'enclenche et Alain laisse ses coordonnées, au cas où le président se déciderait à faire un commentaire.

Maintenant que toutes les parties ont eu leur chance de faire connaître leur version des faits, l'équipe peut mettre les bouchées doubles et plancher sur la préparation du reportage.

8

LE YACHT DE TOUTES LES CONTROVERSES

« *De toute évidence, M. Gravel a décidé de faire des révélations sur le Fonds sans même lui avoir parlé. C'est regrettable.* »

Communiqué de presse de la FTQ, 11 mars 2009

« Mesdames et messieurs, bonsoir. Des bouteilles de vin à 200 dollars, des factures de restaurants qui frisent les 3000 dollars… Radio-Canada a obtenu les comptes de dépenses de Jocelyn Dupuis qui était, jusqu'à récemment encore, le directeur général de la FTQ-Construction. » Lorsque Céline Galipeau ouvre le *Téléjournal* du 4 mars 2009 en présence de Marie-Maude Denis, la nouvelle d'*Enquête* a déjà fait le tour du Québec. Pourtant, le reportage ne sera diffusé que le lendemain !

En effet, la société d'État a sorti la primeur sur ses diverses chaînes d'information au cours de la soirée de mercredi. Juste assez tôt pour atteindre un public important et juste assez tard pour que les autres médias n'aient pas le temps de creuser l'histoire eux-mêmes. Résultat : les concurrents n'ont d'autre choix que de citer Radio-Canada dans leurs reportages s'ils veulent parler de la nouvelle.

Les réactions ne se font pas attendre. La Presse canadienne relaie l'information sur le fil de presse dans les minutes qui suivent le premier reportage de Radio-Canada. Le soir même, le chroniqueur à *La Presse* Patrick Lagacé écrit un billet de blogue dans lequel il explique que lui et bien d'autres journalistes se sont intéressés au train de vie suspect des dirigeants de la FTQ-Construction, mais que l'équipe d'*Enquête* est la première à le prouver.

Toujours sur le site Web de *La Presse*, le journaliste Denis Lessard publie, en fin de soirée, un article où il est question des liens de Jocelyn Dupuis avec le crime organisé. Il donne le crédit à *Enquête* pour la relation avec Raynald Desjardins, mais le texte va beaucoup plus loin en affirmant que Dupuis entretient des contacts avec Normand « Casper » Ouimet, un membre influent des Hells Angels. Fidèle à sa réputation de *newsgetter*, le journaliste révèle aussi que la Sûreté du Québec mène présentement une enquête sur la FTQ-Construction pour blanchiment d'argent. « *La Presse* a maintes fois tenté au cours des deux dernières semaines d'obtenir les explications de Michel Arsenault, président de la FTQ, mais celui-ci se terre. »

Toute la soirée, ainsi que le lendemain, Alain et Marie-Maude sont sollicités par les émissions d'information de Radio-Canada pour accorder des entrevues. À cela s'ajoutent les journalistes de divers médias qui les appellent pour les féliciter et, dans certains cas, demander quelques tuyaux.

Quand le reportage est finalement diffusé, le jeudi 5 mars, à 21 h, la majorité des personnes qui ont écouté un bulletin d'informations ou lu les nouvelles au cours des 24 dernières heures ont déjà entendu parler des dépenses de Jocelyn Dupuis. Cela n'empêche pas l'émission d'enregistrer des cotes d'écoute exceptionnelles.

• • •

Vendredi matin, Gravel arrive un peu fatigué au travail. La veille, il a regardé le reportage en compagnie de Marie-Maude, Johanne et Monique. Ensemble, ils ont célébré la diffusion et se sont couchés un peu trop tard.

L'animateur est occupé à répondre à ses courriels – sa boîte de réception déborde – lorsque Jean Pelletier vient faire son habituelle tournée du matin. Le patron le félicite pour l'émission d'hier, mais quelque chose semble le tracasser. « Tu as le temps de parler du bateau d'Accurso ? »

Tout au long de leur enquête sur la FTQ, Alain et Marie-Maude ont continué de creuser la piste du yacht. D'autres sources leur ont affirmé que Michel Arsenault et Jean Lavallée se sont rendus sur le yacht de l'entrepreneur, mais ça ne leur suffit pas. Et là, *La Presse* semble désormais sur le coup.

L'article de Denis Lessard prouve que le quotidien s'intéresse aussi à la FTQ depuis un moment. Plus encore, le nom d'Antonio Accurso est sorti dans ses pages à quelques reprises au cours des derniers mois. Une fois, notamment, pour parler de l'embauche d'un ancien président du comité exécutif de la Ville de Montréal par Dessau, la firme qui a décroché le juteux contrat des compteurs d'eau grâce à un consortium formé avec Simard-Beaudry, une entreprise d'Accurso.

Le nom de cet ancien administrateur : Frank Zampino, celui qui, selon Lénine, la source d'Alain et Marie-Maude, aurait aussi profité d'un séjour sur le luxueux bateau d'Accurso ! Bref, si *Enquête* a reçu cette information, il est fort probable que des journalistes de *La Presse* ou d'autres médias l'ont également. Reste à savoir lequel parviendra à sortir la nouvelle en premier.

Alain et Jean s'assoient à la petite table où travaille habituellement Marie-Maude. L'animateur est persuadé que son patron vient, encore une fois, *brainstormer* pour trouver une manière de prouver la présence d'Arsenault sur le yacht d'Accurso.

— J'ai beaucoup réfléchi, commence Jean en regardant l'animateur droit dans les yeux. Nous allons sacrifier notre *scoop*.

— Hein ? s'exclame Alain.

— Cela fait des mois que vous travaillez sur cette histoire, alors nous allons sacrifier notre nouvelle exclusive. C'est notre devoir de journaliste.

La surprise est telle que Gravel en perd ses mots. Est-ce que son patron est tombé sur la tête ? Calmement, Jean Pelletier explique sa stratégie. Au fur et à mesure qu'il l'écoute, Alain réalise que l'idée n'est pas si folle que ça. C'est même un coup de génie.

Lorsque Marie-Maude arrive un peu plus tard, Alain lui présente le plan de Jean. Comme son « mentor », la journaliste est d'abord choquée, puis charmée. Il ne reste plus qu'à attendre le bon moment.

• • •

Le mercredi suivant, autour de 9 h, une petite foule de journalistes se presse à l'extérieur d'une salle de réunion dans un hôtel de Québec. Michel Arsenault participe à une rencontre avec le Syndicat canadien de la fonction publique, affilié à la FTQ. C'est sa première sortie publique depuis la diffusion du reportage d'*Enquête* et, devant les 400 délégués du syndicat – le plus grand au Canada –, il a lui-même qualifié de « dérapage » le comportement de Jocelyn Dupuis.

Dès que Michel Arsenault sort de la salle, tous les journalistes l'encerclent pour l'assaillir de questions. C'est un *scrum*, une petite mêlée où tous pointent leur enregistreuse ou leur micro en lançant des questions dans l'espoir que le représentant syndical réponde à l'une d'entre elles. L'un des reporters qui jouent du coude est de la radio de Radio-Canada à Québec. Il tente sa chance à la seconde même où Arsenault finit de répondre à la question d'un autre journaliste.

— On a des informations comme quoi vous êtes allé sur le yacht de Tony Accurso, crie-t-il presque devant les représentants de tous les grands médias du Québec.

— Le président de la FTQ ne peut pas diriger la FTQ de son sous-sol, commence Arsenault. Moi, quand vous…

— Dans un yacht de Tony Accurso? l'interrompt le journaliste de Radio-Canada.

— Moi, je vais vous dire de quoi…

Très expérimenté, le reporter sent que le représentant syndical veut l'emmener sur un autre terrain. Alors, il l'interrompt de nouveau.

— Tony Accurso, ça vous dit quelque chose?

Cette fois, Michel Arsenault est piqué au vif. Les caméras et les micros de tous les grands médias du Québec sont rivés sur lui.

— Bien certainement, c'est un de mes amis. Il n'y a aucun problème avec ça. Puis voulez-vous me laisser répondre? Tony Accurso, c'est un de mes amis. Il m'a été présenté par Louis Laberge à l'époque et on fait du bateau ensemble. J'ai un bateau, moi aussi, sur le fleuve Saint-Laurent. Il est venu des dizaines de fois sur mon bateau, je suis allé une fois sur le sien.

— Est-ce que Tony Accurso bénéficie d'une *fast track* à la FTQ? enchaîne le reporter.

— À mon avis, il doit y avoir 40, 50 entrepreneurs au Québec qui font des affaires avec le Fonds. Chaque dossier qu'on a fait avec monsieur Accurso, on a fait de l'argent. On a eu des bons rendements. C'est clair que, quand tu as un partenaire qui donne toujours de bons rendements, qui crée de la richesse et qui emploie 3000 employés au Québec, c'est sûr qu'on fait affaire avec. Mais Tony Accurso n'a pas de *fast track* au Fonds de solidarité. Ses dossiers sont considérés pareils comme les autres dossiers.

Le représentant de Radio-Canada pose une ou deux questions additionnelles, puis le journaliste d'un média concurrent plonge dans la mêlée et entraîne le dirigeant syndical sur un autre sujet. Personne ne revient sur Accurso et son bateau.

• • •

À 250 kilomètres de là, dans une tour à bureaux du centre-ville de Montréal, Alain et Marie-Maude discutent avec Guy Chevrette. Cet ancien ministre péquiste a dirigé plusieurs ministères au cours de sa carrière et a siégé avec Lucien Bouchard et Brian Mulroney à la commission Cliche, lancée en 1974, six jours après le saccage de la Baie-James par les membres d'un syndicat affilié à la FTQ. C'est Alain qui a arrangé la rencontre.

En plein cœur de la discussion, le téléphone de Marie-Maude sonne. En voyant le nom sur son afficheur, elle s'excuse et s'éloigne pour répondre tandis qu'Alain poursuit la discussion. Après quelques paroles à voix basse, Marie-Maude revient et s'excuse de nouveau en disant, cette fois, qu'il y a une urgence et qu'Alain et elle doivent partir.

— Qu'est-ce qui se passe ? la questionne l'animateur une fois sorti de la pièce.

— Arsenault a dit qu'il est allé sur le bateau d'Accurso devant tous les journalistes.

— *Fuck !*

Ils courent rue Sainte-Catherine à la recherche d'un taxi en essayant de comprendre ce qui s'est passé. Le plan de Jean Pelletier était simple : demander à un journaliste de Radio-Canada de confronter Michel Arsenault à sa prochaine sortie publique. Avec un peu de chance, et avec la pression des autres médias autour, le représentant syndical allait peut-être répondre.

Et comme il n'est pas encore midi, mieux vaut se dépêcher pour aller en ondes, car les concurrents ont toute la journée pour creuser l'histoire de leur côté !

Le taxi s'est à peine arrêté devant l'entrée principale de Radio-Canada qu'Alain et Marie-Maude sautent de la voiture et courent vers le CDI... où c'est le calme plat.

À cette heure, la plupart des journalistes sont partis sur le terrain pour préparer leur reportage. Les deux collègues jettent un œil à LCN, en s'attendant à voir leur nouvelle exclusive passer, mais rien. Même chose sur le site Web de *La Presse*. Apparemment, aucun des journalistes présents au *scrum* n'a réalisé l'intérêt de la nouvelle ou, plus vraisemblablement, aucun ne savait qui est Tony Accurso. À force de travailler sur le sujet, Alain et Marie-Maude oublient parfois que c'est un nom inconnu, même dans les salles de presse.

Pas question de dormir sur leurs lauriers pour autant. Une rencontre est organisée avec Pierre Tourangeau, patron de la salle des nouvelles. Comme il s'agit d'actualité cette fois, et non d'un reportage d'affaires publiques, c'est lui qui est aux commandes : Alain travaillera sur un topo pour diffusion aux bulletins de 18 h et de 22 h ; Marie-Maude, elle, ira au siège social de la FTQ. Le directeur général de la FTQ-Construction, Richard Goyette, y donnera une conférence de presse en réaction au reportage d'*Enquête* sur les fausses factures.

• • •

« Ça va intéresser personne ça ! » Depuis quelques minutes, Alain Gravel essaie de convaincre l'équipe du *Téléjournal* de 18 h de la pertinence de sa nouvelle. Mais il n'arrive guère à susciter l'enthousiasme. Autour de la table, ses interlocuteurs craignent de perdre l'intérêt du public avec cette affaire de copinage entre entrepreneur et syndicat. Gravel se rappelle avoir servi la même réplique à Monique et son histoire de Laval près d'un an auparavant, et il ne la trouve pas drôle.

Pour Gravel, sa nouvelle devrait ouvrir le bulletin de 18 h. Il a beau expliquer l'importance de l'entrepreneur, décrire comment le Fonds de solidarité aurait investi des dizaines de millions de dollars dans ses entreprises en 20 ans, présenter le bateau aux îles Vierges, rien n'y fait. La nouvelle sera diffusée, mais après un reportage sur les nids-de-poule… Le même sort attend le topo de Marie-Maude sur la conférence de presse du directeur général de la FTQ-Construction.

L'équipe du *Téléjournal* de 22 h, elle, voit les choses différemment. Lorsque Céline Galipeau accueille les téléspectateurs, c'est avec les reportages d'Alain et Marie-Maude.

> « *Bonsoir. La FTQ-Construction a vivement réagi aujourd'hui à nos révélations de la semaine dernière au sujet des dépenses de l'un de ses anciens dirigeants. Nous y reviendrons. Mais d'abord, l'enquête menée par Radio-Canada : des révélations sur les liens étroits entre le président de la FTQ, Michel Arsenault, et l'ex-président de la FTQ-Construction, Jean Lavallée, avec l'un des plus gros entrepreneurs en construction du Québec. Voici ce qu'ont appris Marie-Maude Denis et Alain Gravel.* »

• • •

Même si Gravel a quitté Radio-Canada passé 23 h hier, il est de retour au travail moins de huit heures plus tard. *RDI matin*, l'émission d'information animée par Michel Viens, lui a demandé de présenter son topo et de faire une *converse*, c'est-à-dire une courte entrevue en direct avec l'animateur.

Avant de se rendre au studio, le journaliste prend le temps de lire les réactions dans les journaux. *Le Devoir* a mis la nouvelle en page A3 et cite Radio-Canada dès les premières lignes. Le texte explique en détail la controverse. Mais comme il n'apporte aucun nouvel élément, Alain laisse le journal de côté pour s'emparer de *La Presse*. Il doit la feuilleter jusqu'à la page A11 avant de trouver l'article sur Arsenault et Accurso.

Le reporter Denis Lessard s'étend en long et en large sur le sujet, soulignant notamment que Jean Lavallée et Jocelyn Dupuis mangeaient souvent à un restaurant appartenant à Accurso : « "Le président de la FTQ ne peut diriger ça de son sous-sol", a répliqué de manière incisive M. Arsenault au journaliste qui l'avait questionné sur son séjour à l'invitation de l'homme d'affaires [...] »

Alain entre dans le CDI pour aller faire son entrevue. Le reporter monte la volée de marches qui mène au plateau et tombe nez à nez avec Michel Arsenault et son attaché de presse, Jean Laverdière, celui-là même qui avait confirmé que son patron était en croisière dans les Caraïbes. Le président de la FTQ a accepté d'accorder une entrevue en direct à *Matin express* pour réagir au reportage de l'animateur d'*Enquête*. Mais ni Gravel ni Arsenault ne savaient que l'autre serait présent.

Tout aurait pu bien se passer si les deux hommes s'étaient simplement croisés avant d'aller en ondes. Le hic, c'est que la chaise sur laquelle attend le prochain invité se trouve directement sur le plateau et fait face à la personne interrogée par l'animateur, Michel Viens. Résultat : Alain présente son topo et fait sa *converse* à deux pas du représentant syndical, qui le fusille du regard. De son propre aveu, jamais Gravel ne s'est senti aussi mal à l'aise devant des caméras.

Quelques minutes plus tard, Arsenault prend la place du journaliste et répond aux questions de Michel Viens. Gravel, bien que curieux d'entendre sa réaction, décide de quitter le plateau et d'aller se poster devant les multiples télévisions du CDI pour suivre l'entrevue.

Dans les bureaux d'*Enquête*, Marie-Maude saute sur le téléphone dès qu'elle aperçoit Michel Arsenault à l'écran. « Bernard ? J'ai besoin de toi au CDI. Viens le plus vite possible ! » La journaliste court jusqu'à la salle des nouvelles, où Bernard vient la rejoindre quelques secondes plus tard avec sa caméra. Dès que Michel Arsenault descend du plateau, Marie-Maude lui met son micro sous le nez.

— Monsieur Arsenault, est-ce que c'est normal qu'un représentant syndical passe une semaine sur le bateau d'un important entrepreneur ?

— Je ne parle pas aux gens qui m'enregistrent à mon insu, répond le dirigeant syndical en référence à la conversation téléphonique diffusée par Alain.

Comme toujours, la jeune journaliste ne manque pas de front : elle bloque le chemin de Michel Arsenault et lui pose une nouvelle question. Le relationniste, Jean Laverdière, lance un « Pas de commentaires » et bouscule Marie-Maude afin de pouvoir passer. Dans le CDI, quelques curieux cessent de travailler pour regarder la scène. La journaliste brandit de nouveau son micro vers le patron syndical, mais l'homme se défile, visiblement furieux de se faire intercepter ainsi à la fin d'une entrevue. Bientôt, ce sera à son tour de passer à l'attaque.

• • •

Maintenant que la présence de Michel Arsenault sur le bateau de Tony Accurso est connue du public, il faut tenter de chercher qui d'autre s'y est rendu pour profiter du soleil des Caraïbes. Le premier nom sur la liste d'Alain et Marie-Maude est Frank Zampino, l'ancien président du comité exécutif de la Ville de Montréal, le poste le plus important de l'administration municipale après celui de maire.

En janvier, Lénine avait affirmé que le politicien avait séjourné sur le yacht de l'entrepreneur. Depuis, l'équipe d'*Enquête* n'a pas fait beaucoup de progrès de ce côté. Pas question de diffuser cette nouvelle sans plus de preuves. Alain et Marie-Maude cherchent donc sans relâche de nouvelles sources capables de valider leurs informations exclusives. Cette fois, ils ne sont plus seuls sur le coup ; ils devront faire vite, mais jamais au détriment de leur rigueur journalistique.

9

L'EFFET « TOUT LE MONDE EN PARLE »

« Cette relation incestueuse est plus que troublante. »

Réaction de la Confédération des syndicats nationaux
et de la FTQ sur le passage de Philippe Couillard au privé,
diffusée dans un communiqué du 18 mars 2009,
peu de temps après les révélations sur Accurso et Arsenault

Une rafale s'engouffre dans l'appartement de Marie-Maude Denis lorsqu'elle récupère *La Presse*. La journaliste referme la porte de son appartement en vitesse, mais le mal est fait : elle est frigorifiée maintenant. Encore endormie, elle maudit l'hiver en silence tandis qu'elle parcourt distraitement la une. Ses yeux glissent rapidement sur le gros titre « À qui parle votre enfant ? », un article sur la cyberprédation, pour s'arrêter sur une manchette :

FTQ

Copinage et pantouflage

Yves Boisvert PAGE A5

Marie-Maude ouvre le journal à la page A5, curieuse de lire ce que le chroniqueur judiciaire a à dire sur Arsenault et Accurso. Elle parcourt les premiers paragraphes sans surprise : Yves Boisvert s'interroge sur la décision de la FTQ de verser une indemnité de départ de 140 000 dollars à Jean Lavallée, qui était président de la FTQ-Construction au moment où Jocelyn Dupuis en était le directeur général.

Mais vers la fin de l'article, le chroniqueur dévie de son sujet et sort un lapin de son chapeau : « M. Accurso ne copine pas seulement avec les syndicalistes. J'apprends que Frank Zampino, quand il était encore président du comité exécutif de la Ville de Montréal, est allé en vacances dans le Sud avec M. Accurso. "Je ne commente pas ma vie privée", m'a dit hier M. Zampino, qui est maintenant numéro 2 chez Dessau. »

Marie-Maude relit les lignes à trois reprises, chaque fois plus découragée que la fois précédente. Si elle était superstitieuse, elle aurait probablement remarqué la date inscrite dans le coin supérieur gauche de la page : « Vendredi 13 mars 2009 ».

• • •

— As-tu lu *La Presse* ? lance Gravel en guise de bonjour lorsque Marie-Maude arrive aux bureaux d'*Enquête*.

— Oui, répond Marie-Maude, déçue.

À sa grande surprise, Gravel lui fait un large sourire. Loin d'être découragé, il est plutôt rassuré par l'article de Boisvert. « La pression commençait à être forte sur nous », s'explique l'animateur. Jusqu'à présent, la défense de la FTQ est d'affirmer qu'*Enquête* fait de l'acharnement. Maintenant que *La Presse* s'est mouillée, même si le texte ne porte pas spécifiquement sur le syndicat, ça prouve qu'Alain Gravel et Marie-Maude Denis ne sont pas dans le champ ou, du moins, qu'ils n'y sont pas seuls.

Rassurée, Marie-Maude discute avec Alain de la chronique de ce matin, qui est pour le moins particulière. N'importe quel journaliste d'expérience, Yves Boisvert le premier, sait qu'un article doit toujours commencer avec la nouvelle la plus importante. Ici, il n'y a pas de doute que la primeur au sujet de Zampino est l'élément le plus accrocheur pour les lecteurs. Pourtant, elle n'arrive qu'à la fin du texte.

Gravel a sa théorie. Maintenant que la nouvelle est éventée, *La Presse*, les autres médias ainsi que les adversaires politiques d'Union Montréal, la formation à laquelle appartenait Frank Zampino, risquent d'assaillir l'ex-politicien de questions à propos de sa présence ou non sur le yacht. Qui sait, peut-être que des médias concurrents révéleront d'autres bribes d'information à ce propos ?

Cela s'apparente au supplice de la goutte d'eau, une technique de torture chinoise – dont l'authenticité et l'efficacité sont contestées, du reste – qui consiste à laisser tomber une goutte d'eau à intervalles réguliers sur la tête d'un prisonnier jusqu'à ce que celui-ci devienne fou. Dans le journalisme d'enquête, cela revient à lâcher régulièrement des parcelles d'information plutôt que de sortir tout son matériel d'un seul coup. La pression publique et médiatique ne cesse alors de grimper, ce qui permet aux journalistes de dévoiler des renseignements qui, dans un autre contexte, semblent moins pertinents.

Le *Washington Post* a utilisé cette technique pour mettre au jour le scandale du Watergate. D'abord seul, puis rejoint par d'autres médias, ce quotidien a publié pendant deux ans des informations portant sur l'espionnage politique organisé par le Parti républicain, ce qui a conduit, en 1974, au départ de Richard Nixon, le premier président de l'histoire des États-Unis à démissionner.

Sans le savoir, *Enquête* a mis en branle la même technique en publiant ses révélations sur la FTQ et Accurso. Tous les grands médias québécois sont désormais de la partie.

• • •

En fin de journée vendredi, Monique Dumont se rend au siège social du Fonds de solidarité FTQ en compagnie de la recherchiste Chantal Cauchy. Tout comme Monique, elle a travaillé à *Zone libre enquête* avant d'être intégrée à la nouvelle émission. Elle est plutôt discrète, avec sa voix douce et sa petite taille, un atout indéniable lorsque vient le temps de faire de la caméra cachée, ce qu'elle adore.

Depuis des semaines, les deux recherchistes multiplient les requêtes auprès du Fonds pour savoir comment sont étudiées les demandes de financement, qui décide d'investir ou non dans une entreprise et, surtout, combien d'argent a été placé dans des projets d'Accurso. Et chaque fois, c'est un processus long et ardu qui débute.

Elles envoient d'abord leurs questions à la responsable des relations avec les médias du Fonds. Si celle-ci ne connaît pas la réponse – ce qui est souvent le cas, vu le caractère technique des demandes –, elle communique avec la personne concernée. Cette dernière collige les données et les explications nécessaires, puis les achemine à la relationniste qui, finalement, les envoie aux recherchistes. Advenant le cas – fréquent – où une précision additionnelle est requise, il faut refaire le même chemin. À défaut d'être efficace, cette manière de faire permet au Fonds, à l'instar de la quasi-totalité des grandes organisations, de contrôler l'information transmise aux médias.

Devant le nombre grandissant de questions et de réponses complexes, parfois contradictoires, Chantal a demandé la tenue d'une rencontre technique. L'idée est simple : s'asseoir face à face avec les personnes responsables des dossiers en cause pour enfin obtenir toutes les informations d'un seul coup, directement à la source. Le Fonds a accepté de bonne grâce, probablement pour s'assurer que Monique et Chantal possèdent les bons renseignements, mais peut-être aussi pour mettre fin à leurs demandes répétées qui, avouons-le, requièrent beaucoup de temps de travail.

Le hic, c'est que la planification de la séance d'information s'est faite *avant* que Michel Arsenault admette être allé sur le yacht d'Accurso. Hier, Chantal a donc appelé la relationniste du Fonds pour s'assurer que la réunion avait toujours lieu. « Oui », avait-elle répondu, en ajoutant toutefois qu'elle avait « fini de travailler très tard à cause de ce reportage ».

C'est donc sans trop savoir à quel ton s'attendre que les deux femmes entrent dans la salle de conférence sans charme où a lieu la rencontre. Comme prévu, trois vice-présidents sont présents autour de la table, ainsi que la relationniste. Mais il y a un absent de taille : Guy Gionet, le président-directeur général de la SOLIM, le bras immobilier du Fonds duquel Accurso reçoit beaucoup d'argent. Il devait y être. À sa place est assis l'avocat André Ryan.

Quiconque se présente à une rencontre à laquelle est convié un avocat qui n'était pas invité initialement devrait faire l'une des deux choses suivantes : appeler son propre avocat ou partir. Mais Monique et Chantal n'ont ni l'un ni l'autre de ces réflexes et plongent de bon cœur dans la discussion technique.

À l'aide d'une présentation PowerPoint, les représentants du Fonds expliquent le processus de révision des dossiers. Sur une dizaine de propositions reçues, seules deux seront analysées en profondeur par un ou plusieurs comités composés de conseillers financiers, d'avocats, de fiscalistes, d'évaluateurs d'entreprises, etc. Chaque comité a ses spécialités. Le Comité décisionnel minier se concentre sur les projets, on le devine, en lien avec l'industrie minière. Les fonds SOLIM I et II, quant à eux, se consacrent à l'immobilier.

Fait particulier : la SOLIM peut approuver elle-même tout projet de moins de trois millions de dollars. Au-delà de cette somme, un autre comité devra l'analyser. Et si jamais le projet dépasse les cinq millions de dollars, le conseil d'administration du Fonds aura le dernier mot. Ces détails peuvent sembler techniques, mais ils ont une importance capitale pour Monique et Chantal, car des documents indiquent que la SOLIM a approuvé de nombreux projets de 2,9 millions de dollars, c'est-à-dire d'une valeur juste assez basse pour éviter les analyses supplémentaires.

« Vous êtes certains qu'il n'y a pas de *fast track* là ? », lance Chantal sans ambages en se levant pour pointer une flèche à l'écran entre deux comités. Même Monique Dumont, qui est du genre direct, n'en revient pas du front de sa collègue, généralement plus discrète. Autour de la table, tous assurent qu'il n'en est rien, qu'il n'existe pas de *fast track* (passe-droit) au Fonds, pour rien ni pour personne, et surtout pas pour Accurso.

Le nom de l'entrepreneur est au cœur de la rencontre. L'un des objectifs de Monique est de savoir combien d'argent le Fonds a versé, sous forme de prêts, d'investissements ou de contrats, aux entreprises d'Accurso. Elle-même, en se basant sur les rapports annuels du Fonds et des informations glanées ici et là, estime, à ce moment, que cette somme s'élève à 250 millions de dollars.

Ce chiffre est faux, affirment les gens autour de la table. Et ceux-ci sont d'ailleurs furieux que Radio-Canada l'ait diffusé le jour où Arsenault a admis être allé sur le bateau d'Accurso, alors que la rencontre d'information était déjà au programme. Les journalistes d'*Enquête* n'auraient-ils pas pu attendre deux jours de plus ? Monique explique le calcul rigoureux fait pour arriver à ce chiffre, ce à quoi les représentants du Fonds rétorquent que sa démarche ne respecte pas les normes comptables. Selon leurs vérifications, les diverses entreprises d'Accurso ont plutôt touché un total de 114 millions de dollars.

La rencontre se termine après trois heures de discussion parfois tendue mais toujours courtoise. Chantal prend le chemin de la maison, mais Monique file tout droit à *Enquête*, même s'il est déjà 18 h. Elle veut vérifier certaines informations et, surtout, parler à Jean Pelletier pour voir si un rectificatif est nécessaire au sujet des investissements faits par le Fonds dans les compagnies d'Accurso.

La recherchiste n'est pas pleinement satisfaite des explications du Fonds et croit que son calcul n'est pas entièrement faux. Elle n'a toutefois pas tous les éléments nécessaires pour le démontrer. Dans le doute, elle préférerait utiliser le chiffre du Fonds, explique-t-elle à Jean Pelletier au téléphone.

Son patron l'approuve et lui demande de rédiger un court rectificatif. Il pourra être lu au *Téléjournal* le lendemain soir, à l'heure à laquelle a été diffusé le reportage sur Accurso et

Arsenault. Évidemment, rien n'empêchera Monique de poursuivre ses recherches par la suite.

Ce n'est pas avant 23 h qu'elle quitte enfin les bureaux d'*Enquête*, déserts. Épuisée, elle monte dans sa voiture et retourne dormir chez elle.

Le lendemain, lors du *Téléjournal*, on lit un rectificatif de 25 secondes, une éternité à la télévision :

> *Dans nos récents reportages sur les liens entre certains dirigeants de la FTQ et l'homme d'affaires Tony Accurso, nous avons rapporté que le Fonds de solidarité FTQ avait investi autour de 250 millions de dollars dans les entreprises de M. Accurso.*
>
> *« Nous tenons à préciser que cette somme comprenait aussi plusieurs dizaines de millions de dollars versés par la FTQ aux entreprises de M. Accurso pour la construction de certains immeubles, dont son siège social. La direction du Fonds de solidarité FTQ soutient avoir investi en tout 114 millions dans les entreprises de M. Accurso.*

• • •

« Quand est-ce que tu reviens ? », dit une grosse voix derrière Marie-Maude. La journaliste se retourne et se trouve face à face avec son patron, Pierre Tourangeau. Si elle l'avait aperçu avant qu'il parle, elle aurait pu prédire les mots qu'il prononcerait. Depuis qu'elle est « prêtée » à l'équipe d'*Enquête*, son patron lui demande presque toutes les semaines à quel moment elle sera de retour dans la salle des nouvelles.

Tourangeau n'est pas le seul à vouloir que la journaliste revienne aux faits divers. Son absence fait suer ses collègues, d'autant plus qu'elle n'a pas été remplacée… Le hic, c'est que Marie-Maude se plaît à *Enquête*. Pour la première fois de sa vie, elle se sent à sa place et son syndrome de l'imposteur commence à s'effacer. Depuis quelques jours, elle a même quitté le bureau d'Alain pour s'installer dans son propre cubicule parmi l'équipe d'*Enquête*. Un espace de travail était inoccupé, alors elle a pris la liberté d'y installer ses pénates.

Normalement, Marie-Maude justifie son absence en relatant à son patron les progrès faits depuis la semaine précédente. Mais avec la diffusion du reportage sur les fausses factures de Dupuis et les révélations sur le yacht d'Accurso, la jeune journaliste doit se faire encore plus convaincante. Heureusement pour elle, ce ne sont pas les arguments qui manquent.

Avec Alain, elle travaille sur une autre piste en lien avec la FTQ : l'influence du crime organisé sur le syndicat. Selon leurs sources, dont Ken Pereira, un membre des Hells aurait fait des pressions lors d'une élection importante à la FTQ-Construction, explique Marie-Maude. Une nouvelle exclusive d'autant plus importante que l'élection visait à remplacer le président, Jean Lavallée, et le directeur général, Jocelyn Dupuis.

Et il ne faut pas oublier que Marie-Maude est arrivée à *Enquête* avec des informations privilégiées sur Laval, un sujet qu'ils n'ont pas encore abordé dans leurs reportages !

Pierre Tourangeau demande quelques détails supplémentaires, puis s'en va. En d'autres mots, Marie-Maude peut rester à *Enquête*, pour le moment. Mais elle sait très bien que son patron reviendra la semaine prochaine. Une pression qui ne fait qu'accentuer son désir de foncer tête première.

• • •

Même si Alain a révélé au bulletin de nouvelles l'histoire du bateau de Tony Accurso, l'équipe d'*Enquête* souhaite toujours faire un reportage sur le désormais fameux yacht. Mais pour cela, il faut des images du bateau et au moins une photo de Tony Accurso. Deux choses que Radio-Canada ne possède toujours pas.

Plus tôt cet hiver, l'équipe de recherche a découvert que le bateau était à louer par l'entremise du Sacks Group, une agence établie en Floride. Pour la modique somme de 55 000 dollars américains par semaine, vous pouvez louer le *Touch*, un yacht de 36 mètres comprenant quatre cabines. Ce n'est pas le plus luxueux des navires offerts par The Sacks Group – certains coûtent plus de 500 000 dollars par semaine ! –, mais ce n'est pas le moins cher.

Le site Web de l'agence précise que le *Touch* est amarré aux îles Vierges. *Enquête* pourrait toujours envoyer un caméraman sur place pour écumer les eaux environnantes à la recherche du yacht. Cela serait toutefois onéreux et risqué. Le caméraman devrait faire le tour de toutes les marinas, et rien ne dit que le bateau ne sera pas en mer à ce moment. Après le détective privé, pas question de répéter un nouvel échec !

Radio-Canada pourrait aussi louer l'embarcation de luxe… Mais cela grugerait une partie importante du budget de l'émission et la dépense susciterait – à juste titre – un véritable tollé si les médias venaient à l'apprendre. « Radio-Canada loue un yacht de luxe avec votre argent ! » s'époumoneraient les chroniqueurs. Cela dit, rien n'interdit d'approcher The Sacks Group pour essayer d'obtenir plus d'information.

Claudine Blais, qui aime particulièrement le petit côté infiltrateur de cette mission, s'est portée volontaire. Le visage concentré, elle fixe la page blanche d'un nouveau courriel à la recherche de l'approche à adopter.

À partir d'une nouvelle adresse qu'elle s'était déjà créée sur Hotmail, la réalisatrice rédige un courriel en anglais, bref et concis, dans lequel elle explique vouloir louer un yacht pour sa famille. Le *Touch* l'intéresse, mais elle désire davantage d'information avant de se décider.

« C'est un peu mince, mais ça fera pour le moment », se dit-elle. Si elle reçoit une réponse, elle étoffera son personnage. Tandis qu'elle clique sur la touche « Envoyer », Claudine ressent ce petit frisson qu'elle aimait tant à *La Facture*.

• • •

Le reste du mois de mars passe à une vitesse folle. Lorsque la dernière émission de la saison 2008-2009 est diffusée, le 26 mars, les révélations sur la FTQ et Tony Accurso suscitent toujours la controverse. Presque tous les jours, *La Presse*, *Rue Frontenac*, *Le Devoir* et TVA alimentent le débat et sortent de nouvelles informations. Aucune «bombe», mais des détails supplémentaires perturbants.

La fin de la saison ne signifie pas les vacances pour les membres de l'équipe d'*Enquête*, loin de là. Tous préparent déjà les reportages qui seront diffusés à l'automne, et Alain et Marie-Maude ont l'intention de poursuivre sur leur lancée dans le milieu de la construction.

Ses besicles au bout du nez, Gravel relit le compte rendu d'une rencontre que Marie-Maude et lui ont eue récemment avec une source au sujet de l'aménagement d'une salle de spectacle au bassin Louise, à Québec. Le projet d'une dizaine de millions de dollars, auquel participe financièrement la SOLIM, s'est interrompu de manière abrupte au cours de 2008.

Son téléphone sonne à l'instant.

— Gravel.

— Bonjour, Alain, c'est Carole-Andrée Laniel de *Tout le monde en parle*. Ça va bien?

— Oui, toi? répond le journaliste, surpris.

— Oui. Dis-moi, est-ce que tu serais disponible avec Marie-Maude pour venir à *Tout le monde en parle*?

— Ben oui, ça va nous faire plaisir!

L'animateur note les détails, puis appelle Marie-Maude à l'instant où il raccroche. La journaliste est aussi enthousiasmée que lui. Le tournage aura lieu aujourd'hui même, en soirée. Les deux collègues devront toutefois faire un saut chez eux pour se changer. Gravel a toujours quelques vestes et chemises dans son bureau, au cas où il devrait faire un topo imprévu aux nouvelles, mais il veut quelque chose d'un peu plus chic pour participer à la grand-messe télévisuelle du dimanche.

Alain jette un œil à sa montre : 13 h 30. Il peut encore bosser quelques heures avant de sauter sur son vélo.

• • •

À la fin de *Tout le monde en parle*, au moment où l'on fait un dernier tour de table pour rappeler les livres, spectacles, entreprises et événements des divers invités, Guy A. Lepage lance l'invitation suivante avant de remercier Alain et Marie-Maude : « Si vous avez des renseignements à leur communiquer au sujet de leur enquête sur la FTQ, vous pouvez le faire à l'adresse suivante : enquete@radio-canada.ca. »

• • •

Dans les jours qui suivent la diffusion de *Tout le monde en parle*, c'est le déluge à *Enquête*. Courriels, lettres et messages téléphoniques affluent continuellement, sans oublier les traditionnelles enveloppes brunes. En 35 années de carrière, jamais Alain Gravel n'avait vu ça.

Le journaliste est habitué à « travailler » ses sources pendant des semaines, parfois même des mois, avant d'obtenir des renseignements intéressants ou de les convaincre d'accorder une entrevue à la caméra. Si bien que, normalement, lorsqu'un colis renfermant des documents lui est adressé, il ressent toujours une pointe d'excitation.

Aujourd'hui, la fébrilité se dissipe rapidement. En partie du fait de l'abondance, mais surtout en raison de la nature des messages. Ils sont presque tous anonymes – certains sont écrits à l'aide de lettres découpées dans des magazines ! – et l'information qu'ils renferment s'avère souvent mince, parfois cryptique, voire sans intérêt.

Malgré tout, l'équipe se fait un devoir de lire ou d'écouter chaque message. Les premières lignes suffisent habituellement à déterminer s'il est d'intérêt ou non. Marie-Maude a mis une dizaine de messages semblables à la corbeille et commence à être un peu blasée lorsqu'elle tombe sur ce courriel adressé à Alain Gravel et à elle :

« *Bonjour,*

« *Mon nom est François Beaudry, ingénieur à la retraite, du ministère des Transports du Québec* [MTQ]. *Mes dernières années au MTQ furent à titre de conseiller au bureau du sous-ministre. Ces fonctions m'ont appelé à traiter plusieurs dossiers dont un particulier sur la collusion et la corruption dans le domaine des contrats routiers.* »

Un fonctionnaire du ministère des Transports a travaillé à un dossier sur la corruption ? Sans le réaliser, Marie-Maude se rapproche de son écran d'ordinateur pour poursuivre la lecture. Sa lassitude s'est complètement dissipée.

« *En fait, j'ai agi à titre d'intermédiaire entre un entrepreneur, qui voulait garder l'anonymat, et la SQ* [Sûreté du Québec]. *Il s'indignait de l'emprise de la « mafia » sur l'ensemble des contrats routiers à Montréal et la SQ. J'ai donc collaboré (secrètement à l'époque) avec l'équipe des crimes économiques de la SQ. Malgré le travail acharné de la SQ, le secret du milieu et la difficulté d'accumuler des preuves solides, le dossier a beaucoup piétiné* [sic]. *Depuis ma retraite en mai 2007 je ne connais pas l'évolution du dossier auprès de la SQ. Peut-être que ce sont eux qui vous ont alimenté en information puisque, personnellement du moins, j'ai toujours cru qu'une médiatisation du dossier permettrait de le faire progresser. Naturellement, une commission d'enquête s'avérerait une solution, mais si, et seulement si, il y a des gens prêts à témoigner à leur risque et péril* [sic]...

« Puisqu'une des techniques d'intimidation utilisée dans le milieu est la poursuite ou la menace de poursuite à titre personnel…

« En résumé, j'ai un certain nombre d'informations générales sur le mode de fonctionnement du milieu montréalais (et lavallois) de la construction, ainsi que sur le principal chef d'orchestre. »

Marie-Maude relit le paragraphe à deux reprises. Laval !

« Si vous travaillez déjà en collaboration avec la SQ, je ne crois pas que je pourrai vous apporter beaucoup de nouveauté. Sinon, un partage de mes connaissances sur le sujet pourrait peut-être faire évoluer le dossier. Je n'ai jamais eu de la SQ d'obligation de maintenir au secret ces infos. Pour ce qui est de mes motivations à vous aider à faire la lumière sur le sujet, il s'agit simplement d'une petite contribution à l'assainissement des pratiques mafieuses dans ce domaine. Je crois sincèrement que le processus d'appel d'offres publiques est un maillon dans la chaîne démocratique de notre société. S'il est continuellement brisé, la démocratie et les fonds publics risquent de se retrouver à la dérive.

« Une conversation téléphonique vous permettrait sans doute de juger s'il est utile de se rencontrer.

« Bonne chance dans vos démarches,

« François Beaudry »

L'ingénieur à la retraite laisse deux numéros pour le joindre. Marie-Maude l'appelle sur-le-champ. Tandis que la sonnerie retentit à l'autre bout du fil, elle regarde à nouveau le nom de la source : François Beaudry. C'est l'homme qui allait tout changer.

10

UN STUDIO TRANSFORMÉ EN CONFESSIONNAL

> « Car une des meilleures armes des corrupteurs est l'obscurité
> qui permet de garder le climat de peur qui paralyse les langues.
> Dans la lumière, la peur perd son pouvoir. »
>
> Françoise David, au moment de remettre une médaille
> de l'Assemblée nationale à François Beaudry, le 28 novembre 2013

Alain arrête la camionnette de Radio-Canada dans une rue du quartier Montcalm, à Québec, bordée de logements convertis en condos. La bourrasque de vent froid qui mord le visage du reporter lui rappelle que la capitale a souvent un déficit de quelques degrés Celsius par rapport à la métropole. Alain resserre son manteau, jette un dernier coup d'œil à l'adresse qu'il a notée sur un bout de papier et se dirige vers l'immeuble, où il a rendez-vous avec une nouvelle source.

Le journaliste ne sait pas trop à quoi s'attendre. L'homme semble être bien au fait du dossier, assez pour motiver un aller-retour entre Montréal et Québec aujourd'hui. Mais les informations qu'il a fournies pour le moment n'en demeurent pas moins générales… L'ancien fonctionnaire acceptera-t-il de donner plus de détails ? Et, surtout, sera-t-il prêt à répéter ce qu'il sait devant la caméra ?

Alain sonne à la porte, qui s'ouvre presque instantanément. Visiblement, l'homme l'attendait.

« Bonjour, monsieur Gravel. François Beaudry », dit l'ancien ingénieur en tendant une main que serre le journaliste sans hésiter. Sa poigne a la vigueur de ceux qui s'entraînent ou qui travaillent manuellement. Il a le crâne dégarni jusqu'au milieu de la tête, où poussent ensuite des cheveux gris rasés court ; il porte une chemise simple ainsi que des verres à mi-monture. Alain ne lui donne que quelques années de plus que lui, même s'il est déjà à la retraite.

Beaudry guide Gravel à l'intérieur de son condo décoré sobrement mais avec goût, jusqu'à une pièce ouverte baignée de lumière dans laquelle se trouvent la salle à manger et le salon. De grandes fenêtres offrent une belle vue sur les montagnes des Laurentides qui, en ce mois d'avril, sont encore couvertes de neige.

Les deux hommes s'installent dans le salon et tombent immédiatement dans le vif du sujet. Beaudry commence par le début, en expliquant de sa voix douce quelles étaient ses tâches au ministère des Transports, puis raconte comment un entrepreneur qu'il refuse de nommer l'a contacté pour le mettre au fait des problèmes de corruption dans le milieu de la construction à Montréal.

Beaudry ne parle que depuis un quart d'heure lorsqu'une sonnerie l'interrompt en plein milieu d'une phrase : c'est le cellulaire d'Alain. L'afficheur indique un appel en provenance de la salle des nouvelles. « Désolé, je dois le prendre », s'excuse le journaliste avant de répondre.

Une voix à l'autre bout du fil lui explique qu'une manifestation de syndiqués déçus, dont Ken Pereira, a lieu devant le siège social de la FTQ à Montréal. Est-ce qu'Alain peut se rendre dans les studios de Radio-Canada, sur la rue Saint-Jean à Québec, pour faire une *converse* ?

Gravel regarde sa montre. Ça lui laisse encore une ou deux heures pour discuter avec Beaudry. Ce n'est pas l'idéal, mais comme c'est une urgence, le reporter accepte, puis raccroche, s'excuse de nouveau et reprend l'entrevue.

Beaudry résume comment il a pris connaissance d'appels d'offres truqués, puis transmis les informations qu'il possédait à la Sûreté du Québec. Peut-être est-ce à cause de son bagage d'ingénieur, métier où la minutie est essentielle, mais il s'attarde longuement sur des détails et reste évasif lorsque le journaliste essaie d'en savoir davantage sur les éléments qui lui apparaissent pertinents.

L'homme ne semble visiblement pas avoir conscience des minutes ni des heures qui passent. Il parle encore et encore, insistant pour détailler plusieurs éléments qu'Alain connaît déjà. Et comme tant d'autres sources, il n'a aucune preuve par écrit à fournir pour appuyer ce qu'il dit.

Le cellulaire d'Alain sonne à de multiples reprises pour régler les détails urgents de la *converse*. Lorsque la sonnerie retentit une fois de plus, après environ trois heures d'entrevue, le reporter met fin à la rencontre. À tout hasard, il demande à Beaudry s'il accepterait d'accorder une entrevue devant la caméra, ce que le retraité refuse sur-le-champ. Gravel le remercie pour son temps et s'empresse de retourner à sa voiture.

• • •

François Beaudry regarde son invité partir par la fenêtre et retourne s'asseoir dans le salon, pensif. À plusieurs reprises au cours de la rencontre, il a cru comprendre que Gravel avait des sources policières. « Au moins, il a l'air bien informé, pense-t-il. J'imagine que je ne pouvais pas l'aider davantage. »

Dans tous les cas, il a la conscience tranquille. Cela faisait longtemps que cette histoire le tracassait, et maintenant qu'il a parlé, il peut tourner la page. « J'ai fait tout ce que je pouvais faire. »

• • •

Installée dans son bureau, Claudine Blais regarde le calendrier des semaines à venir en se rappelant les paroles de Gravel : « Si on embarque là-dedans, on en a pour des années. » La réalisatrice croit toujours que l'animateur exagérait, mais à la vue de l'été qui promet d'être chargé, elle est bien forcée d'admettre qu'ils en auront au moins pour des mois à travailler sur le milieu de la construction.

Depuis la fin de la saison d'*Enquête*, une question tourne en boucle dans sa tête : où filmera-t-elle les prochaines personnes qui accordent des entrevues ? Les tournages s'annoncent nombreux et, si elle doit chercher une nouvelle salle chaque fois qu'une source accepte de témoigner devant la caméra, son été sera un véritable casse-tête logistique. Avec Ken Pereira, elle est passée à deux doigts de ne pas avoir de local. Un risque qu'elle ne peut plus se permettre de prendre vu la difficulté de convaincre les gens de parler... Si elle devait patienter quelques jours qu'un studio se libère, chaque minute d'attente augmenterait les chances que la source change d'idée et se défile.

Ce dont Claudine a besoin, c'est d'un endroit où le décor demeurerait en permanence, un endroit où, à quelques minutes de préavis, elle pourrait asseoir un invité et démarrer la caméra. Bref, un studio que seule l'équipe d'*Enquête* pourrait utiliser. Vu le nombre d'émissions d'affaires publiques et de variétés qui luttent pour le moindre espace à Radio-Canada, aussi bien demander un miracle.

La réalisatrice soupire et tente d'oublier ce problème le temps de plonger dans un autre dossier. À peine dix secondes s'écoulent avant que le dilemme refasse surface dans son esprit, accompagné cette fois d'une solution : *Virginie*.

Le feuilleton télévisé de Fabienne Larouche, qui raconte les hauts et les bas de l'école Sainte-Jeanne-d'Arc depuis 1996, est l'une des rares émissions à disposer d'un studio permanent à Radio-Canada. Il se trouve au deuxième sous-sol. Le dernier épisode de la quotidienne vient tout juste d'être diffusé, ce qui signifie que les locaux devraient être libres durant quelques semaines ! Claudine saute sur le téléphone et, quelques coups de fil plus tard, tout est réglé.

Le studio sur lequel elle a mis la main est petit, mais il ne lui faut rien de plus. Au cours des jours qui suivent, elle s'emploie avec l'équipe technique à trouver un concept intéressant. Le défi est d'avoir une installation qui pourra être utilisée autant pour les témoignages anonymes, qui s'annoncent nombreux, que pour ceux à visage découvert, qui s'annoncent rares...

L'idée du confessionnal surgit dès le début, mais il faut une version plus moderne et moins moralisatrice qu'un isoloir d'église. Claudine effectue des tests de caméra avec un panneau givré placé devant la chaise de l'invité. Il suffit de mettre un spot à l'arrière de l'interviewé pour projeter une ombre chinoise sur la paroi translucide. L'image est juste assez floue pour que la personne ne puisse être reconnue, tout en restant suffisamment détaillée pour être attrayante visuellement. Mieux encore, cette installation donne une aura d'intrigue et de mystère qui permettra de dynamiser les reportages dont la matière première – contrats, appels d'offres, collusions – est un peu terne. C'est ainsi qu'est née la signature visuelle qui deviendra typique des témoignages anonymes d'*Enquête*.

• • •

Le plan, pour les quatre mois dont bénéficient Alain et Marie-Maude avant le début de la prochaine saison, est de s'intéresser à deux pistes différentes : la possible infiltration du crime organisé à la FTQ, dont Jocelyn Dupuis pourrait être l'une des pierres angulaires, et les liens entre Tony Accurso et le syndicat, dont l'épisode du bateau serait l'illustration parfaite.

Dans le cas de Tony Accurso, le problème auquel se bute l'équipe ne concerne pas que l'homme mais aussi son image ! Après cinq mois d'enquête, personne n'a trouvé une photo de l'entrepreneur d'une qualité suffisante pour être diffusée dans un reportage. Même s'il a reçu des centaines de millions de dollars en contrats publics, même s'il dirige l'un des plus grands empires du milieu de la construction, aucune image de l'homme d'affaires ne circule dans les journaux ou en ligne.

11
LOUER LE *TOUCH* ?

« Si le bateau n'est plus utile pour faire du PR,
je vais m'en débarrasser. »

Tony Accurso, lors d'une conversation avec Michel Arsenault,
tenue le 15 mars 2009 et présentée à la commission Charbonneau

JUIN 2009

Quelques jours plus tard, en après-midi, Claudine Blais remarque un nouveau courriel d'une représentante du Sacks Group, la compagnie qui loue le bateau de Tony Accurso. Depuis mars, les deux femmes entretiennent une correspondance régulière afin que Claudine puisse passer une semaine de rêve avec sa famille sur le *Touch*.

La réalisatrice-coordonnatrice a rapidement étoffé son personnage. Au fil des semaines, elle a demandé une foule d'informations banales sur le *Touch*. Est-ce possible d'être dix, même si la capacité maximale est de huit personnes ? Y a-t-il moyen d'organiser des activités pour les enfants ? Quel est le meilleur moment de l'année pour éviter les ouragans ? La représentante a répondu avec patience à chacune de ces questions et une relation de confiance a fini par s'installer.

Claudine tente depuis quelques jours d'organiser un aller-retour d'une journée aux îles Vierges pour visiter le *Touch* et s'assurer que tout convient. Elle serait accompagnée de son « cousin », en réalité un caméraman d'*Enquête*.

Claudine ouvre le courriel de la représentante et un sourire apparaît immédiatement sur son visage : « C'est confirmé pour le 30 juin ! Capitaine Andrew a hâte de vous rencontrer. Vous pouvez réserver votre hôtel. Nous arrangerons les derniers détails pour votre visite la semaine prochaine. »

• • •

La réalisatrice passe les jours qui suivent à régler les détails du séjour aux îles Vierges. Selon l'information fournie par la compagnie de location, le bateau d'Accurso se trouve au Yacht Haven Grande, à Saint Thomas, dans la partie américaine des îles Vierges – il y a également une partie britannique et une partie espagnole.

Un caméraman s'y rendra finalement seul. La présence de Claudine ne ferait que gonfler inutilement les frais d'un voyage dont le but n'est que de filmer un yacht… inutile d'avoir une réalisatrice sur place pour ça. Toujours pour réduire les coûts au minimum, le caméraman ne fera qu'un aller-retour de deux jours.

La réalisatrice regarde les billets d'avion lorsqu'elle reçoit un nouveau courriel de l'agence. Comme toujours, elle ressent une délicieuse dose d'excitation en ouvrant le message. Mais son petit frisson s'efface instantanément pour laisser place à l'embarras : « Le propriétaire du *Touch* aimerait vous parler au sujet de votre visite. Est-ce OK et puis-je donner votre numéro ? Quel est le meilleur numéro pour vous joindre ? »

Claudine relit le courriel encore et encore en se demandant comment réagir. C'est une chose de créer un personnage sur papier, c'en est une autre de lui donner vie… Devrait-elle se doter d'un accent français ? Serait-elle capable de jouer son personnage pendant toute une conversation ? Et que dirait-elle si Accurso souhaitait la rencontrer en personne ?

À *La Facture*, Claudine a toujours aimé jouer les agents doubles et se présenter dans le bureau d'un arnaqueur armée d'une caméra cachée. Mais cette fois, le défi est différent.

Pourquoi l'entrepreneur a-t-il demandé à lui parler? Se méfie-t-il qu'une Québécoise probablement bien informée, souhaite louer son yacht au moment même où une importante controverse entoure le bateau? Le reste de l'équipe d'*Enquête* partage ses craintes. Après réflexion, il est décidé de ne pas pousser le jeu plus loin. Claudine attend quelques jours, puis écrit à la représentante qu'elle a finalement loué un autre yacht et la remercie pour son aide.

La dame, manifestement déçue de perdre une vente d'au moins 55 000 dollars américains, la relance à quelques reprises en demandant le nom de l'embarcation choisie. « Je les connais toutes », affirme-t-elle. Mais Claudine cesse de répondre aux courriels de la femme. Elle se sent un peu mal à l'aise, même si elle sait que le mensonge aurait pris fin à un moment ou un autre. L'entrée en scène d'Accurso a simplement précipité les choses. De toute façon, elle possède toute l'information dont elle a besoin : le 30 juin, le *Touch* sera à Saint Thomas. Le 1er juillet, elle aura enfin des images de qualité du yacht. À condition que tout se passe bien.

1 2

UN CHEVALIER BLANC

« C'est la mafia montréalaise, la mafia italienne montréalaise, qui contrôle ce qui se passe à l'intérieur de la Ville de Montréal au niveau de la construction routière. Il y a un contrôle, selon ce qu'on en déduit, d'environ 80 pour cent des contrats. »

François Beaudry

Marie-Maude tourne sur le petit chemin de terre bordé de feuillus et regarde la route disparaître dans le rétroviseur. Avec la végétation épaisse, impossible d'apercevoir les maisons qui se trouvent dans les alentours. De toute façon, Marie-Maude sait qu'il n'y en a pas : sa source l'a prévenue que son chalet est le seul dans les environs... et que le cellulaire ne rentrait pas.

La jeune femme aurait des raisons d'avoir peur si elle se trouvait ici pour discuter avec un motard ou un entrepreneur véreux. Mais François Beaudry, l'ancien fonctionnaire qu'a rencontré Alain Gravel à Québec, n'a rien de menaçant.

Au cours des dernières semaines, Marie-Maude l'a appelé à quelques reprises pour qu'il l'aide à décortiquer le langage technique des contrats de voirie. Agrégats, remblais et granulats sont des mots remplis de mystère pour la journaliste, mais pas pour l'ingénieur. Et ce dernier s'est montré particulièrement généreux et patient dans ses explications.

Maintenant que la folie du printemps est passée – Marie-Maude ne compte plus le nombre de fois où Alain ou elle ont été appelés d'urgence pour une intervention en direct aux bulletins d'informations – et que le rythme des vacances s'est installé à *Enquête*, la jeune femme a plus de temps pour entretenir ses sources. Dans le jargon, cela signifie de leur téléphoner ou d'aller boire un café avec elles pour prendre des nouvelles. Le journaliste montre ainsi à la personne qu'il se soucie d'elle et, avec un peu de chance, celle-ci s'en souviendra le jour où elle aura une primeur.

Lors de son dernier coup de fil, Marie-Maude a donc proposé à François Beaudry de le rencontrer pour jaser. L'homme a accepté en disant toutefois passer l'essentiel de l'été à son chalet dans la région de Saint-Élie-de-Caxton, le village désormais fameux grâce au conteur Fred Pellerin. « Je peux venir sur place », a offert la journaliste, heureuse de pouvoir sortir de la ville. Il y a des tâches plus désagréables que de consacrer une journée de travail à une visite de courtoisie dans un chalet…

Le mot « maison » serait plus approprié pour désigner la jolie résidence en pierres d'un étage et demi qui apparaît au bout du chemin de terre. Nichée à la pointe d'une presqu'île autour de laquelle s'étend un lac paisible, l'endroit accueille aussi un garage et une de ces granges typiques à comble français, qui rappellent les modèles réduits avec lesquels jouent les enfants. Aucun autre chalet n'est visible aux abords du plan d'eau.

• • •

Depuis la fenêtre, François Beaudry regarde Marie-Maude descendre de sa voiture et s'approcher du chalet en observant les alentours. Elle est plus petite qu'elle ne le paraît à la télé, et il est à la fois impressionné et amusé de voir une jeune femme débarquer en bottillons à talons hauts en plein milieu des bois pour rencontrer un étranger et parler de la mafia…

Beaudry ouvre la porte à Marie-Maude et lui serre chaleureusement la main. La petite taille de la journaliste le frappe de nouveau lorsqu'elle enlève ses chaussures. Elle est si jeune qu'elle semble avoir l'âge de sa fille.

L'ex-ingénieur guide Marie-Maude à l'intérieur tandis qu'elle le complimente sur la beauté des lieux. Beaudry lui raconte avoir acheté la terre il y a près de 30 ans, puis avoir tranquillement aménagé l'endroit au fil des années. Il n'a complété la finition intérieure que tout récemment; c'était un de ses projets de retraite.

Le duo s'installe dans une véranda octogonale, dont les cloisons de moustiquaire offrent une vue à couper le souffle de 180 degrés sur le lac. La pièce paisible est propice aux conversations et la discussion entre rapidement dans le vif du sujet. Et cette fois, François se laisse aller.

L'ingénieur explique comment la mafia dirige le milieu de la construction à Montréal, relate qu'il a été témoin d'un appel d'offres truqué, raconte sa participation à une enquête de la Sûreté du Québec, indique que le problème est connu au ministère des Transports du Québec et discute du rôle des firmes de génie-conseil dans la collusion.

Fidèle à ses habitudes, il parle longuement et prend soin d'apporter des détails qui, aux yeux de plusieurs, seraient superflus. Il dit aussi des choses qu'un avocat lui aurait peut-être conseillé de taire et répond ouvertement à toutes les questions, tenant pour acquis que Marie-Maude filtrera l'information, même s'il la connaît à peine.

Pourquoi s'ouvre-t-il autant? Lui-même ne peut se l'expliquer. L'endroit familier y est sans doute pour quelque chose, tout comme l'absence de réseau cellulaire. La spontanéité un brin naïve de Marie-Maude lui inspire confiance, et il vide son sac. Bref, ça clique avec elle et ça ne cliquait pas avec Alain. L'un n'est pas meilleur que l'autre; ils ont simplement une approche différente qui convient mieux à certaines personnes qu'à d'autres. D'où l'avantage de travailler en équipe.

• • •

La journée tire à sa fin lorsque Marie-Maude monte de nouveau dans sa voiture. Elle est tellement énervée qu'elle doit prendre quelques instants pour se ressaisir avant de démarrer le véhicule. « Ça se peut pas, je suis dans un rêve », se répète-t-elle dans sa tête.

Les nombreuses pages de calepins qu'elle a noircies au cours de la rencontre valent désormais de l'or à ses yeux. Elles renferment une foule d'informations qui permettront à ses enquêtes de progresser à pas de géant. Mais il y a mieux encore, et Marie-Maude doit se pincer pour y croire.

Comme elle le fait avec toutes les sources, la journaliste a demandé à la fin de la discussion si l'ancien fonctionnaire accepterait d'accorder une entrevue devant la caméra. Comme toutes les sources, l'homme a refusé sur-le-champ. Marie-Maude se fait persuasive, en lui offrant notamment de réaliser une entrevue à visage caché.

Beaudry a hésité un moment, puis a décliné l'offre d'anonymat. « Tant qu'à faire ça à visage caché, aussi bien le faire à visage découvert. » Marie-Maude n'en croyait pas ses oreilles ; l'ingénieur accepte de témoigner devant la caméra ! À une condition cependant : il veut voir le reportage avant sa diffusion.

Il s'agit d'une demande délicate dans le milieu journalistique. Les normes de déontologie proscrivent normalement de faire lire, entendre ou visionner un reportage avant sa mise en ondes à un des intervenants cités. La raison est simple : une personne insatisfaite pourrait effectuer des pressions sur le journaliste pour modifier ses propos, changer l'orientation du reportage ou même en empêcher la diffusion. Cela est d'autant plus vrai en journalisme d'enquête, où l'objectif d'ébranler les colonnes du temple dérange souvent.

N'empêche, la situation est délicate. François Beaudry prend des risques en acceptant de parler à visage découvert. Il ne craint pas tant pour son intégrité physique – selon lui, la mafia est moins portée sur les assassinats et le pire qui pourrait lui arriver serait de se faire tabasser – que pour son patrimoine. Il a économisé pendant des années pour aménager son terrain à Saint-Élie-de-Caxton et la dernière chose qu'il souhaite est de tout perdre à cause de poursuites judiciaires.

Une peur que comprend Marie-Maude. Elle a donc gentiment offert un compromis : François ne pourra pas voir le reportage avant sa diffusion, mais il pourra lire les parties du script où il est cité.

En temps normal, même ce privilège ne serait pas accordé. Mais contrairement à la plupart des sources de Marie-Maude et Alain, Beaudry n'a, selon toute vraisemblance, aucun intérêt à leur parler. Il ne veut pas nuire à un entrepreneur concurrent, il ne souhaite pas se venger d'un supérieur, il n'a pas d'ambition politique, il ne veut pas obtenir réparation pour un tort subi. Non, ses seuls objectifs semblent être la justice et l'intérêt du public. François Beaudry est l'un des rares chevaliers blancs qui croiseront la route d'*Enquête* dans le dossier de la construction.

Sur le chemin du retour, alors que se dissipe l'adrénaline qui circulait dans les veines de Marie-Maude, la joie cède la place aux craintes : et si l'ex-ingénieur, comme tant d'autres sources avant lui, changeait d'avis avant le tournage ?

● ● ●

François Beaudry ne s'est toujours pas désisté et Marie-Maude ira tourner l'entrevue d'ici quelques jours. Le caméraman Jean-Pierre Gandin est revenu des îles Vierges avec de superbes images du yacht de Tony Accurso – cette fois, le nom présent sur la coque du navire est le bon – et la recherchiste visuelle d'*Enquête*, Johanne Desaulniers, a même déniché un vieux reportage, présenté sur la chaîne de Radio-Canada à Trois-Rivières, dans lequel on voit le *Touch* lors de sa construction ! Pendant toutes ces semaines où les membres de l'équipe d'*Enquête* ont couru après le mystérieux bateau, des images du yacht se trouvaient littéralement sous leurs fesses, aux archives de Radio-Canada, situées au sous-sol du siège social de la société d'État.

13
CACHEZ CETTE CAMÉRA...

— *Et quand on parle de visite dans votre milieu,*
on fait référence à quoi?

— *On parle pas d'aller prendre un café, là...*

Extrait d'une entrevue de Marie-Maude Denis avec Benoît Dubé,
membre d'un syndicat affilié à la FTQ

JUILLET 2009

Monique Dumont aperçoit un espace de stationnement libre sur le bord de la rue Lajeunesse, à Montréal, et s'empresse de s'y glisser avant que quelqu'un d'autre prenne la place. Un emplacement lui est réservé dans le parc-autos souterrain du Fonds de solidarité FTQ, mais la recherchiste a depuis longtemps appris que circuler en voiture dans des endroits exigus n'était pas son truc.

Pour la première fois depuis la rencontre tumultueuse de mars dernier, Monique a un *debriefing* technique avec des représentants du Fonds. Le principal comptable de l'organisme sera présent pour expliquer comment sont conçus les états financiers du Fonds de solidarité. Exactement le genre de réunion qui endort Alain, mais qui passionne la recherchiste. Déjà, elle trépigne d'impatience à l'idée d'utiliser cette information pour recalculer les investissements du Fonds dans les diverses entreprises d'Accurso.

Par rigueur journalistique, Monique avait demandé à ce que Radio-Canada rectifie à la baisse les sommes que la société de capital a versées aux compagnies d'Accurso. C'est au nom de la même rigueur qu'elle a poursuivi ses recherches au cours de l'été. Et ce qu'elle a découvert est bien différent des prétentions premières du Fonds.

Des sources ont notamment révélé à Alain Gravel que la SOLIM a financé des projets de sociétés à numéro appartenant à l'homme d'affaires. Une information qui avait complètement échappé à Monique jusqu'à présent. En considérant ces sommes, ainsi que d'autres investissements dénichés par l'équipe, la recherchiste calcule désormais que les liens financiers entre les entreprises d'Accurso et le Fonds dépassent les 400 millions de dollars. Et c'est une estimation prudente !

Monique a tenté de valider ses chiffres par courriel avec les relationnistes du Fonds tout au long de l'été. Mais les échanges sont complexes et il n'est pas rare que le Fonds se contredise d'un courriel à l'autre… Si les représentants jouent franc jeu avec Monique aujourd'hui, elle pourra utiliser les mêmes techniques comptables que les leurs. Ils ne pourront alors plus se défendre en affirmant que Radio-Canada fait fausse route avec ses calculs.

La recherchiste sort de sa voiture et marche jusqu'à la réception, où elle explique avoir rendez-vous ce matin. La réponse qu'elle reçoit la surprend tellement qu'elle n'est pas certaine de bien comprendre.

— Pardon ? demande Monique.

— La rencontre a été annulée, répète la réceptionniste.

Apparemment, un courriel aurait été envoyé à Monique la veille pour l'avertir. Elle est pourtant certaine d'avoir vérifié ses messages avant de partir du bureau hier soir. Et comme le rendez-vous devait avoir lieu en début de journée aujourd'hui, la recherchiste est venue directement aux locaux du Fonds sans passer par Radio-Canada.

Furieuse, elle retourne dans sa voiture et se rend en vitesse dans les bureaux d'*Enquête*. En ouvrant ses courriels, elle tombe bel et bien sur un message :

« *Bonjour,*

« *Malheureusement il nous sera impossible de vous rencontrer demain (nous sommes en pleine préparation pour l'annonce de la nouvelle valeur de l'action, le lundi 6 juillet). Par ailleurs, nous avons les réponses à vos dernières questions [...]* »

L'heure d'envoi : 17 h 25.

« BEN VOYONS DONC ! », éclate Monique Dumont en se lançant dans une minute d'indignation particulièrement explosive. Mais aujourd'hui, une minute ne suffit pas pour diminuer sa colère. Ce ne sera qu'en fin de journée, lorsqu'elle fera ses demandes d'accès à l'information, comme tous les vendredis après-midi, qu'elle parviendra enfin à se calmer.

• • •

Marie-Maude Denis regarde le récepteur de la caméra miniature en se demandant où elle pourrait bien le cacher. Sa robe coquette est idéale par cette chaude journée d'été, mais n'offre pas beaucoup de recoins pour y dissimuler l'appareil de la taille d'un cellulaire du début des années 2000. « J'aurais peut-être dû mettre autre chose », se dit la journaliste en remontant sa robe au-dessus de ses cuisses pour entreprendre d'y attacher le récepteur à l'aide de ruban adhésif noir, comme celui qu'utilisent les électriciens.

Elle effectue de nombreux tours bien serrés autour de sa jambe, puis observe le résultat. L'amas de papier collant ferait pâlir n'importe quel bricoleur, mais disparaît parfaitement dans le bas de la robe évasée de Marie-Maude. Satisfaite, elle va rejoindre la réalisatrice Johanne Bonneau, le preneur de son Luc Delorme et le caméraman Patrick Perron, qui l'attendent dans une camionnette de Radio-Canada.

Depuis deux jours, la petite équipe cherche Dominic Bérubé aux quatre coins de la ville. Cet homme aurait été au cœur de la lutte de pouvoir qui s'est déroulée entre l'ex-président de la FTQ-Construction, Jean Lavallée, et l'ex-directeur général, Jocelyn Dupuis, en 2008.

À l'époque, les deux dirigeants syndicaux auraient été à couteaux tirés à cause de leurs liens avec des entrepreneurs opposés. Lavallée aurait été dans les bonnes grâces de Tony Accurso, Dupuis, dans celles de Joe Borsellino, et chacun aurait tenté de favoriser les projets de « son » homme d'affaires.

Lorsque Jean Lavallée a pris sa retraite et que Jocelyn Dupuis a été forcé de donner sa démission après la découverte à l'interne de ses fausses factures, des élections ont été organisées pour élire un nouveau directeur général. Mais, selon de nombreuses sources, ni l'un ni l'autre n'avaient l'intention d'abandonner le pouvoir – ni les bénéfices qu'ils en tiraient – aussi facilement. Chacun s'est donc assuré d'avoir un poulain en lice : Bernard Girard dans le cas de Lavallée et Richard Goyette dans le cas de Dupuis.

À la FTQ-Construction, ce ne sont pas les travailleurs syndiqués qui votent, mais les 122 délégués des différentes sections locales affiliées à la centrale. Ce petit nombre facilite les jeux de coulisses et, à quelques jours du scrutin, le résultat s'annonçait très serré. Si serré en fait qu'un seul homme risquait de faire la différence : Dominic Bérubé, directeur de l'Association nationale des travailleurs en tuyauterie et calorifugeurs.

Ce représentant syndical, qui participe à des compétitions d'hommes forts dans ses temps libres – d'où ses biceps terrifiants –, était le troisième candidat au poste de directeur général à la FTQ-Construction. Une semaine avant le scrutin, il a été invité au restaurant Cavalli, au centre-ville de Montréal, par Jocelyn Dupuis. Aussi présent à la rencontre : Jacques « Israël » Émond, un des Hells les plus puissants du pays. Selon les sources d'*Enquête*, le motard a été mandaté par Dupuis pour convaincre Bérubé de retirer sa candidature.

Le jour du vote, Bérubé s'est désisté et le candidat de Dupuis, Richard Goyette, a remporté l'élection par deux voix.

Pour l'équipe d'*Enquête*, aucun doute : le sort du scrutin s'est joué lors de la rencontre entre Israël et Bérubé. Le motard a-t-il proféré des menaces ? A-t-il promis quelque chose en échange de la collaboration du délégué ? Marie-Maude l'ignore et la meilleure façon de le savoir consiste à confronter le délégué syndical. Mais pour cela, il faut encore le trouver...

Selon les sources, Bérubé peut être aperçu au siège social de la FTQ ainsi que dans quelques bars. À cela s'ajoute sa maison, dont l'équipe d'*Enquête* possède l'adresse. La stratégie est simple : faire le pied de grue devant l'un de ces endroits en attendant que le délégué syndical y fasse son apparition. Et si Marie-Maude peut se fier à la photo de Bérubé dénichée sur Internet, où on le voit torse nu en position de combat, il sera difficile de le manquer : l'homme est une véritable montagne de muscles. Il a d'ailleurs déjà servi de garde du corps à Jocelyn Dupuis, en plus d'être portier dans un bar de danseuses géré par Ronald Beaulieu, un sympathisant des Hells Angels.

Mais après deux journées complètes à poireauter dans la camionnette de Radio-Canada en pleine canicule devant des bars, l'équipe d'*Enquête* n'a toujours pas vu l'ombre d'un biceps.

Aujourd'hui, elle décide de se rendre à la maison de Bérubé. Le caméraman, Patrick Perron, conduit en direction de la banlieue où habite le délégué, tandis que Marie-Maude et Johanne Bonneau discutent à l'arrière. Ils ne roulent que depuis quelques minutes lorsque Marie-Maude sent sa jambe picoter : le ruban électrique qui tient le récepteur de la caméra cachée est si serré qu'il lui bloque sa circulation sanguine.

La journaliste prend des ciseaux et remonte sa robe pour couper le ruban au moment même où Patrick Perron jette un coup d'œil par-dessus son épaule pour vérifier son angle mort. « Qu'est-ce que tu fais ? » s'écrie-t-il en apercevant la lame près du fil de la caméra cachée. La camionnette fait une embardée et passe à deux doigts d'entrer en collision avec une autre voiture.

Surpris, le caméraman ramène les deux yeux sur la route tandis que Marie-Maude réinstalle l'appareil pour être plus confortable. Encore une fois, elle se dit que ces appareils ne sont pas conçus pour les vêtements de femmes.

• • •

Les heures s'écoulent lentement devant la maison de Bérubé, dans un de ces quartiers de manoirs cossus qui poussent en banlieue. Ici, la camionnette de Radio-Canada ne passe pas inaperçue et quelques passants s'arrêtent pour demander ce que l'équipe fait dans les parages. «Nous cherchons Dominic Bérubé», répète Marie-Maude aux curieux. «Oui, dites-nous-le si vous le voyez.» «Oui, on va prendre votre courriel pour vous prévenir lorsque le reportage sera diffusé.»

Par crainte de partir et de manquer Bérubé, les membres de l'équipe essaient de se convaincre à plus d'une reprise qu'ils n'ont pas soif, pas faim ni envie. Vers l'heure du midi, ils succombent à l'appel de leur ventre et vont à un Tim Hortons tout près pour prendre une pause rapide.

La température frise les 30 degrés Celsius et tous commandent une boisson glacée qu'ils vont boire dehors. Marie-Maude tient son verre à deux mains pour se rafraîchir lorsqu'elle remarque les nombreuses personnes qui la dévisagent dans le Tim Hortons. Elle a l'habitude de se faire reconnaître de temps à autre dans la rue, mais là, presque tous les visages sont fixés sur elle.

En regardant si elle n'a pas renversé sa boisson glacée sur sa robe, Marie-Maude aperçoit un amas de ruban noir qui pendouille entre ses jambes. La caméra cachée! Gênée, la journaliste attrape le récepteur et s'enferme dans la camionnette pour réinstaller l'appareil. Visiblement, elle n'avait pas assez serré le ruban la deuxième fois et, par cette chaleur, le *tape* adhère mal à la peau.

Rafraîchis, les membres de l'équipe retournent devant la demeure de Bérubé et l'après-midi s'écoule encore plus lentement que la matinée. Vers 20 h, ils n'en peuvent plus. « D'la marde, dit Marie-Maude, on reviendra demain. »

Ils n'ont pas roulé deux coins de rue qu'une Toyota Sequoia noire rutilante, qui correspond exactement à la description du véhicule de Bérubé, croise leur camionnette. « C'est lui ! » s'exclame Marie-Maude. Patrick fait demi-tour sur-le-champ et retourne vers la demeure du délégué. Comme de fait, l'utilitaire sport est désormais garé dans la cour.

Marie-Maude s'assure que sa caméra cachée tient toujours en place, puis sort de la voiture et va sonner à la porte. Aucune réponse. Elle sonne de nouveau, puis cogne, en vain. « Ben voyons, c'est certain qu'il est là ! » pense la journaliste en regardant par les fenêtres pour tenter d'apercevoir le délégué. Peut-être qu'il l'a vue et qu'il se cache. Maintenant que le reportage sur les fausses factures a été diffusé, les gens de la FTQ se méfient de l'équipe d'*Enquête*.

« Réponds, réponds », supplie mentalement Marie-Maude en sonnant de nouveau. Bérubé est la clé de voûte de son reportage ; sans lui, le topo perdra toute sa puissance.

La journaliste tourne les talons, vaincue, et commence à marcher vers la camionnette lorsqu'elle remarque que la vitre de la Sequoia, côté conducteur, est baissée. Sans réfléchir, elle passe la main par l'ouverture et appuie de toutes ses forces sur le klaxon. Un puissant signal sonore retentit et brise le silence de la banlieue tranquille. « J'ai touché à son char, il va ben sortir ! » se dit Marie-Maude.

Le son du klaxon s'évanouit sans qu'aucun signe de vie se manifeste dans les fenêtres de la maison de Bérubé. « Câlisse ! » jure Marie-Maude. Si elle s'écoutait, elle irait dans la cour arrière pour cogner aux fenêtres. Mais elle ne franchit pas cette ligne. Klaxonner était déjà à la limite de l'audacieux et Marie-Maude le sait. Résignée, elle retourne en sacrant dans la camionnette. Elle aura peut-être plus de chance demain.

• • •

Le lendemain matin, Marie-Maude ne répète pas l'erreur de la veille. Au lieu d'une robe, elle enfile une paire de jeans confortable et une chemise noire sous laquelle la caméra se camoufle facilement.

La petite équipe décide, cette fois, de se rendre au siège social de la FTQ pour y guetter Bérubé. Les bureaux de la centrale syndicale et du Fonds de solidarité occupent deux tours grises en bordure de l'autoroute Métropolitaine. Le complexe, construit par une entreprise de Tony Accurso, détonne avec les commerces modestes et les petits immeubles résidentiels des alentours. Le logo rouge de la FTQ, en forme de bonhomme, figure au sommet de chaque tour et est visible à des kilomètres à la ronde.

Dans ce secteur de la ville, l'autoroute Métropolitaine a été surélevée afin de ne pas isoler les quartiers. L'immense espace laissé vacant sous la route bétonnée a été aménagé en parc de stationnement par la FTQ. Un endroit glauque, peu éclairé, parsemé de détritus et où le bruit des camions et des voitures qui circulent à toute vitesse au-dessus des têtes est omniprésent.

Le caméraman Patrick Perron s'engage dans le stationnement où une grosse Toyota Sequoia noire déjà garée attire l'attention de toute l'équipe. Aucun doute, c'est la même que celle aperçue la veille : c'est celle de Bérubé. Un frisson traverse Marie-Maude comme une décharge électrique. À un moment ou à un autre, le délégué devra bien se rendre à sa voiture et, cette fois, il ne lui échappera pas. Reste à voir combien de temps il faudra attendre.

Jamais Marie-Maude n'a cherché un intervenant avec autant d'ardeur. Avant d'en arriver là, elle a bien essayé de l'appeler et de lui envoyer des courriels, mais l'homme n'a jamais donné suite à ses messages. S'il s'était agi d'un reportage normal, la journaliste se serait contentée de dire que Bérubé n'a pas répondu à ses multiples demandes d'entrevues. Vu ce qu'on avance au sujet du délégué, elle veut absolument tout tenter pour avoir sa version des faits.

À peine 20 minutes s'écoulent avant qu'un homme s'approche de la Sequoia. Il porte des jeans pâles et amples ainsi qu'un t-shirt noir qui moule ses biceps gonflés. Une casquette cache partiellement son visage, mais il n'y a aucun doute : après quatre jours de chasse, Dominic Bérubé vient enfin d'apparaître devant l'équipe d'*Enquête*.

Marie-Maude s'assure une dernière fois que sa caméra est bien camouflée, puis se précipite à la rencontre du délégué, qui s'apprête à déverrouiller la portière de son véhicule. Patrick Perron, qui avait déjà préparé sa propre caméra, filme la scène depuis la camionnette.

— Dominic Bérubé ? lance Marie-Maude en s'avançant.

Surpris, l'homme se retourne.

— Oui ?

— Marie-Maude Denis, de Radio-Canada. Est-ce que je peux vous poser quelques questions ?

Bérubé indique qu'il n'a rien à lui dire, puis s'assoit dans son véhicule. Marie-Maude n'a pas passé trois jours à cuire au soleil juste pour ça ! La journaliste, qui fait au moins une tête et demie de moins que la montagne de muscles devant elle, se glisse dans la portière sans réfléchir. N'osant pas repousser la jeune femme, le délégué n'a d'autre choix que de répondre à ses questions.

— Est-ce que vous avez été menacé pour voter pour Jocelyn Dupuis ?

— J'ai pas d'affaires à parler de rien, marmonne l'homme fort, mal à l'aise.

— Est-ce que c'est Jacques Émond qui vous a convaincu ?

Bérubé semble surpris, comme s'il ignorait de qui il est question.

— Israël, précise Marie-Maude en utilisant le surnom de l'influent membre des Hells Angels.

— Pas du tout, répond Bérubé d'une voix à peine audible.

— Vous le connaissez?

— Je connais tout le monde là-dedans.

Après un moment, le délégué se dégage, ferme la portière, puis démarre sa voiture. Marie-Maude regarde la Sequoia noire s'éloigner. Tout le long de l'entrevue, elle était persuadée que sa caméra cachée allait tomber, comme au Tim Hortons. Mais elle les a finalement eus, les commentaires de Bérubé! Dans quelques mois, au moment de la diffusion du reportage, le 24 septembre 2009, les images de la petite journaliste qui confronte l'armoire à glace qu'est Dominic Bérubé allaient marquer l'esprit des téléspectateurs.

14

LA MAFIA ET L'INDUSTRIE DE LA CONSTRUCTION

*« Écoute, je veux bien parler de la mafia,
mais les firmes de génie-conseil, j'ai trop peur... »*

François Beaudry

AOÛT 2009

Le feu de circulation vire au vert et Alain pédale vigoureusement pour reprendre sa vitesse de croisière. Il se tasse légèrement sur la gauche pour éviter une bouche d'égout, puis davantage en voyant la portière d'une voiture s'ouvrir à quelques mètres devant lui. Il revient ensuite sur la droite pour reprendre sa ligne, à mi-chemin entre les véhicules garés d'un bord et la circulation de l'autre. Le journaliste effectue ces manœuvres inconsciemment, l'esprit occupé à trier l'information amassée récemment. Et il y en a beaucoup, même s'il n'est revenu de vacances que depuis quelques jours à peine.

L'essentiel de ses pensées concerne Boisbriand, une municipalité de près de 27 000 habitants située au nord de l'île de Laval, dans les Basses-Laurentides. La petite ville est apparue sur son écran radar en avril, lorsqu'une personne a pris contact avec lui après son passage à *Tout le monde en parle*. La première rencontre ressemblait à celle qu'il avait eue avec Poule : des noms à n'en plus finir, pour la plupart inconnus de l'animateur. Ce que la nouvelle source disait était intéressant, mais, comme pour la FTQ au début, il manquait une poignée, une porte par laquelle entrer dans le sujet.

Lorsque Gravel a demandé à en savoir plus, il a obtenu un rendez-vous avec Patrick Thifault, un conseiller municipal de Boisbriand. La rencontre a eu lieu il y a quelques jours, alors que l'animateur revenait tout juste de vacances. Rapidement, un nom s'est dégagé de la conversation : Lino Zambito, un entrepreneur qui ferait la pluie et le beau temps à Boisbriand. Son entreprise, Infrabec, aurait notamment décroché un contrat de 28 millions de dollars pour la construction d'une nouvelle usine de traitement des eaux… près du double du budget prévu par la Ville. Fait étrange, il a été le seul soumissionnaire pour ce projet, même si une vingtaine de compagnies avaient payé pour se procurer le cahier des charges, soit le document qui détaille les critères auxquels doit répondre le contractant.

« Ce gars-là est tellement important que la Ville l'a nommé président d'honneur des fêtes du 35e anniversaire de la ville ! s'est exclamé Thifault à un certain moment. Il va y avoir une fête. Allez-y, vous allez voir. » Curieux, Alain a demandé à la recherchiste Chantal Cauchy de se rendre aux festivités en présence d'un caméraman. Contents d'avoir éveillé l'intérêt d'une équipe de Radio-Canada, les organisateurs l'ont laissée filmer à sa guise.

Les images rapportées sont épatantes. On y voit la mairesse de la ville, Sylvie Saint-Jean, présenter l'homme d'affaires à la foule comme s'il était un grand ami. Une autre scène montre Lino Zambito tenant un parapluie pour la mairesse. Sans oublier celle où l'entrepreneur aux cheveux noirs parsemés de mèches blanches fume un gros cigare.

Évidemment, toutes ces séquences ne prouvent rien. L'équipe d'*Enquête* doit creuser davantage le processus d'appels d'offres pour la construction de l'usine d'épuration et vérifier si Zambito remporte bel et bien la plupart des contrats accordés par la Ville, comme l'affirme Patrick Thifault, le conseiller municipal.

Et il y a plus : Zambito aurait rencontré Thifault ainsi que la conseillère municipale Marlene Cordato pour les convaincre de ne pas présenter de candidat à la mairie contre Sylvie Saint-Jean. Ainsi, il n'y aurait pas d'élections à Boisbriand, et tout le monde garderait son travail. Une proposition grave qui, si elle s'avère, serait toute une primeur.

Mais comment prouver la véracité d'une telle proposition ? Ni Thifault ni Cordato n'acceptent d'accorder une entrevue à la caméra. Quand bien même ils diraient oui, ce serait leur parole contre celle de Zambito. Et vu les élections municipales qui arrivent à grands pas, ce serait facile pour Zambito, tout comme pour la mairesse, Sylvie Saint-Jean, d'affirmer que les deux conseillers ne cherchent qu'à se mettre en valeur.

L'animateur verrouille son vélo devant la tour de Radio-Canada et marche vers son bureau en chassant ces pensées de son esprit. Une rencontre est prévue avec Thifault et Cordato dans quelques jours. Il pourra essayer d'y voir plus clair à ce moment.

• • •

Le froid qui se dégage de la lasagne congelée aux fruits de mer traverse le sac en plastique et gèle les mains de Marie-Maude tandis qu'elle la glisse dans le coffre de la camionnette de Radio-Canada, entre la caméra, les micros et les cassettes. La journaliste l'a cuisinée elle-même hier soir, selon une recette simple, mais délicieusement cochonne : de la béchamel, des fruits de mer au choix – crevettes, pétoncles, crabe, homard, langoustes –, des pâtes et une tonne de fromage.

Le grand plat devrait suffire pour nourrir l'équipe de tournage ce midi, ainsi que leur source. Il s'agit à la fois d'une petite attention et d'une nécessité : au chalet de François Beaudry, les restaurants ne font pas partie du paysage.

Marie-Maude a passé les deux dernières semaines à craindre que l'ex-ingénieur ne la rappelle pour lui dire qu'il a changé d'avis et qu'il annule le tournage. C'est pour éviter un tel revirement de situation que les journalistes d'*Enquête* tentent normalement de filmer le plus rapidement possible les sources qui acceptent de parler à la caméra. Mais avec les vacances, trouver une journée où tout le monde, y compris l'ex-fonctionnaire, était disponible a été plus difficile.

Qui sait, peut-être que cela aura été une bonne chose dans le cas de Beaudry? Si Marie-Maude l'avait pressé de tourner dès le lendemain de sa visite, peut-être aurait-il changé d'avis. Les jours qui ont passé lui ont peut-être même permis de mieux se préparer pour le tournage et d'être moins nerveux. Dans tous les cas, l'ex-ingénieur ne s'est pas dérobé. Du moins, pour le moment.

Marie-Maude referme le coffre de la camionnette et s'installe à l'arrière avec Claudine Blais, tandis que le caméraman Sylvain Castonguay et le preneur de son Luc Delorme s'assoient à l'avant. Les champs verts s'alternent les uns après les autres pendant l'essentiel du trajet, puis les arbres se font de plus en plus nombreux, jusqu'à occuper tout l'espace en bordure de la route.

Après un trajet de deux heures, la camionnette s'engage enfin sur le petit chemin qui mène au chalet isolé, près de Saint-Élie-de-Caxton. Toute l'équipe est saisie par la beauté des lieux, à l'exception de Marie-Maude. La vue du chalet ne fait qu'alourdir la boule de stress qui pèse dans son ventre depuis le début de la journée. Et si Beaudry annulait tout, là, maintenant?

Ses craintes se dissipent à l'instant même où l'ex-ingénieur ouvre la porte en souriant. L'homme serre les mains de tout le monde, puis guide ses invités à l'intérieur. Il est disposé à parler.

L'équipe se rend dans la véranda, celle où Marie-Maude avait interrogé Beaudry pour la première fois, et y installe rapidement son équipement. Lorsque tout le monde est prêt, la journaliste lance sa première question, et l'ex-ingénieur commence à parler clairement et calmement sans que Marie-Maude ait à le relancer. Visiblement, il s'est préparé.

Beaudry raconte que c'est un entrepreneur de la région de Montréal qui l'a informé des problèmes de collusion à Montréal.

Le fonctionnaire l'a écouté pendant un moment, avant de lui dire, comme l'auraient fait les journalistes d'*Enquête*, qu'il lui faudrait des preuves, des exemples concrets.

L'homme l'a rappelé en février 2003. Il a dit: « Demain, y a une ouverture des soumissions à la Ville de Laval. Je te donne les dix numéros de projets pour lesquels il y a une soumission publique et je vais te donner les dix résultats. Dans chacun des cas, le plus bas soumissionnaire, c'est celui qui va avoir le contrat finalement. Une journée avant l'ouverture officielle des soumissions. »

François a noté sur-le-champ les dix numéros d'appels d'offres et les entrepreneurs qui, selon sa source, allaient obtenir les contrats. Puis il est allé voir un supérieur au ministère des Transports, Denis Dolbec, pour mettre le document sous scellés et le déposer dans la chambre forte du service juridique. « Le lendemain midi, j'ai appelé à la Ville de Laval pour lui demander de me faire parvenir le résultat des soumissions. » Toutes les prévisions de sa source se sont avérées, à l'exception de deux. « De toute évidence, il y avait eu collusion. »

Avec Denis Dolbec, Beaudry a rencontré le ministre des Transports de l'époque, Serge Ménard. Bouleversé, ce dernier a demandé de transférer ces informations à la police. « Ça a été le début d'une collaboration avec la Sûreté du Québec jusqu'à ce que je prenne ma retraite. »

L'ex-ingénieur a ensuite servi d'intermédiaire entre sa source, qui refusait de dévoiler son identité aux autorités, et les policiers. Il a ainsi appris les codes employés par les entrepreneurs pour coordonner leurs soumissions. « En 2003, la méthode qui était utilisée pour s'échanger de l'information, c'était l'organisation de parties de golf. » Exactement comme le précisent les informations avec lesquelles Marie-Maude est arrivée aux bureaux d'*Enquête*.

Au fur et à mesure que François fait ses révélations, les visages de l'équipe d'*Enquête* s'allongent. Même Marie-Maude, à qui l'homme a déjà raconté l'essentiel de ces informations, n'en revient pas. C'est une chose de se confier un à un, mais c'en est une autre de répéter des affirmations aussi fortes devant la caméra !

Marie-Maude n'a même pas à poser de questions. Beaudry vide son sac d'un coup et, fidèle à ses habitudes, sans omettre un détail. Par lui-même, il aborde le sujet de la construction à Montréal.

« Je suis vraiment désolé auprès de la communauté italienne de la ville de Montréal, mais il faut appeler les choses par leur nom : c'est la mafia montréalaise, la mafia italienne montréalaise, qui contrôle ce qui se passe à l'intérieur de la Ville de Montréal. » Dans la pièce, tout le monde retient son souffle.

« Il y a un contrôle, selon ce qu'on en déduit, d'environ 80 pour cent des contrats. » Bien conscient de la gravité de ses propos, Beaudry poursuit. À l'époque, trois pour cent de la valeur des travaux étaient versés à la mafia. « C'est carrément une valise d'argent qui est remise à un interlocuteur à un endroit donné. »

Après environ deux heures, François marque une pause. Marie-Maude s'empresse de le questionner sur le rôle des firmes de génie-conseil dans la collusion. Lors de leur rencontre, l'ex-ingénieur lui en avait longuement parlé, mais il n'a pourtant rien dit à ce sujet aujourd'hui.

Beaudry commence à répondre, hésite, reprend du début, bafouille, puis s'arrête. « Écoute, je veux bien parler de la mafia, mais les firmes de génie-conseil, j'ai trop peur… » Marie-Maude n'en croit pas ses oreilles : pour l'ancien fonctionnaire, les risques de poursuite sont plus effrayants que d'éventuelles menaces du crime organisé.

De toute façon, Beaudry est exténué, tout comme le reste de l'équipe. Il est temps de goûter à cette lasagne aux fruits de mer.

• • •

Marie-Maude repose sa fourchette dans son assiette vide et pose sa main sur son ventre. Au lieu d'une boule de stress, elle y sent désormais une masse de béchamel, de pâtes et de fromage. «C'était peut-être trop riche», se dit-elle en regardant les visages rassasiés de ses collègues. La journaliste craint un moment que leurs estomacs un peu trop remplis les assomment pour le reste de l'après-midi, mais il n'en est rien: lorsqu'il est temps de se remettre au boulot, tous se lèvent de table avec entrain.

L'entrevue avec Beaudry est terminée, mais Claudine veut tourner d'autres images avec l'ex-fonctionnaire. L'homme a confié avoir consigné, à l'aide d'un magnétophone, les progrès de l'enquête policière à laquelle il a collaboré jusqu'à sa retraite, et la réalisatrice veut le filmer en train d'écouter des extraits de ses enregistrements.

L'équipe se rend ensuite à l'extérieur du chalet afin de filmer des scènes de vie quotidienne. Cela peut sembler banal, mais ces images seront précieuses lorsque viendra le temps de construire un reportage et d'illustrer les propos de Marie-Maude.

Beaudry se prête au jeu et propose de pêcher dans le lac sous la lentille de Sylvain Castonguay. Au premier lancer, un poisson mord à l'hameçon et tire farouchement sur la ligne. L'ex-fonctionnaire lâche un cri de surprise et tente énergiquement de ramener sa prise. Le poisson, un bel achigan, parvient à s'échapper au moment même où Beaudry allait le sortir de l'eau. Au bonheur de l'équipe d'*Enquête*, rien ne mord aux lancers subséquents. L'objectif est de filmer des images paisibles de Beaudry à la retraite, et non un épisode d'une émission de chasse et pêche...

Une fois Claudine satisfaite, l'équipe ramasse le matériel tandis que Marie-Maude remercie chaleureusement sa source. Tous retournent dans la camionnette pour reprendre la direction de Montréal. Les nombreuses cassettes qu'ils rapportent renferment la base de ce qui sera l'un des reportages les plus percutants de l'histoire d'*Enquête*.

• • •

«Monsieur Accurso, Alain Gravel de Radio-Canada. J'aimerais que vous me rappeliez soit au bureau ou sur mon cellulaire.» Gravel laisse deux numéros, puis raccroche. Cela fait tellement longtemps qu'il essaie de joindre l'entrepreneur que ce dernier a eu le temps de changer le message de sa boîte vocale depuis.

Au cours de l'été, Alain a multiplié les rencontres avec des sources ayant des informations sur les liens entre Accurso et le Fonds de solidarité FTQ. Cinq anciens hauts dirigeants de l'organisation ont même accepté d'accorder des entrevues devant la caméra – à visage caché – et tous sont catégoriques : les dossiers concernant les entreprises de Tony Accurso étaient traités en priorité et bénéficiaient d'une *fast track*. L'homme d'affaires se trouvait d'ailleurs à l'une des tables d'honneur lors d'une soirée privée donnée, en février dernier, au chic Club Mount Stephen de Montréal pour célébrer les 25 ans du Fonds de solidarité.

Gravel a communiqué avec tous les anciens présidents-directeurs généraux du Fonds pour les questionner sur l'influence d'Accurso, mais tous ont décliné ses demandes d'entrevues à la caméra. Le journaliste espère maintenant convaincre l'entrepreneur de lui accorder une interview. L'homme d'affaires pourrait faire entendre sa version des faits. Gravel ne se fait toutefois pas d'illusion ; si l'entrepreneur avait eu l'intention de parler, il aurait déjà donné suite à ses nombreux appels.

— Veux-tu que j'essaie de l'appeler ? offre Claudine à Alain lorsque celui-ci lui dit avoir laissé un nouveau message.

— Pourquoi pas ? répond l'animateur. Ça ne peut pas faire de mal.

Il n'est pas rare qu'une personne ciblée dans un reportage prenne en grippe le journaliste qui l'a réalisé, mais accepte de se confier à un autre reporter. Un peu comme Michel Arsenault qui, après avoir refusé une entrevue à Alain, s'est présenté sur le plateau du RDI. Qui sait, Accurso sera peut-être plus réceptif à Claudine ?

La réalisatrice démarre son magnétophone, compose le numéro fourni par Alain et écoute les sonneries en s'attendant à tomber sur une messagerie vocale.

— Allô?

— Oui, bonjour. Monsieur Accurso, s'il vous plaît? dit Claudine d'une voix calme, malgré son estomac qui se noue sous l'effet du stress.

— Moi-même.

— Oui, bonjour, monsieur Accurso. Mon nom est Claudine Blais, je travaille à Radio-Canada–Montréal.

— Ouais.

— Je travaille à l'émission *Enquête* avec Alain Gravel, et puis on veut faire un reportage pour le mois de septembre.

— Hum, hum.

— Et bon, je pense que vous êtes déjà au courant de toute façon et... euh... on aimerait beaucoup avoir une entrevue avec vous.

— Non, madame, je ne peux pas donner d'entrevue, répond poliment Accurso.

L'estomac de Claudine se contracte davantage.

— En tout cas. Je me suis permis de rappeler parce qu'on y tient vraiment, on veut vraiment avoir le point de vue de tout le monde.

— Mais je ne suis vraiment pas content avec la situation, madame, pis j'peux pas donner d'entrevue.

— Je pense que ce serait important pour vous de donner votre point de vue.

— Non, non. Oh non! Non, je regrette, j'aime mieux pas.

— Vous aimez mieux pas ? Parce que, vous savez, les gens, quand ils nous donnent des entrevues, c'est toujours mieux que quand ils n'en donnent pas.

— Non. Je pense que tout, tout, tout ça, vous avez fait en sorte que ça a été beaucoup trop loin et je préfère ne pas parler, OK ?

— Ben, venez nous le dire, monsieur Accurso, essaie une dernière fois Claudine.

— Non, madame. Merci. OK ? Merci beaucoup.

L'homme d'affaires raccroche et le nœud dans l'estomac de Claudine se dissipe pour laisser place à la déception. C'était leur dernière chance de convaincre Accurso de leur parler et elle le sait très bien. Si l'entrepreneur trouve déjà «que ça a été beaucoup trop loin», ce ne sera certainement pas après leur reportage de septembre qu'il changera d'avis…

Claudine arrête le magnétophone, puis transfère le fichier audio sur son ordinateur. La conversation dure exactement une minute dix secondes. Jamais un journaliste d'*Enquête* ne parlera aussi longtemps à Accurso.

15

RENDEZ-VOUS CHEZ L'OMBUDSMAN

« *Vous savez, on a enregistré Zambito
lorsqu'il nous a fait son offre.* »

Patrick Thifault

L'épaisse enveloppe déposée par un messager au comptoir de Radio-Canada attend d'être ramassée par son destinataire, clairement identifié sur l'étiquette :

OMBUDSMAN DES SERVICES FRANÇAIS
Radio-Canada, bureau 2315
C. P. 6000, succ. Centre-ville
Montréal (Québec) H3C 3A8 CANADA

À Radio-Canada, l'ombudsman – un mot d'origine suédoise – désigne la personne responsable de recevoir, d'acheminer et de réviser, de façon totalement indépendante, les plaintes du public concernant les émissions d'information. Comme de fait, une plainte d'une dizaine de pages attend d'être lue à l'intérieur de l'enveloppe. Elle concerne spécifiquement Alain Gravel, Marie-Maude Denis et les recherchistes d'*Enquête*. Le plaignant : le Fonds de solidarité FTQ.

L'auteur n'est nul autre qu'André Ryan, l'avocat qui était présent à la rencontre technique à laquelle ont participé Monique et Chantal au printemps dernier. Il reproche à l'équipe d'*Enquête* d'avoir truqué et diffusé un enregistrement téléphonique fait à l'insu de Michel Arsenault, d'avoir communiqué une information inexacte, de ne pas avoir présenté un éventail d'opinions équitable et exhaustif, d'avoir manqué de rigueur et d'avoir été partiale dans les reportages sur le Fonds diffusés aux diverses émissions d'information de Radio-Canada entre mars et juillet 2009.

Vu le ton juridique de la plainte, ainsi que la profession de son auteur, la première tâche de l'ombudsman, Julie Miville-Dechêne, sera de vérifier si le Fonds a l'intention d'entreprendre des procédures judiciaires. Si tel est le cas, elle se retirera du dossier. Sinon, elle acheminera la plainte au service de l'information télévisée, qui aura 20 jours pour y donner suite.

Si la réponse n'est pas satisfaisante, le Fonds aura trois mois pour demander une révision. Julie Miville-Dechêne devra alors recueillir et étudier les faits pour vérifier si l'équipe d'*Enquête* a violé les *Normes et pratiques journalistiques* de Radio-Canada. La décision qui sera publique, quelles que soient ses conclusions, ne sera accompagnée d'aucune pénalité. Elle n'en demeurerait toutefois pas moins importante pour Alain et Marie-Maude.

Une révision négative, qui donnerait raison à la FTQ sur toute la ligne, discréditerait non seulement le reportage concerné, mais risquerait de nuire à la réputation des deux collègues, l'un des principaux outils d'un journaliste d'enquête. Sans elle, convaincre des sources de parler, que ce soit *off the record* ou devant la caméra, s'avérera extrêmement difficile, voire impossible.

À l'inverse, une révision positive ne ferait que renforcer la crédibilité des deux journalistes. Cela pourrait même convaincre davantage de personnes de se confier à l'émission *Enquête*. Mais avant d'en arriver là, il faut d'abord que l'enveloppe contenant la plainte soit ramassée, puis ouverte. Cela ne saurait tarder.

• • •

«On va rencontrer Thifault et Cordato à Boisbriand, tu viens avec nous?

«OK», répond Monique, qui se rend dans une camionnette de Radio-Canada avec Alain et le réalisateur Emmanuel Marchand.

La rencontre a lieu au local électoral du Ralliement des citoyens de Boisbriand, le parti politique de Patrick Thifault et Marlene Cordato. L'endroit, meublé avec du mobilier de bureau simple, a été monté en vitesse en prévision des élections municipales du 1er novembre prochain. Le trio s'installe avec Thifault et Cordato dans une pièce dont la fenêtre donne sur la rue, puis plonge dans le cœur du sujet sans préambule.

Les deux conseillers reviennent sur le contrat de l'usine de traitement des eaux, remporté par Zambito. Selon eux, il aurait dû y avoir un nouvel appel d'offres lorsque la Ville n'a reçu qu'une soumission pour ce projet, d'autant plus que celle-ci proposait un prix beaucoup plus élevé que celui prévu. Ils parlent de nouveau de l'influence de Lino Zambito et de sa tentative d'éviter les élections lors de deux rencontres: une en présence de la mairesse Sylvie Saint-Jean, de Thifault et de Cordato; et l'autre, avec Thifault seulement. Pour les conseillers, le motif de l'entrepreneur est simple: garder la mairesse actuelle en place afin de conserver la mainmise sur les contrats de la Ville.

Plusieurs fois pendant la conversation, un gros véhicule utilitaire sport de luxe passe dans la rue, devant la fenêtre, et Thifault le pointe du doigt: «Regardez, c'est Zambito qui passe.» Apparemment, le bureau de l'entrepreneur se trouve tout près.

Si les deux conseillers se montrent loquaces, ils n'en demeurent pas moins peu enthousiastes à l'idée de témoigner à visage découvert. Or, s'ils ne témoignent pas, il n'y a pas de reportage.

Même s'ils acceptaient de parler, le réalisateur Emmanuel Marchand n'est pas certain de vouloir aller de l'avant avec cette histoire. Sans autre preuve, ce serait la version de Thifault et Cordato contre celle de Zambito et Saint-Jean... L'équipe de Radio-Canada n'en essaie pas moins de convaincre Thifault et

Cordato, mais rien n'y fait. La discussion ne mène nulle part et, après un moment, Alain s'excuse et se lève pour aller à la salle de bain tandis que Monique et Emmanuel poursuivent l'entretien.

— Vous savez, on a enregistré Zambito lorsqu'il nous a fait son offre, laisse tomber Thifault comme s'il s'agissait d'une banalité.

Monique et Emmanuel se jettent un regard entendu. Pourquoi le conseiller ne l'a-t-il pas dit plus tôt ? Peu importe, tout ce qui compte désormais pour eux, c'est de mettre la main sur cet enregistrement. Avec cette preuve, l'histoire tiendrait non seulement la route dans un reportage, mais elle serait explosive.

— Est-ce qu'on pourrait l'avoir ? demande Monique en essayant de camoufler son enthousiasme. Ça nous aiderait beaucoup.

— Je vais y réfléchir, répond le conseiller.

Monique n'ose pas insister davantage et passe à un autre sujet. Alain revient dans la salle et personne ne fait allusion à l'enregistrement. La discussion se poursuit encore durant quelques minutes, puis l'équipe de Radio-Canada retourne dans la camionnette blanche. Dès que la voiture est en marche, Monique se tourne vers Alain en ne faisant plus aucun effort pour cacher son excitation :

— Savais-tu que Thifault a enregistré Zambito quand il fait son offre ?

— Hein ? Non !

— Il m'a dit ça pendant que tu étais aux toilettes.

— Ben voyons, c'est écœurant ça ! ! ! Y va nous le donner ?

— Il m'a dit qu'il allait réfléchir.

— Faut vraiment qu'on ait ça !

— Je m'en occupe, assure la recherchiste, non contente de son effet.

Après une courte pause, Monique en remet : « Tu devrais aller plus souvent aux toilettes. Nous, pendant ce temps-là, on réglera les affaires.» Tous rient de bon cœur, Gravel y compris. Puis le silence retombe dans la camionnette, le trio électrisé par l'éventualité de mettre la main sur l'enregistrement.

• • •

«Pis, pis, ça avance?» Depuis la rencontre à Boisbriand, pas une journée ne s'écoule sans que Gravel relance Monique. Un peu pour la narguer, mais surtout parce qu'il veut absolument obtenir cette preuve. Avec l'enregistrement, leur reportage serait cent pour cent béton: au Canada, on peut enregistrer secrètement une conversation à laquelle on participe, que ce soit au téléphone ou en personne.

L'animateur se fait d'autant plus insistant que Thifault et Cordato ont finalement accepté d'accorder une entrevue à la caméra. Monique a tranquillement établi une relation de confiance avec le conseiller en l'appelant régulièrement et elle préfère prendre son temps afin de ne pas brusquer les choses. Si bien que chaque fois qu'Alain passe la voir, la réponse de la recherchiste est une variation de la même phrase: «Je vais l'avoir, mêle-toi pas de ça!»

Mais pas aujourd'hui. En entendant la ritournelle quotidienne d'Alain, Monique se retourne et lui sert un grand sourire, les yeux étincelant de malice derrière ses lunettes: Thifault a accepté. Il viendra lui-même à Radio-Canada pour leur faire écouter l'extrait. L'air narquois de l'animateur passe à la surprise, puis au plaisir. Celle qui aime tant le papier a prouvé qu'elle pouvait aussi se défendre sur le terrain.

Au-delà des répercussions qu'elle aura sur leur reportage, cette journée allait marquer l'amélioration des relations entre les deux collègues.

• • •

Il y a de l'électricité dans l'air lorsqu'Alain, Monique et Emmanuel se réunissent dans la salle de conférence vitrée d'*Enquête* pour écouter l'enregistrement en présence de Thifault. Coincer un homme d'affaires qui aurait tenté de corrompre deux élus n'est pas une chose qui arrive souvent dans une carrière, et tous sont fébriles à l'idée d'entendre la proposition faite par Zambito. Le fichier est transféré sur un ordinateur, le volume des haut-parleurs est monté, les portes du local sont fermées pour ne pas déranger leurs collègues, puis le bouton « *Play* » est enfin écrasé. Le son qui emplit alors la salle ferait pâlir d'horreur le plus amateur des musiciens.

Les voix sont étouffées, difficilement reconnaissables et noyées dans la musique et les bruits ambiants du restaurant où a eu lieu la rencontre. Résultat : les propos de l'entrepreneur et des élus sont incompréhensibles la plupart du temps…

Thifault explique avoir utilisé une enregistreuse bon marché, cachée dans la pochette avant de sa chemise. Pour réussir son enregistrement, il aurait fallu qu'il soit beaucoup plus près de Zambito ou qu'il utilise un appareil plus sensible. Les membres de l'équipe d'*Enquête* peuvent difficilement lui en vouloir. Enregistrer secrètement quelqu'un n'est pas toujours facile et même eux, qui sont des professionnels expérimentés, se retrouvent à l'occasion avec des extraits audio ou vidéo de mauvaise qualité. Mais rarement ont-ils eu à travailler avec quelque chose d'aussi désastreux.

Dans la salle de conférence, la fébrilité a laissé place à la déception. Patiemment, ils écoutent tout l'enregistrement en essayant de déchiffrer la conversation avec l'aide de Thifault. « On dirait qu'il dit ceci », « Ce mot-là ressemble à ça », « Mais non ! C'est pas ça qu'il dit… » À la fin de l'exercice, le conseiller municipal les quitte en leur laissant une copie du fichier audio. Mais l'équipe d'*Enquête* doit se rendre à l'évidence : l'enregistrement est inutilisable tel quel. Impossible de le diffuser en ondes, ni même de s'y fier pour corroborer les allégations de Thifault et Cordato.

Leur dernière chance est de « nettoyer » le fichier audio, une tâche complexe qui consiste, en quelque sorte, à effacer les sons indésirables et à amplifier les autres. Mais contrairement à ce qu'on voit dans les téléséries policières américaines qui pullulent sur les ondes, il ne suffit pas d'appuyer sur un bouton pour isoler une voix à la perfection. C'est un travail minutieux et de longue haleine qui ne donne pas toujours les résultats escomptés, car, parfois, un enregistrement est tout simplement irrécupérable.

• • •

Le métro arrive à la station Beaudry et déverse son flot de passagers sur le quai. Perdue dans ses pensées, Marie-Maude reste assise sur son siège un moment avant de réaliser qu'il s'agit de son arrêt. Elle se précipite vers la sortie juste avant que les portes se referment, puis replonge dans sa réflexion en se dirigeant vers le long et lent tapis roulant qui mène à l'extérieur.

Depuis le tournage avec François Beaudry, elle travaille sans relâche pour corroborer les affirmations de l'ex-ingénieur. Et ce qu'elle a appris jusqu'à présent la trouble.

Grâce à des sources policières, elle a eu la confirmation que l'enquête de la Sûreté du Québec sur les appels d'offres truqués à Laval dont parle Beaudry a bel et bien eu lieu. L'enquête a continué jusqu'en 2004, puis a pris fin. Apparemment, il n'y avait plus d'argent pour poursuivre l'affaire...

Chaque fois que Marie-Maude soulève cette histoire avec ses sources, les gens sont mal à l'aise. Ils savent des choses, croit-elle, mais refusent de parler. « Un jour, je pourrai te raconter ce qui s'est réellement passé », lui a confié une source, les larmes aux yeux. La journaliste respecte son choix, mais elle espère que l'attente ne sera pas trop longue ; beaucoup de témoins révèlent des secrets trop tard, lorsque les responsables ne sont plus en poste, ou encore morts et enterrés...

Le qui et le pourquoi demeurent toutefois énigmatiques, et la journaliste craint de ne pas trouver la réponse d'ici la diffusion du reportage. Si elle ne déniche pas de preuves, elle devra simplement se contenter de dire que l'enquête s'est terminée sans donner de résultats.

Rien n'est plus frustrant pour une journaliste qu'une enquête inachevée et des questions restées en suspens. Cette histoire tourne sans fin dans la tête de Marie-Maude tandis qu'elle marche, sur le pilote automatique, vers la tour de Radio-Canada.

• • •

Pour la énième fois de la journée, Emmanuel arrête l'enregistrement, revient en arrière, appuie sur « *Play* », puis écoute attentivement le son qui parvient à ses oreilles dans l'espoir de déchiffrer la conversation entre Thifault et Zambito. Deux techniciens de Radio-Canada, dont un qui a déjà travaillé pour la Sûreté du Québec, ont consacré une journée chacun au nettoyage du fichier. Le résultat est loin d'être parfait, mais certains extraits sont assez clairs pour être diffusés – avec des sous-titres – dans un reportage.

Il y a un passage, notamment, où Zambito dit nettement : « Moi, je suis là pour éviter des élections à Boisbriand, puis crisse, tout le monde garde leurs jobs. » Difficile d'imaginer plus révélateur.

Emmanuel pourrait très bien prendre cet extrait, le mettre dans son reportage et passer à autre chose. Mais ce serait tourner les coins dangereusement rond. Pour être rigoureux, le réalisateur doit s'assurer d'interpréter correctement les propos de l'entrepreneur, ce qui nécessite de comprendre l'ensemble de la conversation. Plus important encore, il doit avoir la certitude que l'enregistrement n'a pas été manipulé par Thifault.

Truquer un fichier audio est relativement facile à l'aide d'un des nombreux logiciels d'édition sonore offerts en ligne. Et lorsqu'elle est bien faite, la supercherie s'avère particulièrement difficile à déceler. À chaque écoute, Emmanuel demeure attentif aux signes de falsifications : des coupures étranges, des variations abruptes dans les bruits de fond, des mots tronqués, et ainsi de suite.

Après une semaine à écouter et réécouter l'enregistrement, le réalisateur n'a plus de doute. La bande est authentique, et Zambito tente ni plus ni moins d'empêcher la tenue d'élections à Boisbriand. Emmanuel sélectionne quelques extraits de la conversation particulièrement révélateurs pour le reportage. Lorsque le montage vidéo sera définitif, un troisième technicien passera sur les deux extraits pour essayer, une dernière fois avant la diffusion, de les nettoyer davantage.

16
UNE CRISE SYNDICALE MAJEURE

---

*« Le Fonds de solidarité FTQ n'octroie aucun passe-droit
à quelque entrepreneur que ce soit et il n'est nullement
infiltré par le crime organisé [...].»*

Communiqué du Fonds de solidarité, diffusé le 24 septembre 2009

SEPTEMBRE 2009

Parfois, les choses sont inutilement compliquées. Pour obtenir une image d'Accurso, l'équipe d'*Enquête* est allée jusqu'à dépêcher un détective privé dans les Bahamas, alors qu'au final il n'aura fallu que demander à une source si elle n'aurait pas, par hasard, une photo de l'entrepreneur. Aussi facile que ça !

L'image reçue par *Enquête* montre un homme d'une cinquantaine d'années aux cheveux gris-blanc courts. Avec son teint basané et sa chemise blanche à manches courtes, il aurait l'air d'un vacancier si ce n'était de sa main qui tient maladroitement une pile de papiers en même temps qu'un cellulaire collé contre son oreille. Accurso regarde sur sa gauche alors qu'il s'apprête à traverser une rue, visiblement inconscient d'être photographié.

Même si la résolution n'est pas optimale pour une diffusion à la télévision, cette photo vaut de l'or pour *Enquête*: l'équipe peut enfin mettre un visage sur le nom de l'entrepreneur et le public pourra faire de même dans «Le Fonds sous influence». Ce reportage d'une heure, qui sera diffusé le 24 septembre, comprend quatre blocs : les deux premiers sont consacrés à l'influence d'Accurso au Fonds de solidarité, le troisième s'intéresse à l'élection à la FTQ-Construction, dossier pour lequel Marie-Maude a cherché le délégué syndical Dominic Bérubé aux quatre coins de la ville, et le dernier porte sur l'infiltration possible du crime organisé dans le syndicat.

Ce soir-là, l'introduction de l'animateur Alain Gravel frappe fort :

« Bienvenue à *Enquête*. Notre enquête du printemps dernier sur la FTQ-Construction a eu beaucoup d'impact. Une crise syndicale majeure a éclaté alors que le président de la plus grande centrale syndicale du Québec a eu à se défendre de ses relations avec un des patrons les plus influents de l'industrie de la construction au Québec », disait d'abord Gravel. Suivait un extrait sonore dans lequel on entendait Michel Arsenault : « Tony Accurso, c'est un de mes amis. Il m'a été présenté par Louis Laberge, à l'époque. Je souhaiterais en avoir 50, 60 Tony Accurso au Québec. » Puis, Alain Gravel enchaîne : « Ce soir, nous allons beaucoup plus loin dans notre enquête en révélant des pratiques de favoritisme au Fonds de solidarité FTQ, un pilier de notre économie, mais surtout, en dévoilant l'implication de membres notoires du crime organisé dans les affaires de la FTQ-Construction. Enquête sur un dossier qui a commencé par une simple histoire de bateau. »

Ken Pereira a été, une fois de plus, indispensable pour la réalisation de ce reportage, plus spécifiquement de la dernière partie. Grâce à la manie du syndicaliste d'enregistrer tout le monde – y compris, probablement, les journalistes d'*Enquête* –, Gravel a mis la main sur des conversations où Gilles Audette, le conseiller politique de Michel Arsenault, parle clairement du crime organisé. « Y en aura pu de FTQ-Construction, tabarnak, dit-il sur un des extraits audio. Les chiffres, ostie, les livres, y vont être bien tenus. Y aura pas un câlisse de mafioso pis de Hells qui va atteindre le Fonds de solidarité. Le passé, tu peux pas le défaire, le passé. »

Le 14 septembre, Gravel appelle Audette pour lui donner l'occasion de réagir. Le journaliste va droit au but : il explique de quoi traite le reportage et commence à lire à Audette les enregistrements qui seront diffusés. Mais le conseiller politique le coupe immédiatement : il ne veut pas parler, ni au téléphone ni en personne. De toute façon, il ne croit pas avoir déjà dit les choses mentionnées par Gravel.

Alain insiste fermement mais très poliment. Les enregistrements sont des conversations avec Ken Pereira, précise-t-il, et les déclarations qu'ils contiennent sont très délicates. L'équipe d'*Enquête* a pris la décision de les diffuser. Le journaliste ajoute que c'est son travail de permettre à Audette de s'expliquer ; il ne cherche pas à le coincer, mais simplement à obtenir un commentaire.

Le conseiller politique indique vouloir consulter quelques personnes et le rappeler ensuite. Avant de le laisser, Alain insiste pour fournir une copie, verbale ou écrite, des extraits audio afin que la FTQ connaisse exactement la nature de ce qui sera diffusé. Mais Audette ne semble pas intéressé et demande seulement le numéro où joindre le journaliste.

Quelques jours s'écoulent avant qu'Audette fasse parvenir sa réponse à Gravel. Non pas par téléphone ou par courriel, mais par huissier : le conseiller politique a déposé en Cour supérieure une demande d'injonction interlocutoire provisoire et permanente pour interdire la diffusion des conversations enregistrées par Pereira.

L'injonction interlocutoire provisoire est une mesure temporaire normalement utilisée en cas d'urgence. Si quelqu'un s'apprête à commettre un geste qui pourrait causer un préjudice irréparable, la personne menacée peut demander à un juge d'ordonner, sur-le-champ, que le geste soi-disant préjudiciable ne soit pas posé pendant une période de temps précise. Durant ce sursis, un tribunal se penchera sur le fond de la question pour déterminer si l'injonction doit être temporaire... ou permanente.

En raison de la nature urgente d'une demande d'injonction, l'audience se tient normalement dans les jours qui suivent le dépôt de la requête. Dans le cas de Radio-Canada et Gilles Audette, elle a lieu le 21 septembre, trois jours avant la diffusion du reportage.

L'avocat d'Audette, André Ryan, fait valoir que la conversation a été enregistrée à l'insu de son client, alors que ce dernier, connaissant les habitudes de Ken Pereira, avait spécifiquement demandé à ce qu'elle ne le soit pas. La rencontre était de nature personnelle, affirme l'avocat, et la diffusion de cette discussion porterait préjudice à la vie privée de son client. Par conséquent, il exige non seulement que l'extrait audio ne soit pas rendu public, mais que Radio-Canada remette à Audette tous les enregistrements en question.

De son côté, Radio-Canada fait valoir qu'Alain Gravel a obtenu l'enregistrement de façon tout à fait légitime. De plus, la conversation ne porte pas sur la vie personnelle de qui que ce soit, mais sur la FTQ. «Monsieur Audette est un personnage public et il raconte quelque chose d'intérêt public», plaide l'avocat de la société d'État.

À la fin de l'audience, le juge Paul Chaput annonce qu'il rendra sa décision mercredi matin, soit près de 36 heures avant l'émission! En cas de défaite, *Enquête* favoriserait une autre option: diffuser une reprise et garder le reportage intact dans l'espoir de gagner lorsque la cour se penchera sur la question de fond, soit l'injonction permanente.

Cela ne sera heureusement pas nécessaire, cette fois. Dans sa décision, le juge écrit: «Dans les circonstances, le bénéfice pour le public à la non-interdiction d'utilisation des enregistrements de l'attaché politique du président de la FTQ est plus important que le préjudice que pourrait subir ce dernier.» Par conséquent, il rejette la demande d'injonction.

Paradoxalement, la demande d'injonction de Gilles Audette n'aura peut-être fait que nuire à sa cause, puisque sa requête devant les tribunaux a été couverte par de nombreux médias, dont *La Presse*, Radio-Canada et *Rue Frontenac*. Résultat : le public ne pouvait qu'être plus curieux de connaître la teneur des conversations au cœur du litige.

Le 24 septembre, 460 000 personnes sont rivées devant leur petit écran pour écouter « Le Fonds sous influence ». Un peu plus tôt dans la journée, le Parlement se prononçait sur une motion de l'Action démocratique du Québec, appuyée par le Parti québécois, qui réclamait la création d'une « commission d'enquête publique et indépendante afin de faire la lumière sur les allégations de corruption, de malversation, de collusion et d'infiltration du crime organisé dans le domaine de la construction au Québec ». Une motion rejetée par les libéraux, majoritaires.

· · ·

Le lendemain, le Fonds de solidarité et la FTQ sont sur la sellette. « La FTQ talonnée par le scandale », titre *Le Devoir*. Michel Arsenault, le Fonds de solidarité et la FTQ se trouvent dans tous les quotidiens. « Gilles Audette reconnaît les liens avec le crime organisé », écrit *La Presse*. Mais cette fois, contrairement au printemps dernier avec l'histoire des présumées fausses factures, la centrale syndicale ne s'enferme pas dans son mutisme et passe à l'attaque.

Dans un communiqué de presse diffusé la veille, le Fonds affirme qu'il « n'octroie aucun passe-droit à quelque entrepreneur que ce soit et il n'est nullement infiltré par le crime organisé. Tous les projets d'investissement suivent un processus rigoureux et sont scrutés à la loupe. » L'organisation s'inquiète aussi du « caractère partial, tendancieux, voire calomnieux » dont fait preuve *Enquête* à son endroit et ajoute que « le choix délibéré de diffuser une information de type spectacle semble l'avoir malheureusement emporté sur un traitement objectif de l'information auquel tout citoyen, même corporatif, devrait s'attendre de la Société Radio-Canada ».

Dans une vidéo diffusée sur le site Internet de la FTQ et sur YouTube, Michel Arsenault va encore plus loin. « L'émission *Enquête* a décidé de continuer sur sa lancée par un traitement journalistique douteux, par une utilisation abondante d'allégations, d'insinuations, de culpabilités présumées par association. On monte en épingle des situations que nous avons pourtant réglées il y a belle lurette. »

Arsenault s'attaque même directement aux anciens employés du Fonds qui ont témoigné anonymement dans le reportage. « Ce sont d'anciens dirigeants, supposément d'anciens dirigeants, cachés en arrière d'une couverte, des gens sans couilles, quoi ! Vous savez, moi, ce matin, je fais face à la musique, je suis devant la caméra, je défends mon point de vue. On a dû, durant les dernières années, congédier quelques traîne-savates. Et j'ai des bonnes raisons de penser que ce sont ces traîne-savates-là qui sont cachés en arrière du rideau pour nous dénigrer. »

Le président syndical ajoute aussi être prêt à collaborer à toute enquête policière « sérieuse », mais qu'il n'acceptera pas que la FTQ et ses membres « fassent les frais d'une opération de dénigrement ».

La diffusion du reportage d'*Enquête* tombe particulièrement au mauvais moment pour le Fonds de solidarité : l'assemblée générale annuelle des actionnaires a lieu le samedi 26 septembre. Comble de malheur, les révélations de Radio-Canada coïncident avec l'annonce d'une perte annuelle de 12,6 pour cent, soit la pire performance de son existence. Un résultat cependant supérieur à ceux des indices boursiers qui, comme le Fonds, ont été frappés de plein fouet par la crise économique.

Michel Arsenault prend le temps de réagir au travail de l'équipe d'*Enquête* devant les investisseurs. Il déclare notamment avoir « des preuves d'un traitement incomplet et donc tendancieux. Ils ont volontairement mis de côté des informations que nous leur avions données avec transparence parce que ça ne faisait pas leur affaire et que ça venait dégonfler leur *balloune*. »

Mais malgré les « preuves » de traitement incomplet, malgré le caractère « calomnieux » du travail d'*Enquête*, ni la FTQ ni le Fonds n'entreprendront de procédures judiciaires contre Radio-Canada au sujet de ce reportage. Selon le réputé chroniqueur Patrick Lagacé, de *La Presse*, leur campagne de dénigrement n'est en réalité qu'une « opération de marketing ». Une opération peu fructueuse, comme le démontrera la suite des choses.

17

CAP SUR BOISBRIAND

« J'ai pas été un ange. J'ai truqué des contrats,
j'ai financé des partis politiques, j'ai corrompu
des fonctionnaires, mais le système était fait d'une façon
que, si je voulais travailler, j'avais pas le choix. »

Lino Zambito, devant la commission Charbonneau, le 16 octobre 2012

OCTOBRE 2009

Alain fouille dans son trousseau sur le perron de sa maison d'Ahuntsic, ralenti par la noirceur de la nuit. Il est seul avec Marie, et aucune voiture ne roule dans la rue derrière eux. Les seuls signes de vie dans les alentours sont les lueurs bleutées que projettent les téléviseurs dans les fenêtres des voisins. Le journaliste finit par trouver la bonne clé et l'insère dans la serrure qui émet un clic satisfaisant.

Le couple revient d'une soirée entre amis où ils auraient aimé rester plus longtemps. L'horloge n'indique en effet que 23 h 45, mais Alain veut être en forme pour son entrevue de demain, samedi, avec la mairesse de Boisbriand, Sylvie Saint-Jean. Le journaliste l'a déjà interviewée une première fois devant la caméra quelques jours auparavant. Il s'était rendu dans une réunion publique où elle était présente et lui avait demandé si elle accepterait de répondre à quelques questions.

— À quel sujet ? avait demandé la femme.

— Sur Lino Zambito et les contrats accordés par la Ville.

— Ben oui, je peux vous parler. J'ai rien à cacher, moi.

L'entrevue a eu lieu sur-le-champ dans le bureau de la mairesse, mais tout s'est fait en vitesse. Alain n'a pas posé toutes les questions qu'il voulait et les réponses de la mairesse étaient hésitantes. Le résultat était assez décevant pour que Gravel organise une nouvelle interview avec madame Saint-Jean, celle qui est prévue pour demain. Et cette fois, le journaliste n'a pas l'intention de manquer son coup.

« T'as un message sur le répondeur », lance Marie. Alain saisit le téléphone, reprend l'enregistrement du début et les traits fatigués de son visage cèdent immédiatement la place à la colère. « Non ! C'est le *PR* de Saint-Jean, y annule l'entrevue ! » Gravel raccroche, puis reprend aussitôt le combiné et compose le numéro du réalisateur Emmanuel Marchand. Le journaliste explique la situation en sacrant abondamment, puis les deux hommes décident de ne pas tenir compte du message : demain, ils iront à Boisbriand comme prévu.

• • •

Sur l'affiche électorale géante fixée au mur extérieur du siège social permanent de son parti, « Équipe Sylvie St-Jean », la mairesse sourit à pleines dents. Les mains sur les hanches, elle dégage une image de confiance en soi, renforcée par l'élégant veston rouge qu'elle porte par-dessus un chandail noir. Juste au-dessus de sa poitrine, à gauche, brille une petite épinglette au logo de la ville de Boisbriand.

Gravel s'approche du local et passe sous les yeux figés de la mairesse sans même jeter un œil à l'affiche électorale. Il marche droit vers la porte, suivi du caméraman Charles Dumouchel qui le filme, et entre à l'intérieur. Une poignée de bénévoles et d'employés, qui sirotent un café avant de commencer leur journée, le dévisagent, curieux de savoir ce qu'un animateur-vedette de

Radio-Canada fait à Boisbriand avec une caméra. «Bonjour, madame la mairesse est-elle là ?», lance Gravel à voix haute sans s'adresser à personne en particulier. «Madame Saint-Jean», précise-t-il en regardant autour de lui. «C'est le samedi de la mairesse aujourd'hui, lance une personne. Elle est à l'hôtel de ville.»

Le journaliste retourne dans la camionnette de Radio-Canada et se rend à l'hôtel de ville, un immeuble gris un peu morne dont l'apparence est sauvée par les beaux arbres matures qui poussent à l'avant. Gravel tire sur la porte vitrée qui ne bouge pas d'un poil. «C'est fermé», dit l'animateur, la mâchoire serrée sous l'effet de la colère. Il fallait s'y attendre; après tout, c'est samedi et les fonctionnaires municipaux, comme la plupart des travailleurs, sont en congé. Si Sylvie Saint-Jean est réellement ici, elle a verrouillé derrière elle.

Déçu, Gravel sort son cellulaire, sur lequel la preneuse de son Diane Gaudreau a fixé – le mot juste serait «patenté» – un micro, puis compose le numéro de la mairesse sous le regard attentif de la caméra qui tourne. Peut-être que Saint-Jean viendra leur ouvrir la porte. Et si elle refuse de les voir, ils auront au moins sa voix et des images d'Alain en train de lui parler. La sonnerie retentit à quelques reprises, puis le répondeur de l'élue s'enclenche: «Vous avez bien rejoint la boîte vocale de Sylvie Saint-Jean [...]»

Gravel laisse un message et son numéro de téléphone sans trop y croire, puis retourne au local électoral pour demander si quelqu'un pourrait communiquer avec la mairesse pour lui. Mais personne ne peut – ou ne veut – l'aider. Mieux vaut se rendre à l'évidence: ce n'est pas aujourd'hui qu'il interviewera Saint-Jean. Mais pas question de rentrer à Montréal les mains vides pour autant. La petite équipe possède encore un atout dans sa manche: l'adresse personnelle de Lino Zambito, que les recherchistes d'*Enquête* ont dénichée sans grande difficulté.

La spacieuse maison en briques grises de l'entrepreneur, avec son garage, ses colonnes blanches et son gazon vert bien entretenu, est typique de la banlieue cossue. L'équipe se gare dans la rue de façon à ce que le caméraman puisse filmer la porte d'entrée depuis la voiture. Inutile de faire peur à Zambito en lui brandissant une caméra au visage un samedi matin. C'est la première fois qu'un journaliste d'*Enquête* l'approche, et mieux vaut commencer en douceur au cas où il accepterait de faire valoir sa version des faits devant la caméra.

Alain monte la volée de marches du perron, et le réalisateur Emmanuel Marchand le suit par réflexe. Dans ce genre de situation, impossible de prévoir comment réagira une personne à la présence d'un journaliste chez lui.

La sonnette résonne dans la maison et la porte s'entrouvre quelques instants plus tard pour révéler une petite femme en robe de chambre. Elle dévisage les deux hommes sur son perron avec des points d'interrogation dans les yeux: qu'est-ce qu'un journaliste de la télé d'État peut bien foutre chez elle ce matin?

— Est-ce que monsieur Zambito est là? On est de Radio-Canada.

— Euhhhhhh…, bredouille la femme qui n'a pas l'air de comprendre ce qui se passe. Euhhhhhhhhhhh… Non, non, yé pas ici.

— OK, désolé de vous avoir dérangée, dit poliment Alain en tournant les talons.

La porte se referme immédiatement derrière eux. Gravel présume que la première chose que la femme fera, si elle n'est pas déjà en train de le faire, c'est d'appeler Zambito pour le prévenir… et le questionner. Même pour tout l'or du monde, le journaliste n'échangerait pas de place avec l'homme d'affaires quand elle lui demandera pourquoi un reporter qui s'intéresse à la corruption dans le milieu de la construction a cogné à leur porte.

Comme il l'a fait avec Sylvie Saint-Jean, Alain laisse un message sur le répondeur de Zambito, puis toute l'équipe part rejoindre Patrick Thifault et Marlene Cordato, les deux conseillers municipaux qui ont mis *Enquête* sur la piste de Boisbriand. Emmanuel les avait prévenus qu'il voudrait les filmer aujourd'hui pendant qu'ils font du porte-à-porte dans le cadre de leur campagne. Ces images ne raconteront rien en soi, mais elles seront utiles pour meubler visuellement le reportage.

L'équipe se retrouve dans une petite rue résidentielle où le caméraman commence à tourner rapidement. Mais à peine a-t-il braqué sa lentille sur les deux conseillers municipaux se dirigeant vers une maison que le cellulaire de Gravel sonne: c'est Lino Zambito. La preneuse de son ouvre le micro qu'elle a fixé au téléphone de l'animateur et Emmanuel tape sur l'épaule de Charles pour qu'il tourne son objectif vers le journaliste, qui commence à parler.

— Nous, on est de Radio-Canada.

— Oui, dit Lino d'une voix assurée.

Emmanuel prend les écouteurs que lui tend la preneuse de son afin de mieux suivre la conversation.

— On fait un reportage sur Boisbriand, explique Alain.

— Oui.

— Et vous savez qu'il y a toutes sortes de choses qui se disent, sur toutes sortes de monde et de toutes sortes de façons.

— Ouais.

— On aurait aimé ça faire une entrevue avec vous, vous parler de l'usine d'épuration, des contrats, de toutes les allégations qui se font à gauche et à droite.

— Ben, quelles sortes d'allégations qui se font à droite pis à gauche? demande l'entrepreneur sur la défensive.

— Ben écoutez, tout le débat qui a eu lieu autour de l'usine d'épuration comme quoi vous étiez le seul soumissionnaire. Il y a eu des entrepreneurs qui ont dit que, lorsqu'y a eu certaines soumissions qu'ils avaient gagnées, qui ont été rouvertes, que vous avez gagnées par la suite. Ils ont dit que c'était un peu, entre guillemets, arrangé avec le gars des vues. Euhhhh… et que vous êtes très important dans la politique municipale de Boisbriand.

Alors, c'est un peu autour de ça que, nous, on voulait vous poser des questions.

Un long silence suit l'énumération de Gravel.

— R'gardez... euufff, je dis pas oui, je dis pas non. J'ai rien à... Si y a des allégations pis du monde qui ont des affaires contre nous, ou qui pensent qu'y a des affaires qui sont mal faites, y ont juste à déposer des documents à la police pis faire faire enquête...

L'entrepreneur poursuit en se disant fier du travail accompli dans la région et indique qu'il préférerait y réfléchir avant d'accorder une entrevue. Mais Alain ne l'écoute que d'une oreille; il articule des mots silencieusement à Emmanuel: « La rencontre au resto, maintenant? » Le réalisateur fait signe que oui pendant que Zambito continue de parler.

— ... Je pense que ça brasse pas mal dans le milieu de la construction et j'vas être honnête, je suis un peu vos reportages, faque... euh... je sais pas si ça me tente de passer à la télévision par les temps qui courent avec toute ce qui se passe, pis qu'est-ce qui se dit dans le milieu, là.

— OK. Y a..., dit Alain avant d'être interrompu par l'entrepreneur.

— J'ai rien à me reprocher, là, mais ça ne me tente pas d'être vu par je sais pas c'est quoi vos cotes d'écoute là, un million, je pense, de téléspectateurs, estime généreusement Zambito.

— OK. Pensez-y, pensez-y. L'autre chose qu'on veut vous demander aussi: des gens de l'opposition nous ont dit qu'y a eu une rencontre entre vous et madame Cordato et monsieur Thifault en présence de madame la mairesse dans un restaurant au mois de mai, et une autre rencontre avec Claude Brière au mois de juin, pour offrir à madame Cordato et monsieur Thifault un genre de *deal* pour qu'il n'y ait pas d'élections contestées à Boisbriand. Et on voulait vous poser des questions là-dessus.

— Pfffff. R'gardez, en même temps, on peut regarder ça... Comme je vous dis, je vais évaluer la situation...

L'entrepreneur patine pendant un moment, dit qu'il a rencontré Thifault et Cordato à plusieurs reprises dans les cinq dernières années, entre autres lorsque Thifault cherchait du financement pour la campagne de sa conjointe à l'Action démocratique du Québec et que, s'ils ont quelque chose contre lui, qu'ils n'ont « qu'à le déposer ».

— Mais est-ce que vous vous souvenez d'une rencontre au restaurant où vous avez demandé à monsieur Thifault et madame Cordato que madame Cordato ne se présente pas à la mairie contre madame Saint-Jean parce que ça allait mener au *statu quo* de toute façon et que c'était pas nécessairement une bonne chose pour la Ville ?

— Non.

— Est-ce que vous vous souvenez de cette rencontre-là ?

— Non, non, non, non, répète Zambito.

— Que vous avez déjà demandé un genre de *deal* pour empêcher une élection contestée, vous ne vous souvenez pas de ça ?

— Non, pas du tout.

— C'est que vous ne vous en souvenez pas ou vous n'avez pas fait cette offre-là ? reformule Alain en choisissant mieux ses mots.

— R'garde, y a pas d'offre qu'y a jamais été faite.

— En compagnie de madame Saint-Jean, vous ne vous souvenez pas de ça ?

— Non, pas du tout.

— OK, vous avez mon numéro de cellulaire…

Les deux hommes se laissent en convenant de se rappeler lundi et Alain raccroche, satisfait. En plus de l'enregistrement où Zambito propose d'arranger les élections municipales, le journaliste possède désormais un nouvel extrait où l'entrepreneur répond à ses questions. Avec tout ce matériel, le reportage n'en sera que plus étoffé.

L'équipe termine le tournage avec Thifault et Cordato, qui étaient dans la maison d'un électeur lorsque Zambito a appelé, puis plie bagage et retourne à Radio-Canada.

• • •

Diffuser un reportage d'enquête sur un candidat municipal en plein cœur d'une élection est un geste éditorial qui doit être planifié avec soin, au risque d'être mal interprété. S'il est mis en ondes trop près du jour du scrutin, l'équipe de Sylvie Saint-Jean pourrait accuser *Enquête* d'avoir retenu la diffusion pour nuire délibérément à sa campagne. S'il est rendu public après les élections, Radio-Canada manquerait gravement à son devoir d'information envers le public, et le camp de Cordato pourrait se plaindre d'avoir été sciemment désavantagée. Avec Jean Pelletier, l'équipe convient donc de diffuser le reportage le plus rapidement possible, pendant l'émission du 15 octobre, au cours de laquelle sera aussi présentée l'enquête de Marie-Maude avec l'ex-fonctionnaire François Beaudry. Cela leur laisse un peu moins de deux semaines pour ficeler les derniers détails.

Les recherchistes, les journalistes, les réalisateurs et les monteurs mettent les bouchées doubles pour boucler l'émission dans les temps. Ils tournent les dernières entrevues, trouvent les informations manquantes, fouillent les images d'archives, corrigent les couleurs des vidéos et révisent chaque mot. Malgré les longues heures qui s'accumulent, Alain se sent plus électrisé que jamais par son travail. Au bout de plusieurs jours, il s'installe dans la pénombre d'une salle de montage, au sous-sol de Radio-Canada, pour regarder l'émission qui sera diffusée jeudi soir prochain. Les 45 minutes que durent son reportage et celui de Marie-Maude sont explosives. Alain est du genre modeste, mais lui-même doit admettre qu'il n'a jamais vu une émission aussi percutante dans toute sa carrière. D'ici peu, ce sera au tour du Québec d'être soufflé par les révélations sur lesquelles *Enquête* travaille depuis des mois.

18

L'EFFET D'UNE BOMBE

« Ce show-là, avec Boisbriand et Beaudry, ça a fait BABOOM ! »

Alain Gravel

Claudine sort les pizzas fines du four, les coupe en pointes et les apporte dans son petit salon où s'entassent Alain, Monique, Emmanuel, Marie-Maude et Chantal. Ses collègues viennent à peine d'arriver, mais leurs verres de vin sont déjà remplis et l'ambiance est à la fête.

Les dernières semaines ont été incroyablement chargées pour toute l'équipe. Les délais étaient si serrés que Marie-Maude et Claudine ont dû, dans la camionnette en route vers Montréal, réécouter l'entrevue qu'elles venaient de faire à Ottawa afin de sélectionner les clips à insérer dans le reportage dès leur arrivée.

Aujourd'hui, le jeudi 15 octobre 2009, le stress a disparu et tous ressentent l'agréable légèreté que procure l'accomplissement. Dans quelques minutes, ils regarderont ensemble le fruit de leurs efforts à la télé : une heure de reportages au cours de laquelle les révélations de François Beaudry et le cas de Boisbriand lèvent le voile sur la gangrène qui ronge l'industrie de la construction au Québec.

Même si elles n'ont été bouclées que tout récemment, ces deux histoires représentent la concrétisation de près d'un an de journalisme d'enquête. Sans les premiers reportages sur la FTQ, Accurso et le Fonds, jamais *Enquête* ne serait parvenue jusqu'à Beaudry et Boisbriand. La petite équipe entassée dans le salon de Claudine en est bien consciente et n'en est que plus satisfaite. Seule Marie-Maude n'arrive pas à partager l'allégresse de ses collègues.

Lundi dernier, elle a assisté au prévisionnement de l'émission en compagnie des patrons et des responsables des communications. De telles projections sont fréquentes; elles permettent aux décideurs de connaître ce qui sera diffusé au cours des prochains jours et de prévoir la promotion à effectuer autour du reportage. Tous n'ont eu que de bons commentaires, y compris Pierre Tourangeau, de la salle des nouvelles. Mais après avoir félicité Marie-Maude, son patron a ajouté de sa grosse voix une phrase qui a eu l'effet d'une douche glacée: «Lundi, tu reviens aux faits divers.»

Son ton ne laissait pas place à la discussion et, de toute façon, la journaliste n'avait pas vraiment d'argument à donner en sa faveur. Après tout, le témoignage de François Beaudry sur l'appel d'offres truqué à Laval illustre les irrégularités dénoncées dont Marie-Maude Denis avait eu vent avant d'être «prêtée» à *Enquête*.

La journaliste savait très bien qu'elle retournerait un jour ou l'autre dans la salle des nouvelles – Pierre Tourangeau et Patrice Roy, l'animateur du bulletin de 18 h, le lui rappelaient chaque fois qu'ils la croisaient dans un corridor ou à la cafétéria. Malgré tout, elle espérait secrètement pouvoir rester à *Enquête* pour de bon. Non pas qu'elle n'aimait pas travailler à la salle des nouvelles, loin de là. Mais pour la première fois depuis le début de sa carrière, le sentiment d'imposture qui l'habitait s'était dissipé et elle croyait avoir trouvé sa voie dans le journalisme d'enquête.

L'émission de ce soir marque donc, pour Marie-Maude, la fin de son aventure à *Enquête*, la fin d'une année d'adrénaline et de dépassement. Heureusement, le vin et la bonne compagnie chassent rapidement ses sombres pensées et, lorsque les premières notes de l'indicatif musical d'*Enquête* résonnent dans la pièce, elle s'assoit de bon cœur sur le canapé modulaire en compagnie de ses collègues.

La plupart d'entre eux ont déjà vu les reportages complétés, certains à plus d'une reprise, mais ils n'en demeurent pas moins un bon public. En silence, ils écoutent François Beaudry raconter l'enquête inachevée qui le hante depuis le début de sa retraite ; ils se choquent lorsque Donald Plouffe, du Bureau de la concurrence, révèle que la collusion gonfle les prix de 10 à 30 pour cent ; ils compatissent avec les Dubé, une famille d'entrepreneurs qui a subi des représailles pour avoir refusé de participer au trucage d'un appel d'offres ; ils réagissent devant le comportement de Lino Zambito. Il faut dire que ce reportage regorge de passages percutants, comme celui-ci : « Début mai 2009. Une rencontre secrète a lieu dans un restaurant de Rosemère. Un important entrepreneur de la région, Lino Zambito, de la compagnie Infrabec, tente, en présence de la mairesse de Boisbriand, Sylvie Saint-Jean, de s'entendre avec deux conseillers de l'opposition pour empêcher la tenue d'élections le 1er novembre. Ainsi, la mairesse Saint-Jean et tous les autres conseillers à Boisbriand seraient réélus sans opposition. » C'est l'un de ces soirs où les journalistes éprouvent le sentiment de contribuer à changer le monde et à faire avancer la justice.

Habituellement, ces visionnements maison sont plutôt prétextes à des commentaires autodérisoires. Comme des artistes insatisfaits, les créateurs du reportage relèvent ici et là des petits détails qui les agacent, mais qui sont invisibles au commun des mortels, tandis que leurs collègues se moquent gentiment d'eux. Aujourd'hui, exceptionnellement, tous n'ont que de bons mots pendant les pauses publicitaires. Et lorsque le générique apparaît à l'écran, l'équipe réunie dans le salon de Claudine ressent une immense fierté.

Il n'est pas rare, le lendemain d'une émission, qu'un journaliste ou un animateur reçoivent des commentaires enthousiastes d'un collègue ou qu'une personne les félicite en les croisant dans un corridor de Radio-Canada. Mais ce soir, l'émission se termine à peine que, déjà, les téléphones et les courriels s'accumulent sur leurs BlackBerry. Des journalistes de Radio-Canada et d'ailleurs leur écrivent pour souligner le caractère exceptionnel des reportages. Fait inusité, celui qui assumait alors la fonction de directeur de l'information à *La Presse*, Éric Trottier, appelle lui-même Alain pour le complimenter sur le travail de l'équipe d'*Enquête*.

Il est encore tôt lorsqu'ils quittent la maison de Claudine et prennent le chemin du retour. Ils auraient aimé boire un ou deux autres verres de vin pour célébrer plus longtemps – et peut-être manger quelques pointes de pizza supplémentaires –, mais ils savent qu'il vaut mieux se coucher tôt. Demain, la frénésie se poursuivra avec les demandes d'entrevues et les suivis dans les émissions d'information. Et qui sait, peut-être qu'un courriel d'une nouvelle source, comme celui de Beaudry après *Tout le monde en parle*, les attendra dans leurs boîtes de réception?

Tandis qu'Alain, Claudine, Monique, Marie-Maude, Emmanuel et Chantal s'apprêtent à dormir, des personnes s'activent déjà dans les cercles du pouvoir en réaction aux révélations de ce soir. L'équipe d'*Enquête* l'ignore encore pour le moment, mais cette heure de télévision a transformé le Québec. L'Histoire, celle avec un grand H, retiendra la diffusion de ces reportages comme un événement marquant dans la vie publique québécoise.

• • •

« BOISBRIAND SOUS INFLUENCE ? » Le gros titre se trouve à la une de *La Presse*, accompagné du sous-titre « Un entrepreneur en construction tente de faire dérailler les élections, selon Radio-Canada ». Rarement le travail des journalistes de la société d'État s'est-il ainsi trouvé mis en valeur sur la première page du quotidien de la rue Saint-Jacques.

Les pages A2 et A3 sont entièrement consacrées aux révélations d'*Enquête*. Selon le journaliste Martin Croteau, cette émission «corrobore un reportage de *La Presse*, selon lequel un "club" d'entreprises se partage la majorité des contrats de travaux publics dans le Grand Montréal». Dans une chronique, Patrick Lagacé écrit avoir «mis deux minutes à [se] remettre du visionnement». Il termine son texte en conseillant à Jacques Dupuis, le ministre de la Sécurité publique qui jure qu'une enquête publique n'est pas nécessaire, de lire *La Presse* et de regarder Radio-Canada, le jeudi à 20 h.

Dans *Le Devoir*, un long texte de Kathleen Lévesque, elle-même à l'origine de plusieurs révélations exclusives, se penche sur les réactions politiques aux reportages d'*Enquête*. Le gouvernement libéral veut laisser les policiers faire leur travail, tandis que le maire de Laval, Gilles Vaillancourt, nie l'existence de la collusion dénoncée par François Beaudry: «Je n'ai aucune information qui m'indiquerait qu'il y a une pratique semblable à Laval.»

Dans la journée, le directeur général des élections du Québec annonce avoir ouvert une enquête pour vérifier si une infraction à la *Loi sur les élections et les référendums dans les municipalités* a été commise par Lino Zambito. Le lendemain, *La Presse* et *Le Devoir* consacrent tous deux leurs éditoriaux à la collusion et la corruption: «Il est plus que temps d'envoyer un signal puissant au milieu de la construction: la récréation est terminée, écrit Nathalie Collard. Une commission d'enquête publique a non seulement des pouvoirs d'enquêter, elle a aussi une importante valeur symbolique.» «À Québec, on a longtemps fait valoir qu'il s'agissait de cas d'espèce, rappelle le directeur du *Devoir*, Bernard Descôteaux. On sait maintenant que ce n'était [*sic*] pas des exceptions. Les langues se délient et plusieurs médias ont publié des informations qui sont troublantes, voire révoltantes puisque ce sont des centaines de millions qui sont ainsi détournés des fonds publics. La patience a des limites qui sont atteintes!»

Le grand public réagit aussi fortement dans les sections «Commentaires» des sites Web et les pages «Opinions» des journaux. Dans les tribunes téléphoniques à la radio, des citoyens en colère crient leur indignation.

• • •

Pendant que les révélations d'*Enquête* continuent de faire jaser, une nouvelle controverse éclate dans les médias. Dans un article publié vendredi par *Rue Frontenac*, Fabrice de Pierrebourg soutient que le politicien Benoît Labonté a reçu une centaine de milliers de dollars de la part de Tony Accurso pour financer sa course à la direction du parti municipal Vision Montréal.

Le jour même, le journaliste Davide Gentile présente un reportage au *Téléjournal* de 18 h à Radio-Canada dans lequel il revient sur les liens avec Accurso et renchérit avec une histoire de blanchiment d'argent pendant la course à la chefferie. Le samedi, la chef de Vision Montréal, Louise Harel, et Benoît Labonté tiennent une conférence de presse dans laquelle la première dénonce les techniques des journalistes et le deuxième nie catégoriquement les faits reprochés. Mais TVA donne le coup de grâce en soirée lorsque l'animateur-vedette Paul Larocque brandit en ondes un relevé téléphonique prouvant qu'Accurso et Labonté se sont parlé à plusieurs reprises. Dimanche, Louise Harel annonce la démission de Benoît Labonté. Le politicien n'est toutefois pas présent lors de la conférence de presse, décline toutes les demandes d'entrevues et s'enferme dans son mutisme.

Marie-Maude Denis suit la saga durant tout le week-end dans les journaux et à la télévision. L'affaire la passionne tellement que son retour aux faits divers ne lui importe plus. Tout ce qui compte, c'est que quelqu'un parvienne à faire parler Labonté. À ses yeux, cet homme est tellement au pied du mur qu'il n'a plus rien à perdre en se confiant aux médias. Et comme il gravite dans la politique municipale depuis des années, il connaît probablement énormément de secrets dérangeants…

En fin de journée dimanche, Marie-Maude croise Davide Gentile dans un corridor de Radio-Canada et le presse de lui donner les derniers détails. Elle connaît bien le journaliste du *beat* municipal, avec qui elle s'est liée d'amitié lorsqu'elle travaillait aux faits divers. Ensemble, ils rigolent souvent des origines de Gentile : son père vient de Cattolica Eraclea, en Sicile, soit la commune natale du parrain de la mafia montréalaise, Vito Rizzuto. Le reporter imite d'ailleurs avec succès le « allô » typique des Siciliens, qu'on peut entendre dans l'écoute électronique déposée lors des procès, et Marie-Maude se moque de lui en disant qu'il infiltre Radio-Canada pour le compte de la mafia.

Comme Marie-Maude, Gentile est persuadé que Labonté n'a plus rien à perdre en parlant aux journalistes. Le reporter a laissé de nombreux messages sur la boîte vocale du politicien tout au long du week-end, en plus de multiplier les demandes d'entrevues dans son entourage, en vain.

« Pourrais-tu me donner son numéro pour que je m'essaye ? », dit Marie-Maude candidement. À Radio-Canada, comme dans tous les autres médias, les journalistes n'ont aucune obligation à partager leurs carnets d'adresses avec leurs collègues. Certains s'entraident de bon cœur, mais d'autres protègent jalousement leurs sources. Gentile fait visiblement partie de la première catégorie, puisqu'il accepte sans hésiter. De toute façon, il sait pertinemment qu'après son reportage de vendredi, les chances que Labonté daigne lui parler sont nulles. Peut-être sera-t-il plus réceptif à Marie-Maude ; Gentile se souvient très bien des talents de persuasion de la journaliste lorsqu'elle était aux faits divers.

Après que Gentile lui a promis de lui texter le numéro de Labonté, Marie-Maude se dirige vers le métro pour rentrer chez elle. En arrivant à son appartement, elle sort son cellulaire et constate que son ami a tenu parole. La journaliste saute sur l'occasion et compose un court texto pour demander une rencontre *off* – c'est-à-dire confidentielle –, relit son message deux fois avant de l'envoyer, sans trop y croire. Rien n'est joué et elle ne le sait que trop.

Marie-Maude rejoint son copain devant la télé, où *Tout le monde en parle* commence à peine. La chef de Vision Montréal, Louise Harel, est justement l'une des invités. Mais comme l'émission a été enregistrée jeudi, aucune question n'a été posée sur Benoît Labonté. De nombreuses surimpressions – des informations écrites ajoutées au montage – ont été insérées pour tenir compte des récents événements, mais rarement une entrevue à la grand-messe télévisuelle du dimanche aura été aussi décalée de l'actualité.

La journaliste essaie d'oublier sa demande d'entrevue et de se concentrer sur *Tout le monde en parle*, où Natalia, la plus célèbre escorte de New York, vient de faire son entrée sur le plateau. Ni les calembours ou autres jeux de mots de Guy A. Lepage, ni les blagues de Dany Turcotte ne parviennent à la désintéresser de son téléphone, dont elle regarde constamment l'écran.

Une vague d'adrénaline la traverse lorsque son BlackBerry vibre une quinzaine de minutes plus tard. Le numéro de Labonté apparaît sur l'afficheur, mais c'est une voix de femme qu'elle entend à l'autre bout du fil. C'est la relationniste du politicien qui veut poser une ou deux questions avant de transmettre la demande. Peut-être est-ce l'imagination de Marie-Maude, mais elle semble percevoir un certain intérêt de la part de son interlocutrice.

Lorsque son téléphone vibre de nouveau un peu plus tard, c'est Labonté qui lui écrit directement. Marie-Maude compose fébrilement un autre texto, auquel le politicien répond immédiatement. La journaliste n'accorde désormais plus aucune attention à *Tout le monde en parle* alors qu'elle entame un long échange par message texte avec Labonté. Elle a pleinement conscience que chacune de ses réponses peut faire la différence entre un oui et un non.

Il est tard lorsque Marie-Maude téléphone à Pierre Tourangeau pour lui expliquer la situation. Le politicien n'a toujours pas accepté de la rencontrer, mais il dit se trouver à Québec. Elle veut donc se rendre dans la capitale nationale dès ce soir au cas où l'entretien aurait lieu. «Tu me donnes le feu vert?» demande-t-elle à son patron.

Le lendemain matin, le bureau de Marie-Maude Denis au CDI est désert.

19

LES CONFESSIONS DE BENOÎT LABONTÉ

*« Le financement populaire [des partis politiques],
c'est une fiction. C'est un système hypocrite. »*

Benoît Labonté

La jambe droite de François Beaudry branle sans cesse tandis qu'il confie ses états d'âme à Marie-Maude. La journaliste essaie de l'écouter, mais son attention est constamment ramenée sur la jambe de l'ex-ingénieur qui vibre encore et encore. Après quelques minutes, elle n'en peut plus. « François, là, calme-toi ! », dit-elle d'une voix ferme en mettant la main sur la cuisse de sa source. Elle est déjà assez nerveuse comme ça, pas question d'absorber le stress d'une autre personne.

Ses échanges avec Labonté se sont terminés tard hier soir pour reprendre tôt ce matin. Après de nombreux efforts, elle a finalement convaincu l'homme public de la rencontrer aujourd'hui. Le politicien lui a donné rendez-vous cet après-midi à Sainte-Anne-de-Beaupré, près de Québec, pour une discussion sans caméra. Comme elle avait un peu de temps libre en matinée, elle a décidé de faire un détour par le condo de François Beaudry, dans le quartier Montcalm. Mais depuis qu'elle est arrivée, elle ne reconnaît plus sa source.

La diffusion du reportage l'a visiblement ébranlé. C'est un peu comme si l'homme qui s'était confié avec conviction et calme devant la caméra, à son chalet, n'existait plus. À sa place se trouve une personne nerveuse qui parle comme si elle était perdue dans ses pensées. Beaudry était pourtant pleinement conscient de ce qui allait être diffusé dans le reportage. Après tout, il avait minutieusement préparé ses propos pour l'entrevue avec Marie-Maude cet été. Ce que Marie-Maude ignore, c'est que derrière l'image sereine de Beaudry grandissait constamment sa crainte de se faire poursuivre en diffamation. Au point où il a rencontré son notaire pour demander s'il devait léguer ses biens à ses enfants dès maintenant afin de mettre son patrimoine à l'abri d'éventuelles procédures judiciaires.

À cela s'ajoute toute la pression médiatique. François Beaudry a consacré sa carrière à la fonction publique, à l'ombre des projecteurs. Soudainement, il se fait appeler par des journalistes et reçoit des demandes d'entrevues. Tout un choc pour le retraité désormais habitué à une vie paisible.

Au moins, il n'a pas peur de se faire tuer. « La mafia ne fonctionne plus comme ça. Le pire qui peut m'arriver, c'est de recevoir une raclée et de passer trois jours à l'hôpital avec mon sérum », dit-il d'une voix détachée. Mince consolation...

Dans un entretien accordé à Marie-Hélène Proulx et publié dans le magazine *Jobboom* du 4 octobre 2011, François Beaudry avoue l'angoisse qui l'a paralysé dans les jours entourant la diffusion du reportage. « Reste que je n'ai jamais éprouvé de peur aussi aiguë », confie-t-il à la journaliste. Dans les minutes qui ont suivi la présentation de l'épisode d'*Enquête*, des messages troublants ont commencé à circuler dans Internet : « Beaudry est désormais en sursis », « Il sera retrouvé dans le coffre d'une voiture »... « J'étais au bord de la panique », reconnaît l'ex-fonctionnaire.

Marie-Maude l'écoute patiemment et tente de le rassurer du mieux qu'elle peut. Elle lui répète que l'attention des médias va diminuer après quelques jours et que, s'il reçoit des menaces, la police sera là pour le protéger.

Après la diffusion du reportage, la journaliste aurait très bien pu ne jamais redonner signe de vie à Beaudry et le laisser seul avec ses inquiétudes. Mais en plus de témoigner d'un flagrant manque de savoir-vivre, elle perdrait la confiance du jeune retraité. Pourquoi lui parlerait-il de nouveau s'il a été traité comme un vulgaire mouchoir la dernière fois ? Faire un suivi avec ses sources après la diffusion d'un reportage est en quelque sorte une obligation morale pour tout bon journaliste d'enquête.

Au-delà des intérêts professionnels, les reporters développent, à l'occasion, de l'affection ou même de l'amitié à l'endroit de leurs sources. Encore plus dans les cas, comme celui de Beaudry, où la personne prend des risques importants en parlant. Marie-Maude sait très bien que son reportage n'aurait jamais existé sans l'ex-fonctionnaire. Ne serait-ce que pour cela, elle lui sera éternellement reconnaissante de s'être confié à elle. Lorsqu'elle le quitte, un peu avant l'heure du dîner, elle lui promet de garder contact.

Et elle tiendra parole. Au cours des années qui suivront, ils s'échangeront plus de 200 courriels, sans compter les nombreux appels. Marie-Maude sera aussi présente lorsque François Beaudry recevra, quatre ans plus tard, en 2013, la médaille de l'Assemblée nationale pour avoir eu le courage de dénoncer la corruption.

• • •

De tous les lieux où Benoît Labonté pouvait donner rendez-vous à Marie-Maude, la basilique Sainte-Anne-de-Beaupré est sans contredit le plus incongru. Le politicien se sentirait-il l'âme pieuse maintenant que son monde s'est écroulé ? La journaliste aimerait bien lui demander d'expliquer son choix, mais quelque chose lui dit que ce n'est pas la meilleure façon de le convaincre de parler. N'empêche, elle ne peut s'empêcher de sourire tandis qu'elle s'approche de l'immense église en pierres grises.

Chaque année, plus d'un million et demi de touristes et pèlerins viennent admirer le sanctuaire érigé en l'honneur de sainte Anne. Le point culminant de la saison est la fête de la patronne, le 26 juillet, lorsque des dizaines de milliers de croyants envahissent la petite ville en bordure du fleuve pour rendre hommage à la sainte. De nombreux miracles seraient survenus dans la basilique, et une section du site Web de l'église est dédiée aux témoignages de guérisons divines.

Les visiteurs se font toutefois rares en ce froid lundi d'octobre et Marie-Maude n'a aucun mal à repérer Labonté devant la basilique. Ils se serrent la main et échangent quelques banalités d'usage – à la grande surprise de la journaliste, le politicien lâche lui-même une blague sur le choix du lieu de rendez-vous –, puis commencent à marcher autour de l'église.

La reporter d'*Enquête* l'interroge sur chacun des éléments sortis dans les médias au cours des derniers jours. Labonté répond patiemment en déboulonnant un à un les faits qui lui sont reprochés. Sa version est simple : tout est faux ; il s'agit d'une campagne de salissage. Le politicien pose aussi beaucoup de questions ; certaines très terre-à-terre, d'autres presque philosophiques. Aucun doute : Labonté la jauge, lui fait passer une audition pour savoir si elle est la bonne personne à qui se confier.

Marie-Maude, qui n'a pas l'intention de laisser le « rôle » lui filer entre les doigts, prend soin de bien formuler chacune de ses réponses. Elle se concentre tellement sur la conversation qu'elle ne sent pas le froid d'octobre lui geler les mains tandis que les heures passent. Même le Cyclorama de Jérusalem, cet immense bâtiment circulaire dont l'architecture mi-ottomane mi-*outlet* américain jure violemment avec la basilique, n'attire plus ses regards moqueurs.

À la fin de la promenade, Labonté fait une demande : 48 heures pour réfléchir à la possibilité d'accorder une entrevue devant la caméra. Marie-Maude, qui jubile rien qu'à savoir que le politicien n'a pas déjà fermé la porte à cette possibilité, s'empresse d'accepter.

• • •

Rarement Marie-Maude aura-t-elle trouvé les heures aussi longues. Pour passer le temps, elle appelle plusieurs de ses collègues et amis pour demander leurs avis sur la rencontre. Pierre Tourangeau, Davide Gentile, Isabelle Richer… Tous lui disent ce qu'elle sait déjà : il ne lui reste plus qu'à attendre.

Question d'ajouter au stress, Labonté lui envoie régulièrement des messages texte qui pourraient figurer dans la catégorie « Questions pièges » d'une entrevue d'embauche. « À combien évalues-tu les chances que je te dise oui ? », écrit-il à un moment. « Qu'est-ce que je suis censée répondre à ça ? », s'exclame Marie-Maude en lisant le texto.

L'autre problème qui tracasse la journaliste, c'est le discours du politicien. À quoi bon faire une entrevue avec lui s'il nie, comme il l'a fait lors de leur promenade autour de la basilique, tout ce que les journalistes ont rendu public ? Radio-Canada – ainsi qu'elle-même – risquerait de perdre la face en diffusant une telle interview après les révélations de Fabrice de Pierrebourg et Davide Gentile qui, à n'en pas douter, sont basées sur des sources fiables. Sans oublier la preuve incontestable de Paul Larocque…

Mercredi midi, Labonté donne sa réponse. Marie-Maude Denis n'en croit pas ses oreilles : il accepte d'accorder une entrevue devant la caméra aujourd'hui même. La journaliste appelle immédiatement à Radio-Canada pour organiser un tournage d'urgence. Le répartiteur avait déjà été prévenu et une équipe est sur le qui-vive à Québec. Mieux encore, ce sont toutes des personnes que Marie-Maude connaît de l'époque où elle travaillait dans la capitale. En apprenant cela, elle sent une infime partie de son stress s'évaporer ; elle sera plus à l'aise de collaborer avec une équipe de confiance, en famille.

Dès qu'elle raccroche avec le répartiteur, Marie-Maude saute dans sa voiture en direction du Château Bonne Entente, à Sainte-Foy, où aura lieu l'entrevue.

• • •

L'ambiance décontractée du hall du Château Bonne Entente, avec son piano à queue et ses canapés confortables, ne parvient pas à calmer Marie-Maude. L'heure du rendez-vous approche et la journaliste retient son souffle chaque fois que la porte d'entrée s'ouvre sur un nouveau client. Quand Labonté franchit enfin le seuil, elle pousse un soupir de soulagement. Jusqu'à la toute dernière seconde, elle a craint que le politicien se désiste.

Marie-Maude l'accueille gentiment, puis explique que la salle où sera tournée l'entrevue n'est pas encore prête. En attendant, elle propose d'aller marcher à l'extérieur, ce qu'il accepte de bon cœur. Après tout, lui aussi est stressé.

Tous deux se baladent tranquillement sur le terrain de l'hôtel en échangeant quelques questions. Après un court silence, Marie-Maude aborde l'une de ses craintes :

— Là, vous savez de quoi vous aurez l'air si vous niez tout devant la caméra ?

— Oui, j'y ai pensé. Je vais dire la vérité.

• • •

L'entrevue se déroule dans une salle à l'éclairage tamisé du Château Bonne Entente. Marie-Maude est assise à l'extrémité d'un fauteuil et fait face à Labonté qui, lui, est installé plus confortablement dans son siège, un bras bien appuyé sur l'accoudoir. Il porte un chandail ample à manches longues, le genre qu'on enfile au retour d'une journée de ski. La scène renvoie une image décontractée, mais la tension est, en réalité, à trancher au couteau.

La journaliste commence immédiatement avec les allégations, sorties dans les médias au cours des derniers jours, au sujet des relations de Labonté avec Accurso.

— Qu'en est-il vraiment ?

— Ben, il s'est dit effectivement beaucoup de choses dans la dernière semaine, beaucoup de choses qui n'étaient pas vraies, erronées. Mais sur les rencontres avec monsieur Accurso, j'ai effectivement eu des rencontres avec monsieur Accurso dans le cadre de ma campagne au leadership dans la période à peu près de janvier à mars 2008.

— Vous admettez quelles rencontres?

— J'ai eu un souper avec lui au mois de mars 2008, vers la mi-mars, je dirais, je n'ai pas la date exacte. Mais c'est la première fois, à ce moment-là, que je le rencontrais, je dirais. Je l'avais déjà croisé, il m'avait déjà été présenté de mémoire dans un cocktail en 2006, mais on n'avait pas eu de conversation comme telle. Mais c'était ma première rencontre avec lui en mars 2008.

— Et lors de ce souper-là, est-ce qu'il vous a remis de l'argent?

— Jamais.

— Lors d'autres rencontres, est-ce qu'il vous a remis de l'argent?

— Jamais.

— À vous personnellement?

— Jamais.

Labonté est calme et son regard ne flanche pas.

— Vous savez qu'il en a donné à des personnes proches de vous, par contre.

— On me dit qu'il en a donné à des personnes près de moi aussi pour la campagne au leadership, mais jamais y a eu de discussion même d'argent entre lui et moi. Alors, ce qui a été fait là était parfaitement légal. D'un point de vue éthique, *a posteriori*, j'en ai une tout autre interprétation maintenant. Mais tout ça était parfaitement légal, au sens de la loi, à ce moment-là.

— TVA a révélé que vous avez eu plusieurs conversations téléphoniques avec monsieur Accurso, relevé de téléphone cellulaire à l'appui. Est-ce que vous niez que vous lui avez parlé au téléphone?

— Oh non ! dit-il sur un ton banal. J'ai eu quelques conversations téléphoniques de mémoire, de mémoire très brèves. Le reportage de TVA contenait d'ailleurs quelques erreurs – on a des vérifications qui sont en cours –, mais ça ne change pas le fait que j'ai eu quelques conversations très brèves avec lui, je pense, au début de 2009.

— TVA a aussi affirmé que vous avez manipulé de l'argent comptant de Tony Accurso (Labonté fait non de la tête) ou de quelque autre donateur. Avez-vous déjà manipulé…

— Jamais.

— … des enveloppes brunes…

— Jamais.

— … pleines d'argent ?

— Jamais.

— Vous le niez formellement ?

— Je le nie formellement. Ça, ça fait partie du complot et de l'assassinat politique parce que j'utilise le terme à dessein, c'est un assassinat politique dont j'ai été victime, qui était prémédité et bien orchestré. Vous savez, je vous parle aujourd'hui à visage découvert. Ça a été une très, très, très dure semaine, mais je vous parle à visage découvert. Tous ces reportages-là sont basés sur des gens, des sources anonymes.

— Monsieur Labonté, vous avez été questionné sur un ensemble de facteurs…

— Oui.

— … et vous avez nié, à ce moment-là, les rencontres…

— Oui.

— … vous avez nié jusque dans les dernières heures plusieurs de ces éléments-là. Pourquoi vous avez menti ?

— Pour deux raisons. Pour deux raisons. Je l'ai… je l'ai fait, je l'avoue candidement, par crainte de représailles d'une part. Mais aussi parce qu'on était en campagne électorale…

— Des représailles de qui?

— Ben, des gens qui pourraient être concernés, qui n'aimeraient pas que… que ça se sache, et je parle pas juste de monsieur Accurso, mais d'autres gens. Je ne voulais pas avoir de représailles, on peut avoir ces craintes-là. Et deuxièmement, on était aussi dans un contexte électoral et y avait une équipe qui était en marche. J'ai beaucoup de… énormément d'amis très, très chers dans cette… dans cette équipe-là, et je ne voulais tout simplement pas… je ne voulais tout simplement pas leur nuire avec mes agissements passés avec lesquels ils n'ont absolument rien à voir, ces gens-là, et qui sont venus de bonne foi s'associer à moi, s'associer au parti pour faire campagne électorale. Je ne voulais pas d'aucune façon leur nuire. Est-ce que c'est une erreur? C'est une erreur, je le regrette… euh… profondément.

— Revenons au financement de votre campagne au leadership. Vous avez ramassé combien d'argent?

— Selon mes organisateurs, on me parle d'un montant aux alentours de 200 000 dollars.

— Et vous dites que jamais…

— Et de façon tout à fait légale! insiste Labonté.

— Oui, on s'entend que, dans le cadre des courses au leadership, ce n'est pas encadré. Mais est-ce que vous, de l'argent comptant, vous en avez vu circuler des enveloppes?

— Non, jamais.

Marie-Maude continue de le questionner un moment sur ses liens avec Accurso, avant d'aborder plus généralement la question du financement des partis politiques.

— La réalité, explique Labonté, c'est qu'il n'y a pas tant de personnes que ça qui ont 1000 dollars à donner à titre individuel.

Alors, y a beaucoup d'argent… La réalité, là, pis c'est vrai dans tous les partis, au municipal, au provincial – y a pas un parti qui fait exception –, c'est qu'y a de l'argent qui se ramasse *cash* et qui est donné à des prête-noms qui, eux, font un chèque personnel, individuel et ça respecte la loi. Tout le monde sait que ça se passe comme ça. Ça fait partie des règles du jeu non écrites, et c'est un trou béant, c'est un trou béant dans la loi. Le financement politique, là, au Québec en général, c'est une fiction. Et…

— Le financement populaire?

— Le financement populaire, c'est une fiction. C'est un système hypocrite. Et là, je pense qu'on en est rendus – et c'est vraiment un cancer répandu – et là, je pense qu'on en est rendus au point, comme société, tant au Québec qu'à Montréal, qu'on en est rendus au point où on devrait se payer notre démocratie. L'État devrait payer le fonctionnement des partis politiques, devrait payer pour notre démocratie, pour ne plus avoir ce système-là de faire semblant que tout est correct, alors qu'on sait très bien que tout ça se fait de façon détournée. Et tout le monde (Labonté penche la tête vers Marie-Maude et fait un large geste de la main), tout le monde, je dis bien tout le monde, le fait. Tous les partis municipaux, tous les partis provinciaux le font.

— Vous avez discuté de ça avec Louise Harel. Qu'est-ce qu'elle vous a dit?

— De quelle question?

— De la question du blanchiment… de l'utilisation de…

— … de prête-noms? Ben écoutez, j'ai discuté de ça, on a eu l'occasion d'en discuter avec madame Harel récemment, il y a quelques jours, pis elle admettait que ça se faisait, que ça se faisait partout, que ça se faisait même au PQ, ça se faisait au Parti libéral du Québec, ça se faisait à Union Montréal, que ça se faisait à Vision Montréal, que ça se faisait sans doute à l'ADQ. Elle n'a pas mentionné ça, mais c'était le sens général et elle le savait. C'est entendu, toute la classe politique au Québec est au courant de ça. C'est un fait, c'est un fait de la vie, c'est entendu. C'est un système éminemment, épouvantablement hypocrite, mais ça fait partie du code de règlement informel et, si on le joue pas, on n'est pas capables d'aller sur la patinoire.

La discussion se poursuit autour du financement des partis, puis Marie-Maude questionne le politicien sur son passage à Union Montréal, le parti de Gérald Tremblay, dont il était membre avant Vision Montréal.

— Vous parlez d'éthique. Vous avez eu des discussions dans le passé avec d'autres politiciens là-dessus, nommément Gérald Tremblay. Vous m'avez relaté une conversation que vous avez eue avec lui à ce propos-là. Pourriez-vous relater cette rencontre-là?

Labonté regarde au sol, comme s'il cherchait l'inspiration, avant de lever les yeux sur Marie-Maude et de parler. Un tic nerveux qu'il répète à de nombreuses reprises au cours de l'entrevue.

— Oui, la rencontre à laquelle vous faites référence s'est déroulée au mois d'août 2007. Et à ce moment-là, j'étais… je dirais dans la première quinzaine d'août, et j'étais membre d'Union Montréal, j'étais membre du comité exécutif. À ce moment-là, je n'avais pas encore démissionné. J'ai démissionné en septembre 2007, donc à peu près quatre, cinq semaines plus tard. Et c'était dans le dossier du Quartier des spectacles. Je suis allé exposer au maire Tremblay, et nos relations à ce moment-là étaient tendues, je dirais, à cause de notamment de ce dossier-là. Et je suis allé lui relater que les gens du milieu culturel – j'étais responsable de la culture au conseil exécutif, donc du comité des spectacles – et je lui ai relaté que des gens du milieu culturel avaient connaissance, me rapportaient qu'ils avaient connaissance du système de ristournes, de *kickback* si on veut, pour le parti du maire. Et là, j'ai dit au maire: «Gérald», parce qu'on se prénommait comme ça, j'ai dit: «Gérald, même les gens du milieu culturel qui sont à cent lieues de ces choses-là, qui ne font pas dans l'immobilier du tout, même si eux sont au courant de ce genre de ristournes-là et de cotes qui sont données sur des changements de zonages, pis de bâtiments à construire, *et cetera*, même si eux sont au courant alors qui sont même pas dans ce milieu-là, ça

veut dire que toute la ville à peu près le sait. » Et là, je lui ai dit :
« Écoutez, Gérald, y a un nom qui circule, y a un nom qui circule, là,
Bernard Trépanier, qui travaille pour vous, pour votre financement,
pour toi – parce que je le tutoyais –, pour le financement de ton
parti. Partout où je passe, c'est le même commentaire qui me
revient : Bernard Trépanier, trois pour cent, Bernard Trépanier,
trois pour cent, bang, bang, bang, bang ! C'est toujours la même
chose qui revient. Même le milieu culturel maintenant me... me
transmet ça. » Alors là, il a blanchi, Gérald Tremblay, il a blanchi.
Physiquement. Devenu pâle, pâle, pâle. Et je n'ai pas eu l'impression qu'il devenait pâle parce que je lui apprenais quelque chose.
Il est devenu pâle parce que j'ai nettement l'impression que je
venais de découvrir quelque chose. Et là, il s'est calé un peu dans
son fauteuil et m'a regardé de façon candide, m'a dit : « Tsé, Benoît,
en politique municipale – en parlant de Montréal –, c'est juste de
ça, c'est juste de ça. » Alors, quand j'entends le maire aujourd'hui
dire : « J'tais pas au courant, j'tais pas au courant, j'tais pas au
courant », j'ai des doutes.

— Vous parlez d'un système de ristournes, de *kickback*, donc
de rétribution, une ristourne. Expliquez-nous ce système-là, à
Montréal.

— Y a quatre listes qui y ont été faites par le parti au pouvoir.
La liste A, B, C, D. Et pour accéder, c'est comme au hockey, pour
accéder au premier, deuxième, troisième, quatrième trio.

— Des listes de quoi ?

— Oh, des fournisseurs de la Ville, en services, je sais pas moi,
d'ingénierie, d'asphalte, peu importe. Tous ceux qui sont suscep-
tibles de faire affaire avec la Ville. Alors, si on fait partie de la liste
A, c'est le premier trio, on a beaucoup plus de contrats.

— Des gros contrats ?

— Ben, les gros, peut-être pas que chacun des contrats est
immense, mais le total des contrats accordés pendant une année
donnée fait un bon, un très, très bon montant.

— Donc, les contrats les plus payants?

— Ou la somme des contrats, le total est plus payant. Alors, c'est comme ça que ça se passe. Et là, y a quelqu'un qui passe faire le tour des entreprises, la collecte présumée avant que les contrats s'octroient. Et c'est comme ça que le système fonctionne.

— Alors, vous dites que qui fait la tournée des entreprises pour réclamer un trois pour cent pour le parti?

— Ce que tout le monde me rapporte dans les entreprises, ce qui circule en ville et ça circule tellement, ça se recoupe tellement comme information, c'est, ce serait Bernard Trépanier.

— Qui va exiger directement trois pour cent de la valeur des contrats?

— C'est ce qu'on me raconte.

— Pour remettre directement au parti du maire Tremblay?

Labonté lève les mains au ciel, l'air de dire oui, mais de ne pas vouloir l'affirmer à voix haute.

— C'est ce qu'on raconte? insiste Marie-Maude.

— Ben, pour remettre au parti ou remettre à des individus, je sais pas. À partir du moment où c'est donné, moi, je ne sais pas où ça va, là.

— Est-ce qu'il y a des personnes qui, de ce trois pour cent-là, se prennent un pourcentage selon les informations que vous savez?

— Selon l'information que j'ai, oui.

— Qui? demande Marie-Maude, presque agressive.

— J'peux pas vous donner de noms là-dessus, je vais me faire poursuivre. Mais des élus.

— Des élus…

— Ouais.

— Pas des fonctionnaires?

— Des élus et des fonctionnaires.

— Qui touchent des montants importants ?

— Ça peut varier selon l'ampleur du contrat.

— Sous quelle forme ?

— Ben, on a eu un exemple qui a été public récemment, par exemple un voyage en Italie payé par un entrepreneur en construction à un haut fonctionnaire qui donnait des contrats. Ça peut être ça, ça peut être sous forme d'argent, ça peut être sous forme, je sais pas, de cadeaux à la limite. Je sais pas, moi, je ne suis pas policier, je ne fais pas enquête là-dessus. Je relate ce qui circule en ville, que personne ose dire à visage découvert. Mais la réalité, c'est ça, c'est un système à Montréal. C'est une ville qui a la gangrène.

Après une heure trente d'entrevue, tout le monde prend une pause. Marie-Maude et Labonté sont épuisés, mais la liste de points à aborder est encore longue. La journaliste sort de la pièce pour changer d'air, et son cellulaire sonne. Le *timing* est bon : c'est son patron, Tourangeau, qui l'appelle pour lui suggérer quelques questions supplémentaires auxquelles Marie-Maude n'avait pas songé.

La journaliste note quelques autres idées qui lui passent par la tête, puis retourne dans la salle. Labonté est prêt, et l'entrevue reprend sur-le-champ. Marie-Maude veut notamment savoir si ce que Labonté raconte s'est produit ailleurs qu'à Union Montréal, le parti de Gérald Tremblay.

— Non, non, dit Labonté. Écoutez, y a des histoires aussi chez Vision Montréal. On va aller chercher du financement, ça s'appelle «sectoriel» entre guillemets. Alors, on sait très bien que du financement sectoriel, c'est du financement de grandes entreprises. Ce qui est pas permis, on s'entend : seuls les individus ont le droit de contribuer. Mais du financement de grandes entreprises et, après ça, on ira chercher des prête-noms, pis on leur fera faire des chèques personnels, pis on va respecter la loi.

— Ça, on appelle ça le sectoriel?

— Ça, ça s'appelle, dans le langage interne, le sectoriel. Est-ce que ça se passe à Vision Montréal? Absolument. De moins grande ampleur parce que c'est pas le parti le mieux financé. C'est un parti qui a des dettes; c'est un parti qui ne vit pas avec beaucoup, beaucoup d'argent, mais c'est un principe qui existe dans tous les partis.

— Est-ce que vous seriez prêt à aller affirmer ça sous serment en cour ou dans une commission d'enquête publique?

— Je s'rais prêt à aller devant une commission d'enquête, en cour, pour relater que je l'ai entendu tellement de dizaines de fois que ça se peut pas que c'est pas vrai.

Une fois que Marie-Maude sent que la question du financement des partis politiques est vidée, elle aborde un autre élément important: la mafia.

— Au cours de tout ce qui a été révélé dans les dernières semaines sur Montréal, sur l'industrie de la construction, ça fait des mois, y a été beaucoup question du rôle de la mafia, de la mafia qui chapeaute un peu tout ça. Est-ce que c'est votre expérience, que la mafia n'est jamais bien loin?

— C'est très, très, très clairement mon impression. La mafia maintenant qui tourne autour des pouvoirs publics, c'est une mafia de cols blancs. On ne parle pas de la mafia de cols bleus, pis d'assassinats au café du coin dans un café donné, là. On parle de mafia de cols blancs. On parle de millions et de millions de contrats qui sont donnés tout à fait légalement, si on tient compte du processus, sont donnés tout à fait légalement à des compagnies tout à fait légales, enregistrées, qui servent, dans le fond, à pomper de l'argent des pouvoirs publics qui, après ça, va en cote à gauche et à droite. Ce que les policiers m'expliquaient, qui est assez intéressant là-dessus, mais tout ça est fait sous le couvert de compagnies tout à fait légales.

— Est-ce que les élus en parlent ouvertement de ça?

— Entre eux ? Oui.

Lors de leur promenade autour de la basilique, Labonté avait également affirmé avoir communiqué avec le premier ministre, Jean Charest, pour lui rapporter certaines rumeurs qui circulaient. Marie-Maude demande donc à Labonté de revenir sur cet épisode dans l'espoir qu'il répète ses propos devant la caméra.

— Je lui ai fait part des informations suivantes, commence Labonté, que j'avais eues à la fois de source politique et de source policière. Et là, on ne dérange pas un premier ministre avec pas grand-chose, mais je trouvais ça assez sérieux. Et les deux sources disaient que trois ministres avaient été sur le bateau de Tony Accurso. Alors, je voulais simplement l'informer de cette information-là.

— Quels ministres ?

— Hum ?

— Quels ministres ? répète Marie-Maude.

— Je peux pas les nommer. C'est pas à moi à les nommer.

— Et vous, vous avez eu cette information-là de source politique et de source policière.

— Exact.

— Et comment Jean Charest a réagi ?

— Écoutez, y a réagi avec beaucoup d'étonnement au téléphone. Pis y dit : « Écoute, j'en informe immédiatement… » Selon le souvenir que j'en ai, y dit : « Écoute, j'en informe immédiatement la Sûreté du Québec, pis on se redonne des nouvelles. » J'dirais une journée ou deux, trois tout au plus – je n'ai pas la date exacte –, le directeur de cabinet du premier ministre m'a téléphoné, Dan Gagnier, que je ne connais pas, mais à qui je parlais pour la première fois. Un appel très, très courtois. Il me disait qu'il faisait suite à la conversation que j'avais eue avec le premier ministre et qu'il avait… qu'il avait lui-même personnellement rencontré les trois ministres potentiellement concernés, qu'il les avait lui-même cuisinés en long et en large, questionnés en long et en large, et il me disait qu'il n'y a aucunement... tout a été nié, et y a eu aucune... Ces trois ministres nient formellement leur voyage sur le bateau d'Accurso. Alors, il dit : « Je voulais simplement vous informer, monsieur Labonté, du résultat de notre enquête interne. » Ben moi, j'ai dit : « Très bien, je vous remercie beaucoup pour le suivi, mais, moi, je maintiens ma version. »

Tranquillement, Marie-Maude approche de la fin de sa longue liste de questions. Il était temps : cela fait près de trois heures que l'entrevue dure et la journaliste commence à éprouver une sensation d'épuisement. Et elle n'est pas la seule : Labonté aussi a donné tout ce qu'il avait. Il lui reste toutefois quelques mots à dire avant que les caméras soient éteintes :

— C'est tellement gros, c'est tellement gangrené et, surtout, c'est tellement les mêmes joueurs qui sont autour... Et là, ça dépasse la Ville de Montréal, là. C'est tout le secteur, dans le fond, de la construction, des travaux publics. C'est rendu tellement gros, tellement gangrené, qu'y faut absolument en arriver à une enquête, à une enquête publique, dans les meilleurs délais. Ça s'impose. Et le vrai scandale pour moi, si ça continue, c'est pas LES scandales. Le vrai scandale, c'est de pas avoir d'enquête publique là-dessus. Alors, si le témoignage que je livre, ce soir, peut aider à faire... à des prises de conscience pis accélérer le nettoyage du système, ben, ce sera ma dernière contribution au service public et j'en serai heureux. Mais je le fais d'abord et avant tout pour moi. Pour moi.

Le calme retombe dans la pièce et Marie-Maude sent que le politicien est très émotif. Au lieu de le relancer, elle laisse le silence faire son œuvre. En entrevue, le silence est parfois plus efficace que des questions pour obtenir des réponses : bien des gens ne peuvent le supporter et parlent simplement pour le briser. Mais comme Labonté demeure silencieux, Marie-Maude le remercie pour l'entretien. L'homme fait de même, puis demande s'il pourrait être seul quelques instants. La journaliste accepte de bon cœur. Si elle reste critique devant les actions passées du politicien, elle n'en demeure pas moins sensible au drame humain qu'il traverse. Au cours des derniers jours, sa carrière s'est effondrée et, avec l'entrevue de ce soir, il se fera de nombreux ennemis. La vie qu'il connaissait n'existe plus.

Avec le reste de l'équipe, Marie-Maude se dirige vers la sortie, pousse la porte… et tombe nez à nez avec un enquêteur de la Sûreté du Québec.

20
UNE POURSUITE D'ANTONIO ACCURSO

« *Là, tu ne retournes plus aux faits divers, plus jamais.* »

Pierre Tourangeau à Marie-Maude Denis

Vers 23 h, la voiture de Marie-Maude file sur le pont Pierre-Laporte en direction sud, un véhicule banalisé de la Sûreté du Québec sur les talons. Insouciante de la proximité des policiers et de l'heure tardive, la journaliste prend son BlackBerry et compose le numéro d'Isabelle Richer.

— Tu devineras jamais ce qui m'arrive. Je roule vers Montréal, j'ai les trois cassettes de l'entrevue avec Labonté à côté de moi et y a deux agents de la SQ qui m'escortent en voiture !

— Hein ?

Marie-Maude, qui elle-même n'en revient pas, entreprend de raconter la tournure des événements. Son récit est ponctué par les rires, les exclamations et les « ben voyons donc » d'Isabelle Richer.

Plus tôt dans la journée, lorsque Labonté avait accepté d'accorder une entrevue devant la caméra, le politicien avait émis une condition particulière : il souhaitait se confier à la police après l'entretien. Mais pas question d'appeler lui-même à la Sûreté du Québec pour parler à un réceptionniste, puis à un agent aléatoire. Il requérait l'aide de Marie-Maude pour qu'elle trouve la bonne personne à qui s'adresser.

Emballée à l'idée de faire l'entrevue avec Labonté, Marie-Maude s'est empressée d'accepter. Elle a donc appelé une de ses relations à la Sûreté du Québec pour expliquer qu'un témoin mystère de grand intérêt voulait s'entretenir avec la police en soirée à Québec. Ce n'est que lorsqu'on lui a assuré qu'un enquêteur se déplacerait que la journaliste s'est rendue au Château Bonne Entente pour préparer l'entretien.

Marie-Maude croyait que la Sûreté n'aurait d'yeux que pour le fameux témoin mystère. Quand le policier s'est présenté à elle, à sa sortie de l'entrevue avec Labonté, elle a donc répondu que le politicien avait besoin de quelques minutes pour se remettre, puis qu'il serait prêt à parler. À la grande surprise de la journaliste, c'est à elle que l'agent s'est intéressé : il voulait faire une évaluation de sécurité avec elle.

Les reportages diffusés par *Enquête* jeudi dernier ont eu l'effet d'une petite bombe, non seulement dans l'opinion publique, mais aussi dans le milieu de la construction. Et certains gros joueurs sont sans doute mécontents, si bien que des inquiétudes commencent à planer autour de la sécurité des journalistes.

Prise dans le tourbillon des réactions sur les reportages, puis par l'affaire Labonté, Marie-Maude n'a pas eu le temps de réfléchir à d'éventuelles menaces. Et lorsque l'enquêteur lui a demandé si elle avait peur, ce n'est pas à sa personne que la journaliste a pensé, mais aux trois cassettes contenant l'entrevue avec Labonté. Elle devait les rapporter à Montréal au plus vite et sa plus grande crainte, quoiqu'un peu irrationnelle, était que quelque chose leur arrive en chemin.

L'enquêteur l'a gentiment écoutée, puis lui a offert ce qu'elle n'aurait jamais osé demander : une escorte policière jusqu'à l'autoroute 20.

— Et c'est pas tout! poursuit Marie-Maude au cellulaire. Tourangeau m'a appelée après l'entrevue avec Labonté. Il m'a dit: «Bravo, ma chouette, tu as bien fait ça.»

Sur le coup, la journaliste n'a pas compris. Un: son patron venait de l'appeler «ma chouette». Deux: comment pouvait-il savoir qu'elle a «bien fait ça»? Personne n'avait vu l'interview, elle avait les cassettes dans les mains! Son patron lui a alors tout expliqué: l'entrevue avec Labonté était retransmise en direct dans la salle de conférence d'*Enquête* et lui, Jean Pelletier, Claudine Blais et Alain Gravel ont tout écouté.

Lorsque Tourangeau l'avait appelée pendant la pause avec Labonté pour suggérer de nouvelles questions, ce n'était pas une affaire de bon synchronisme. Son patron savait tout simplement que c'était le moment ou jamais de communiquer avec sa journaliste.

— Une chance que je ne savais pas ça! confie Marie-Maude à Isabelle Richer. T'imagines comment j'aurais été stressée en sachant que les *boss* m'écoutaient!

— J'en reviens pas!

— Moi non plus! Eille, faut que je te laisse, j'arrive à Saint-Nicolas et c'est ici que mon escorte policière doit me laisser.

Marie-Maude raccroche, prend la sortie vers la petite banlieue, puis s'arrête dans le stationnement d'une chaîne de restauration rapide où son escorte la rejoint. La journaliste remercie les deux policiers et insiste pour leur offrir quelque chose à boire avant de repartir. Elle-même s'achète un grand café filtre – même si elle aurait préféré un espresso. Elle aura besoin de beaucoup de caféine pour rester éveillée jusqu'à Radio-Canada à Montréal, car pas question de rentrer chez elle pour l'instant. Elle veut absolument commencer le montage de l'entrevue avec Labonté cette nuit afin de la diffuser le plus rapidement possible demain, jeudi.

Vers 2h, lorsque les lumières de la métropole apparaissent enfin à l'horizon, Marie-Maude doit toutefois se rendre à l'évidence:

elle est brûlée. À contrecœur, elle prend la direction de la maison pour quelques heures de sommeil non seulement bien méritées mais nécessaires. Et à 6 h, après une courte nuit, elle débarque à Radio-Canada avec les précieuses cassettes.

Marie-Maude passe la journée enfermée dans une minuscule salle de montage avec Pierre Tourangeau. En temps normal, un compte rendu écrit de l'entrevue aurait été fait, puis les meilleurs extraits auraient été sélectionnés à tête reposée avant de procéder au montage. Aujourd'hui, la petite équipe n'a pas ce luxe. Radio-Canada doit sortir cette entrevue le plus rapidement possible tandis que l'affaire Labonté est encore d'actualité.

Ensemble, Marie-Maude et Tourangeau écoutent le matériel d'un coup en choisissant les passages les plus pertinents au fur et à mesure que les cassettes tournent. Ils doivent préparer deux versions de l'entretien : la première, diffusée au *Téléjournal* de 18 h, doit durer environ cinq minutes ; la deuxième, pour l'émission *24 heures en 60 minutes*, à 19 h, doit compter une trentaine de minutes. Pas facile de raccourcir autant en partant d'une entrevue de trois heures !

Et tandis qu'ils montent l'entrevue, une petite bombe médiatique éclate à peine quelques rues à l'est des locaux de Radio-Canada, au quartier général de la Sûreté du Québec.

• • •

Le communiqué de presse émis par le ministère de la Sécurité publique se lit comme suit :

**« Actes criminels dans le secteur de la construction
– La Sûreté du Québec lance l'Opération Marteau**

« Montréal, le jeudi 22 octobre 2009 – *Le ministre de la Sécurité publique, M. Jacques P. Dupuis, le ministre du Travail, M. Sam Hamad, le ministre du Revenu, M. Robert Dutil, ont annoncé aujourd'hui de nouvelles mesures au* regard des allégations d'actes criminels dans le secteur de la construction.

« Le ministre Dupuis a annoncé la mise sur pied de l'Opération Marteau par la Sûreté du Québec. Ainsi, la Sûreté du Québec assignera 24 policiers et 14 employés civils spécialisés. Ces effectifs travailleront de concert avec les 20 personnes de l'équipe mixte sur la malversation mise en place le 13 septembre dernier.

« L'escouade spéciale s'attaquant à la corruption et à la malversation comptera donc 60 personnes de la Sûreté du Québec, dont 43 policiers, auxquelles viennent s'ajouter 11 ressources des poursuites criminelles et pénales, ainsi que des représentants de la Gendarmerie royale du Canada, de la Régie du bâtiment du Québec et de la Commission de la construction du Québec. De plus, le Bureau de la concurrence du Canada collaborera étroitement avec cette nouvelle escouade. Au total, c'est plus de 26,8 M$ qui seront consacrés à la mise sur pied de cette opération.

« "Comme nous l'avons déjà dit, la situation que nous connaissons présentement est préoccupante et inacceptable, et c'est pourquoi nous prenons les moyens nécessaires pour que cesse ce genre de comportement. Aujourd'hui, par l'annonce de ces nouvelles mesures et la mise sur pied de l'Opération Marteau, nous nous assurons que la Sûreté du Québec puisse déployer tous les efforts nécessaires afin de mener à bien les enquêtes déjà amorcées", a ajouté M. Dupuis. »

Le communiqué continue en indiquant qu'une ligne 1-800 a été lancée aujourd'hui même pour permettre aux « témoins d'abus ou de fraudes dans l'industrie de la construction de porter plainte aux autorités en parlant directement à un enquêteur policier », et ce, en toute sécurité et confidentialité.

Lors de la conférence de presse, diverses modifications législatives ont également été proposées. Si elles sont adoptées par le Parlement, les entrepreneurs reconnus coupables de corruption ou de collusion ne pourront plus obtenir de contrats du gouvernement. La Régie du bâtiment du Québec pourrait même retirer la licence d'un entrepreneur si un actionnaire de ce dernier a été condamné pour une infraction criminelle.

L'annonce de la création de l'Opération Marteau survient une semaine jour pour jour après la diffusion de l'émission d'*Enquête* avec François Beaudry et Lino Zambito, alors que l'ensemble des médias québécois dévoilaient depuis des mois des allégations de corruption et de collusion dans l'industrie de la construction. Les derniers reportages d'Alain et Marie-Maude ont-ils fourni l'électrochoc qui manquait aux cercles du pouvoir pour agir ? Qu'importe ce qui a convaincu le gouvernement de bouger, la réaction des libéraux n'est pas celle escomptée par la majorité.

Le matin même, un sondage de Léger Marketing réalisé pour *Le Journal de Montréal* et TVA révélait que « pas moins de 76 % des Québécois souhaitent que le gouvernement du Québec mette sur pied une commission d'enquête publique sur la série d'allégations de corruption et de collusion qui font les manchettes depuis plusieurs mois ».

Un peu plus tard dans la journée, alors que des rumeurs couraient sur la création d'une escouade spécialisée dans la lutte contre la corruption, Guy Chevrette confiait à *La Presse* que le Québec aurait plutôt besoin d'une commission d'enquête publique. L'ex-ministre péquiste et ancien membre de la commission Cliche soulignait notamment que, contrairement aux policiers, une commission d'enquête peut contraindre des personnes à témoigner.

Après la conférence de presse, la candidate à la mairie de Montréal, Louise Harel, déclare vouloir une enquête publique, tout comme le Parti québécois. Au quotidien *Le Devoir*, Amir Khadir, député de Québec solidaire, affirme qu'« une escouade policière se limite à désigner des coupables, sans s'attaquer aux racines du problème ». Bref, si l'escouade Marteau représente un pas dans la bonne direction, cela demeure insuffisant aux yeux de bien des gens.

Parmi les rares voix discordantes figure l'Association de la construction du Québec. Dans un communiqué émis en fin de journée, elle dit se réjouir « de la création d'une escouade spécialisée qui aura pour mandat d'enquêter sur les allégations de collusion lors d'appels d'offres dans l'industrie de la construction et maintient toutefois son désaccord à l'instauration d'une commission d'enquête ».

Évidemment, la nouvelle parvient jusqu'à Marie-Maude dans son local de montage. La journaliste n'y accorde toutefois pas trop d'attention. Elle doit se concentrer sur Labonté, car Radio-Canada a déjà commencé à annoncer, sur ses chaînes télé et radio, la diffusion de l'entrevue avec le politicien déchu.

À 18 h, elle se trouve comme prévu sur le plateau du *Téléjournal* pour l'ouverture du bulletin d'informations. Après son topo, elle n'a littéralement que quelques pas à franchir dans le CDI pour se rendre à *24 heures en 60 minutes*. Le titre de l'émission induit toutefois en erreur : exceptionnellement aujourd'hui, le magazine durera 120 minutes et sera entièrement consacré à Labonté. Une longue série d'invités sont présents pour commenter la nouvelle, dont les journalistes Nathalie Collard, Josée Boileau, Jacques Duchesneau, ex-directeur du Service de police de la Communauté urbaine de Montréal et ex-candidat à la mairie de Montréal, et, évidemment, des membres des trois principaux partis municipaux. « Vous vous apprêtez à mettre un menteur en ondes », s'indigne Diane Lemieux, la chef de cabinet du maire de l'époque, Gérald Tremblay, quelques minutes avant la diffusion de la version longue de l'entrevue avec Labonté.

L'interminable journée de Marie-Maude ne s'arrête toutefois pas après *24 heures en 60 minutes*. Avec Gravel, elle est attendue sur le plateau de *Tout le monde en parle*, où ils ont été invités à la dernière minute. Signe que le sujet de la corruption et de la collusion est sur toutes les lèvres, c'est la deuxième fois en près de six mois que les deux journalistes assistent à la messe télévisuelle du Québec.

Tandis qu'ils répondent aux nombreuses questions de Guy A. Lepage, des centaines de milliers de téléspectateurs écoutent le *Téléjournal* de 22 h. En quelques secondes, Céline Galipeau résume une journée lourde en rebondissements.

— Bienvenue au *Téléjournal*. Ce soir, un homme qui n'a plus rien à perdre brise l'omerta.

> Extrait du reportage avec Benoît Labonté : « Est-ce qu'il y a un système mafieux qui gère la Ville de Montréal ? La réponse, c'est oui. »

— Benoît Labonté vide son sac et implique beaucoup de monde. Une entrevue exclusive.

> Extrait du reportage avec Benoît Labonté : « La réalité, là, pis c'est vrai dans tous les partis, au municipal, au provincial – y a pas un parti qui fait exception –, c'est qu'y a de l'argent qui se ramasse *cash* et qui est donné à des prête-noms. »

Indicatif musical

— Encore le bateau de Tony Accurso. Jean Charest dément que des ministres y ont séjourné.

> Extrait d'une entrevue avec Jean Charest : « Les noms ont déjà été évoqués. Il s'agissait de Julie Boulet, de Norm MacMillan et de David Whissell. On a vérifié auprès de ces personnes-là et, dans les trois cas, l'information est fausse. »

Indicatif musical

> Extrait d'une entrevue avec Jacques Dupuis : « J'ai dit que la patience, a l'a des limites. »

— Gestion de crise. Une escouade spéciale pour l'industrie de la construction : l'Opération Marteau.

> Extrait d'une entrevue avec Jacques Dupuis : « Je m'attends à ce que la Sûreté du Québec prenne tous les moyens qui

sont à sa disposition pour démasquer les gens qui contournent le système. »

Fin de l'introduction.

Voilà le type d'entrée en matière qui donne envie de rester collé devant son petit écran jusqu'au générique.

• • •

Une grasse matinée aurait été plus que justifiée pour Marie-Maude en ce vendredi. La veille, l'enregistrement de *Tout le monde en parle* a été fidèle à sa réputation d'interminable et la journaliste a quitté la tour de Radio-Canada passé minuit. Cela ne l'a pas empêchée d'allumer la télé en arrivant à la maison pour écouter LCN, ni de rentrer tôt au boulot ce matin, telle une véritable accro à l'information. Elle n'a toutefois aucune idée de ce qui l'attend aujourd'hui.

En théorie, elle devrait être aux faits divers depuis lundi dernier, sauf que l'affaire Labonté a tout chamboulé. Doit-elle se présenter au CDI pour voir ce que le responsable des affectations a pour elle ou doit-elle travailler sur les répercussions de son entrevue avec Labonté ? Incertaine, elle se dirige jusqu'au bureau de Pierre Tourangeau.

Le patron est assis à sa table de travail, le nez plongé dans un document et les yeux cachés par ses immenses sourcils broussailleux blanc et gris. En entendant Marie-Maude approcher, il lève la tête et invite de sa grosse voix la journaliste à fermer la porte et à s'asseoir.

Son patron ne passe pas par quatre chemins : « Là, tu ne retournes plus aux faits divers, plus jamais. »

• • •

À l'insu de Marie-Maude, de nombreux jeux de coulisses ont eu lieu à son sujet au cours des dernières semaines à Radio-Canada. Alain, notamment, ne manquait pas une occasion de souligner le talent de la jeune journaliste et insistait régulièrement auprès de Jean Pelletier pour qu'elle reste à *Enquête*. Le grand patron de l'émission d'affaires publiques n'avait pas besoin de se faire convaincre : lui-même reconnaît en Marie-Maude une reporter hors du commun. La transférer à *Enquête* était cependant hors de son pouvoir, puisqu'elle est rattachée à la salle des nouvelles. Jean serait peut-être parvenu à persuader Tourangeau de s'en départir s'il avait été le premier à dépister les facultés de la journaliste. Le hic, c'est qu'elle avait effectué un travail remarquable aux faits divers et que tous au CDI avaient hâte qu'elle revienne, Tourangeau le premier.

Pour satisfaire tout le monde, il aurait fallu que Marie-Maude soit à deux endroits en même temps. Impossible ? Pas pour Jean Pelletier.

Depuis de nombreux mois, il avance l'idée de créer un module d'enquête qui allierait les forces de la salle des nouvelles à celles du magazine d'affaires publiques. Le principe est simple : permettre aux journalistes d'*Enquête* de faire des topos pour les bulletins d'informations et à ceux du CDI de faire des reportages à *Enquête*.

Il arrive régulièrement qu'un journaliste d'*Enquête* tombe sur une bonne primeur, sans pour autant avoir assez de matériel pour tenir pendant 15 minutes. Ou encore qu'un collègue de la salle des nouvelles déniche une piste prometteuse, sans disposer du temps nécessaire pour réaliser un reportage fouillé. Ce ne sont toutefois pas tous les reporters qui, comme Marie-Maude, ont l'initiative ou le luxe de défoncer les portes pour obtenir les ressources nécessaires afin de creuser leur sujet. Un module d'enquête fournirait à ces personnes un chemin officiel à emprunter et optimiserait les chances de Radio-Canada de décrocher des exclusivités.

Le module fournirait aussi un avantage supplémentaire pour *Enquête* : diminuer les risques de se faire devancer par un autre média. Rien n'est plus frustrant que de travailler pendant des mois sur un sujet et de voir un journal ou une autre chaîne sortir l'histoire quelques jours plus tôt. Cela s'avère d'autant plus fâchant lorsque le reporter sent la soupe chaude. Imaginez : une source vous appelle pour vous dire qu'un journaliste de *La Presse*, par exemple, vient de le questionner sur le sujet que vous creusez. Votre reportage télé doit être diffusé dans cinq jours et, comme écrire un texte est beaucoup plus rapide que de produire une vidéo, *La Presse* pourrait très bien publier l'histoire d'ici là. Pire, vous n'avez aucun moyen de devancer la diffusion et êtes condamné à croiser les doigts en attendant. Avec le module d'enquête, si un journaliste sentait que la concurrence est sur ses talons, il n'aurait qu'à aller au *Téléjournal* pour présenter une version abrégée de son reportage... et en profiter pour annoncer la diffusion prochaine de la version longue.

Les arguments de Jean Pelletier ont convaincu les membres de la direction de Radio-Canada et le module d'enquête est en vigueur dès aujourd'hui, explique Tourangeau à Marie-Maude Denis. S'il faudra plusieurs mois avant que le système soit rodé comme il se doit, cela signifie que Marie-Maude peut retourner aux côtés d'Alain Gravel dès maintenant. Et pour de bon.

• • •

La dernière semaine n'a pas seulement été folle pour Marie-Maude Denis, mais pour toute l'équipe d'*Enquête*. À 16 h vendredi, les bureaux de l'émission se vident tranquillement tandis que les gens quittent le bureau pour un week-end de repos bien mérité. Alain a hâte de rentrer chez lui, comme les autres, d'autant plus qu'il est encore fatigué du tournage de la veille pour *Tout le monde en parle*. Les lunettes sur le bout du nez, il termine la révision d'un scénario de reportage afin de partir l'esprit tranquille. Il ne lui reste que quelques lignes à lire lorsque son téléphone sonne. C'est la réception de Radio-Canada ; un huissier l'attend à l'accueil pour lui remettre un document.

Alain lève les yeux au ciel en jurant. « Bon, qu'est-ce que j'ai fait cette fois ? », se demande-t-il en marchant vers l'accueil. Au moins une fois par mois, un huissier vient porter une mise en demeure qui somme *Enquête* de se rétracter sur tel ou tel sujet, faute de quoi des procédures judiciaires seront entreprises contre

Radio-Canada. Question de tourner le fer dans la plaie – et c'est l'objectif souhaité par les avocats –, ces missives arrivent presque toujours le vendredi, vers 16 h.

La plupart du temps, il ne s'agit que d'une tentative d'intimidation et les menaces sont rarement mises à exécution. Les journalistes le savent, mais cela n'empêche pas le doute ou la peur de s'installer dans leur esprit. « Ai-je commis une erreur dans mon reportage? Est-ce qu'ils vont vraiment me poursuivre? » Voilà le genre de questions qui gâchent un week-end.

Arrivé à l'accueil, Alain signe le reçu de l'huissier, puis ouvre l'enveloppe adressée à son nom en se promettant de ne pas se laisser ébranler par son contenu. Sauf que ce n'est pas une mise en demeure: c'est une poursuite d'Antonio Accurso.

REQUÊTE INTRODUCTIVE D'INSTANCES EN DOMMAGES POUR DIFFAMATION

(Art. 110 et ss. C.P.C.)

AU SOUTIEN DE SA DEMANDE, LE DEMANDEUR EXPOSE RESPECTUEUSEMENT CE QUI SUIT:

1. *Le demandeur est ingénieur de formation et père de quatre enfants dont trois travaillent pour ses entreprises;*

2. *Il est l'un des administrateurs et actionnaires de différentes compagnies, dont Simard-Beaudry Construction inc. et Constructions Louisbourg ltée, entreprises qui emploient plusieurs milliers de personnes au Québec en certaines périodes de l'année;*

3. *Le défendeur est journaliste à l'emploi de la défenderesse;*

4. *La défenderesse est une société d'État canadienne qui a, entre autres, pour but d'informer les Canadiens;*

5. *Comme les défendeurs le savaient pertinemment, le demandeur était particulièrement soucieux de conserver sa vie privée et, à titre d'exemple, il n'a jamais consenti à accorder des entrevues à des journalistes pendant toute sa carrière;*

6. *Le 24 septembre 2009, à 20 h, la défenderesse a télé-diffusé à Radio-Canada pendant environ une heure une émission nommée* Enquête *animée par le défendeur Alain Gravel, le tout tel qu'il appert de la copie de l'enregistrement de ladite émission produite au soutien des présentes sous la cote P-1;*

7. *Au cours des deux premières parties de cette émission, les défendeurs ont sciemment, de mauvaise foi et dans l'intention de nuire, procédé à une attaque en règle de la réputation du demandeur;*

8. *Par leur choix des titres, leurs commentaires, leurs questions, les invités choisis et le montage de l'émission, les défendeurs ont sciemment cherché, lors de l'émission concernée, à dégager auprès des téléspectateurs une impression générale déterminante à l'effet que le demandeur était un criminel ou à tout le moins une personne très douteuse et très peu fréquentable;*

9. *Les défendeurs ont ainsi sciemment violé les droits du demandeur à sa réputation prévus, entre autres, à l'article 4 de la Charte des droits et libertés de la personne L.R.Q., ch. C-12;*

10. *De plus, les défendeurs n'ont pas, au cours des deux premières parties de ladite émission, respecté la vie privée du demandeur. Ils ont montré son image, fait entendre sa voix, montré ses relations d'affaires et personnelles ainsi que son bateau;*

11. *Les défendeurs ont ainsi sciemment porté atteinte au droit de la vie privée du demandeur protégé par l'article 5 de la Charte des droits et libertés de la personne;*

12. *Aucun fait rapporté lors de ladite émission* Enquête *n'autorisait les défendeurs à attaquer la réputation et à porter atteinte à la vie privée du demandeur;*

13. *Ladite émission* Enquête, *plusieurs fois annoncée, a été vue par de nombreux téléspectateurs et a fait l'objet de bulletins de nouvelles de la défenderesse, le tout tel qu'il sera démontré lors de l'enquête;*

14. *Suite à la conduite malveillante et abusive des défendeurs, le demandeur a subi les dommages suivants pour lesquels il réclame compensation:*

 - *À titre de dommages subis pour atteinte à sa réputation et pour le non-respect de sa vie privée: 2 000 000 $*

 - *À titre de dommages exemplaires et punitifs pour atteinte illicite et intentionnelle à sa réputation et à sa vie privée: 500 000 $*

15. *En plus du paiement des sommes réclamées, le demandeur réclame qu'il soit ordonné aux défendeurs, dans les termes et le cadre à être déterminés par cette honorable Cour, de présenter publiquement leurs excuses au demandeur;*

16. *La présente requête est bien fondée en fait et en droit.*

C'EST POURQUOI, VOUS PLAISE:

ACCUEILLIR *la présente requête;*

CONDAMNER *les défendeurs solidairement à payer au demandeur la somme de 2 500 000 $ avec intérêts au taux légal plus l'indemnité additionnelle prévue à l'article 1619 du Code civil du Québec, et ce, à compter de l'assignation;*

ORDONNER *aux défendeurs, dans les termes et le cadre à être déterminés par cette honorable Cour, de présenter publiquement leurs excuses au demandeur pour les dommages qu'ils lui ont causés lors de l'émission* Enquête *du 24 septembre 2009;*

Le tout avec dépens.

Pas facile d'avoir l'esprit tranquille pour le week-end après ça!

21

DES JOURNALISTES VICTIMES DE MENACES

« *L'équipe de l'émission* Enquête *a respecté les Normes et pratiques journalistiques de Radio-Canada.* »

Julie Miville-Dechêne, ombudsman

Novembre arrive en même temps que les élections municipales. Partout dans la province, les Québécois se déplacent pour noircir un bulletin de vote afin de choisir leur maire et leur conseiller. Vu les allégations de collusion et de corruption qui touchent plusieurs villes, dont Montréal, nombreux sont ceux qui prédisent un taux de participation supérieur à la normale. Pourtant, à peine 45 pour cent des électeurs se rendent aux urnes, soit sensiblement le même taux qu'en 2005. Un résultat qui s'explique peut-être par le cynisme de certains devant les allégations sur le financement des partis et l'octroi des contrats publics, déclare le directeur général des élections du Québec, le lendemain du vote.

Sans surprise, la mairesse de Boisbriand, Sylvie Saint-Jean, a perdu au profit de Marlene Cordato. Avant le reportage d'*Enquête* sur la tentative de Lino Zambito d'arranger le scrutin, Sylvie Saint-Jean se dirigeait vers une réélection facile. À Montréal, Gérald Tremblay a été réélu à la mairie; il était pourtant sur la sellette depuis quelques mois, notamment en raison du prétendu séjour de l'ex-président du comité exécutif de la Ville de Montréal sur le bateau de Tony Accurso. Le dernier sondage plaçait d'ailleurs Tremblay au bas de la liste, derrière Louise Harel et Richard Bergeron.

Certains membres de l'équipe d'*Enquête* sont déçus par la participation citoyenne. Avec tous les reportages qu'ils ont faits au cours de 2009, ils croyaient que les gens se rendraient massivement aux urnes. Pas question de se décourager pour autant. Alain, Marie-Maude et Monique suivent déjà de nouvelles pistes, d'autres journalistes de l'équipe commencent à s'intéresser au milieu de la construction et les prochains reportages s'annoncent percutants.

Mais pour le moment, Gravel a la tête ailleurs. Il se trouve dans le bureau de l'ombudsman de Radio-Canada, Julie Miville-Dechêne.

L'ombudsman de Radio-Canada a convoqué Gravel aujourd'hui pour obtenir sa version des faits concernant la plainte déposée à son sujet par le Fonds de solidarité FTQ en août dernier. L'organisation reproche notamment au journaliste d'avoir truqué un enregistrement téléphonique de Michel Arsenault, d'avoir communiqué une information inexacte et d'avoir été partial dans ses reportages diffusés à *Enquête* et aux diverses émissions de Radio-Canada. Pendant un moment, Alain et Marie-Maude – qui est également nommée dans le document – ont cru que le dossier ne serait pas traité. Il y avait des rumeurs de poursuites dans l'air, et l'ombudsman refuse systématiquement d'intervenir dans les cas où des procédures judiciaires sont entreprises. Fin octobre, l'avocat du Fonds, maître André Ryan, a toutefois assuré qu'il ne comptait pas recourir aux tribunaux et le traitement de la plainte a été repris.

Comme à l'habitude, le service de l'information de Radio-Canada a d'abord répliqué en justifiant par écrit la manière de faire de ses journalistes. Le Fonds s'est alors déclaré insatisfait de la réponse et a demandé à Julie Miville-Dechêne de procéder à une révision.

Assis dans le bureau de Julie Miville-Dechêne, l'animateur est inquiet. La rencontre avait pourtant bien commencé. Gravel répondait patiemment aux questions, persuadé que l'ombudsman pencherait en sa faveur une fois les faits en main. Sa certitude était d'autant plus grande que les allégations n'ont fait que s'accumuler depuis le dépôt de la plainte. Mais après un moment, le journaliste a eu l'impression que Miville-Dechêne n'était pas satisfaite de ses réponses.

L'ombudsman affirme posséder toutes les informations dont elle a besoin et indique au journaliste que la rencontre est terminée. Gravel quitte la salle la mort dans l'âme, persuadé qu'il se dirige vers un blâme.

Ici, une révision défavorable envers Alain n'aurait pas de conséquences financières. Il ne serait ni suspendu ni muté à un autre poste. Par contre, il risque de perdre ce qu'il possède de plus précieux dans la profession : sa crédibilité. Et il n'est pas seul dans le bateau. Si, après les multiples reportages sur la FTQ, la plainte est retenue, Marie-Maude Denis, Jean Pelletier, *Enquête* et même le service de l'information de Radio-Canada perdraient la face.

Alain Gravel est inquiet. Il ne pourrait imaginer un pire moment. La poursuite d'Accurso et les multiples révélations sorties par *Enquête* au cours des derniers mois n'ont fait qu'accentuer la pression sur les épaules de l'animateur. Plus que jamais, il doit renvoyer une image de confiance et d'intégrité… et voilà que celle-ci pourrait s'envoler en fumée.

Jamais, de toute sa carrière, il n'a autant travaillé pour vérifier, vérifier et contre-vérifier l'information. Si seulement il pouvait dire à Julie Miville-Dechêne tout ce qu'il sait. Elle réaliserait alors que les reportages de Gravel sont non seulement rigoureux, mais qu'ils ne racontent qu'une infime partie de ce qui se passe. Alain pense, entre autres, aux échanges qu'il a eus avec le relationniste du Fonds.

— J'ai un *tape* où t'entends Laverdière me dire qu'Arsenault est en croisière dans les Antilles avec sa femme. Pis j'ai un autre *tape* où le même gars m'affirme qu'il ne m'a *jamais* dit ça.

— Tu as les enregistrements ? demande Jean Pelletier d'un ton flegmatique.

— Ben oui, répond Alain comme si c'était une banalité.

— Et j'imagine que tu les as fait écouter à Miville-Dechêne ?

— Non.

— MAIS QU'EST-CE QUE TU ATTENDS ?!? s'exclame le patron. FAIS-LUI ÉCOUTER !!!

• • •

Pierre Tourangeau et Alain Saulnier, le directeur général de l'information à Radio-Canada, terminent une conférence devant les employés de la société d'État à Ottawa et quelques personnes s'approchent des deux cadres pour échanger quelques mots. Au cours de leur allocution, ils n'ont cessé de citer en exemple Marie-Maude Denis et Alain Gravel pour motiver les troupes dans la capitale.

Légèrement nerveux, Michel Denis attend le bon moment, un peu en retrait. Lorsque les derniers curieux s'éloignent, il serre la main d'Alain Saulnier, avec qui il a déjà travaillé par le passé, et se présente à Pierre Tourangeau. Il est réalisateur à la radio d'Ottawa et c'est aussi le père de Marie-Maude Denis.

Les deux patrons l'accueillent tout sourire et soulignent, une fois de plus, le travail exceptionnel accompli par sa fille. Michel répond en être très fier, puis pose la question qui le hante depuis quelques semaines : « Est-ce qu'il y a de la sécurité autour de Marie-Maude ? »

Le réalisateur connaît bien sa fille. Celle-ci fonce tête baissée dans tout ce qu'elle entreprend, parfois sans trop réfléchir aux conséquences. Et bien que Marie-Maude évite de trop lui en dire, il sait lire entre les lignes et il en comprend que certaines sources de sa fille ne sont pas des anges, loin de là. Même chose pour les personnes qu'elle dénonce dans ses reportages.

Aujourd'hui, son cœur de père a peur. Il a peur qu'elle rentre chez elle et retrouve son chien mort en signe d'avertissement. Il a peur que quelqu'un s'en prenne à elle lorsqu'elle quitte Radio-Canada tard le soir, après une journée de montage, ou Dieu sait quoi encore.

Michel Denis serait d'autant plus craintif si Marie-Maude lui avait raconté certains faits récents. Il y a quelques jours, elle a reçu un appel étrange d'une femme qui disait être une employée du palais de justice de Montréal. Elle demandait des informations personnelles afin de lui envoyer un document. Méfiante, Marie-Maude s'est mise à poser des questions et s'est fait raccrocher la ligne au nez. En utilisant le numéro sur son afficheur, la journaliste a effectué des recherches pour découvrir que « l'employée du palais de justice » l'appelait en réalité depuis les bureaux d'une compagnie de sécurité privée.

Alain Gravel n'est pas en reste. Dernièrement, une jeune femme suspecte a sonné à la porte de sa maison tandis qu'une voiture en marche attendait devant l'entrée, prête à partir en trombe. Comme personne ne répondait, la dame a fini par retourner dans la voiture, non sans inquiéter Alain et sa compagne.

Ces deux incidents auraient été anodins s'ils n'avaient été précédés de divers « messages », comme les appelle Alain. Certaines de leurs relations leur répètent constamment d'être très prudents, car des menaces circulent autour d'eux dans divers milieux. Une personne a même dit à une source d'avertir Alain « qu'il prendrait sa retraite bientôt ».

Alain et Marie-Maude se doutent qu'ils sont surveillés ou, à tout le moins, que des gens en savent beaucoup sur eux. Après tout, les outils utilisés par l'équipe d'*Enquête* pour fouiller la vie de leurs cibles sont, pour la plupart, accessibles à tous. Rien n'empêche leurs adversaires de s'en servir contre eux. Et s'ils sont prêts à employer des méthodes illicites, qui sait ce qu'ils peuvent trouver de plus ?

Toutes ces craintes, Alain et Marie-Maude les gardent pour eux. Ils ne veulent pas inquiéter leurs collègues et leurs proches inutilement, pas plus qu'ils ne souhaitent aller sur la place publique pour jouer les victimes. Cela n'est toutefois pas suffisant pour empêcher Michel Denis de se faire du mauvais sang.

Devant Tourangeau et Saulnier, le réalisateur propose quelques mesures de sécurité simples qui pourraient le rassurer. Il sent que les deux patrons sont réceptifs à ses demandes et il n'a pas tort. Quelques heures plus tard, Marie-Maude reçoit un appel surprenant des deux cadres. Ces derniers veulent contacter le Service des ressources humaines afin de vérifier ce qui peut être fait pour améliorer la sécurité de la journaliste.

• • •

Une fois de plus, Alain monte dans le bureau de Julie Miville-Dechêne, mais, cette fois, il a avec lui les deux enregistrements de Laverdière, le relationniste de Michel Arsenault. Après des salutations courtoises, Alain explique la nature des discussions qu'il a eues avec Laverdière. Dans les deux cas, le journaliste souhaitait vérifier certaines informations de manière indirecte après du relationniste et, dans les deux cas, les enregistrements n'ont jamais été diffusés en ondes.

La première conversation remonte à décembre 2008, explique Alain à l'ombudsman. À cette époque, *Enquête* venait d'apprendre que Michel Arsenault se trouvait sur le bateau d'Accurso et Alain avait appelé Laverdière pour demander candidement s'il serait possible d'obtenir une entrevue avec le président de la FTQ. L'enregistrement dure quelques minutes, mais Gravel le fait jouer en entier afin que Julie Miville-Dechêne puisse se faire une opinion du ton de la discussion.

Après quelques minutes de banalités cordiales entre Alain et Laverdière – les deux hommes ont déjà travaillé ensemble à CKAC –, la conversation devient plus intéressante:

— Michel Arsenault est-tu dans le coin ces temps-ci? entend-on le journaliste demander.

— Euh... il est à l'extérieur du pays. Il doit rentrer samedi, répond la voix de Laverdière, déformée par le téléphone.

— Ah OK! Pis yé tu bien loin à l'extérieur?

— Loin, loin, loin.

— C'est où ça, loin, loin, loin?

— Ben, entre toi et moi, y a pris une semaine de vacances, pis yé en croisière avec sa femme.

— En croisière? Dans les Antilles?

— Ouais.

La discussion enregistrée repart dans une autre direction. Puis, juste avant de raccrocher, Alain fait répéter l'information à Laverdière:

— Ben écoute, je te rappelle. Là, tu me dis que Michel Arsenault revient samedi et qu'il est dans les Antilles, reprend la voix d'Alain.

— Oui, il est à l'extérieur, répond Laverdière.

— Parfait. OK, merci!

— Bye!

Après ce premier enregistrement, Gravel fait entendre à l'ombudsman un second enregistrement, réalisé trois mois après. Le journaliste bluffe quand il tente de faire trébucher Laverdière en lui soumettant qu'il lui a déjà parlé d'un voyage de Michel Arseneault sur le *Touch*. Voyant que le relationniste ne trébuche pas, il tente de lui faire répéter qu'il lui a malgré tout dit que M. Arsenault était parti avec sa femme en croisière dans les Antilles. Mais Jean Laverdière nie tout, en se contredisant.

— Tsé, quand tu m'avais dit qu'Arsenault était sur le bateau d'Accurso…

— Sur quoi?

— Le bateau de Tony Accurso au début décembre…

— Non, jamais dit ça.

— Tu ne te souviens pas de m'avoir dit qu'il était sur un bateau?

— Non, je t'ai jamais parlé, non, sur le bateau, non…

— Tu m'as jamais dit qu'il était en croisière?

— Non, jamais!

— Tu ne m'as jamais dit qu'il était en croisière au début décembre?

— Non, tu ne m'as jamais parlé de ça. Non, ce que tu m'avais demandé au début décembre, c'est… tu m'avais parlé de Jean La…Un des anciens dirigeants de la FTQ-Construction pis de Jocelyn.

— Jean Lavallée…

— Oui, Jean Lavallée qui avait quitté et tout. Non, première fois que j'entends parler du bateau.

Jamais Alain n'avait parlé à Jean Laverdière de Jean Lavallée et de Jocelyn Dupuis lors de cette conversation. L'échange se poursuit.

— Toi tu ne m'as jamais dit, donc, que ton président était dans les Antilles en vacances sur une croisière au début décembre?

— Première nouvelle.

— Et il était pas sur le bateau d'Accurso?

— Jamais entendu parler de ça.

C'est vrai que Laverdière n'avait pas parlé du bateau d'Accurso, mais le premier enregistrement confirme bel et bien qu'il avait dit à Alain que Michel Arsenault était parti en croisière avec sa femme dans les Antilles. Ou bien le relationniste n'a pas une bonne mémoire, ou il ment, ce qui n'est jamais une bonne idée dans ce domaine.

Tout au long de l'écoute, il a observé Julie Miville-Dechêne à la recherche d'une réaction quelconque, mais l'ombudsman est restée de marbre. N'empêche, le journaliste croit percevoir un subtil changement dans son ton, comme s'il était un peu plus chaleureux, lorsqu'elle le remercie pour cette information additionnelle. À moins que ce ne soit son imagination qui lui joue des tours.

Le moral de Gravel reste à plat lorsqu'il quitte le bureau de Julie Miville-Dechêne. Son sort est désormais entre les mains de l'ombudsman. Il ne peut plus rien faire, et c'est ce qui le rend malade. À ses yeux, une plainte à l'ombudsman ou une poursuite comme celle d'Accurso revient à perdre le contrôle de l'évaluation de la qualité de son travail.

• • •

Le 26 novembre, Julie Miville-Dechêne rend sa révision:

> *« Le Fonds de solidarité FTQ estime que les reportages diffusés au printemps 2009 à son sujet n'ont pas respecté les Normes et pratiques journalistiques de Radio-Canada. Selon le Fonds, à huit occasions, il y aurait eu des inexactitudes, un manque d'équité, d'impartialité et de rigueur dans cette enquête diffusée à la chaîne principale de Radio-Canada, au RDI et sur Radio-Canada.ca.*

> *« La direction de Radio-Canada a reconnu avoir fait une erreur dans un chiffre diffusé le 11 mars 2009. Elle l'a corrigée dès qu'elle en a été informée, comme l'exigent les Normes et pratiques journalistiques. Le journaliste Alain Gravel a fait une erreur dans un choix de mots dans une conversation en direct diffusée le 11 mars.*

« *Au-delà de ces deux erreurs, j'ai conclu que, sur tous les points soulevés par le plaignant, l'équipe de l'émission Enquête a respecté les Normes et pratiques journalistiques de Radio-Canada.* »

Le chiffre erroné auquel l'ombudsman fait référence est le total des sommes investies par le Fonds de solidarité FTQ dans les compagnies de Tony Accurso. Radio-Canada avait parlé de 250 millions de dollars dans ses reportages, alors que le Fonds avait affirmé qu'il s'agissait de 114 millions de dollars. L'information avait été corrigée rapidement par Monique Dumont dans un rectificatif. Les recherches qu'elle a effectuées par la suite ont révélé que la FTQ et le Fonds ont en réalité fourni plus de 400 millions de dollars aux entreprises d'Accurso sous forme de contrats, de prêts et d'investissements, mais cette information n'était pas connue au moment où les reportages concernés par la plainte ont été diffusés.

À propos de « l'erreur dans un choix de mots » faite par Alain, Julie Miville-Dechêne écrit :

« *Le plaignant a raison de dire que, dans une intervention en direct au RDI le 11 mars, Alain Gravel a fait une erreur en disant que le Fonds a "donné" beaucoup d'argent aux entreprises de M. Accurso. Le mot "donné" était mal choisi. Il aurait fallu dire "investir". Ce sont les risques des interventions en direct de plusieurs minutes sur des sujets délicats. Toutefois, je ne crois pas que ce mauvais choix de mots, dans le feu du direct, mérite un rectificatif étant donné le contexte. Juste avant cette conversation en direct, l'émission 24 heures en 60 minutes a diffusé le reportage d'Alain Gravel dans lequel il parlait "d'investissements" et non de "dons". Dans une de ses questions, l'animatrice Anne-Marie Dussault a repris le terme "investissements" et non celui de "dons". Ce jour-là, le même reportage utilisant le mot "investissements" a été diffusé plusieurs fois sur toutes les plateformes. J'ai écouté les autres interventions en direct d'Alain Gravel. Il n'a pas répété cette erreur.* »

Les enregistrements de Laverdière ont-ils eu une incidence sur la décision rendue par l'ombudsman ou celle-ci s'était-elle déjà fait une opinion sur le dossier? Impossible de le savoir. Mais pour Alain le résultat est le même: il est extrêmement soulagé. Certes, la révision de Miville-Dechêne le critique légèrement, mais ce n'est rien d'assez sérieux pour entacher sa crédibilité et sa rigueur.

Au Fonds de solidarité FTQ, on voit les choses différemment. Au début de décembre, Michel Arsenault cite la décision de l'ombudsman à tort et à travers. Il affirme que Gravel a été «blâmé pour avoir diffusé un enregistrement truqué», ce qui est faux. Furieux, le journaliste s'enferme dans son bureau et compose une réplique d'un trait:

> «Que le président de la FTQ, Michel Arsenault, ne nous aime pas, c'est une chose. Mais qu'il dise des faussetés pour nous dénigrer, c'est autre chose.

> «Cette semaine, à l'émission de Paul Arcand, au 98.5 FM, il a déclaré que l'ombudsman de Radio-Canada "a claqué un peu sur les doigts à Alain Gravel, mais il n'y a pas eu de sanction comme telle" pour avoir diffusé une entrevue enregistrée à son insu et avoir "triché" l'enregistrement.

> «J'ai sursauté en entendant ces propos.

> «Jamais on ne m'a "claqué un peu sur les doigts" pour avoir diffusé cet enregistrement. Au contraire, l'ombudsman nous a blanchis.

> «M. Arsenault faisait référence à l'enregistrement d'une conversation téléphonique du 27 février 2009, où je lui demandais s'il avait été sur le bateau de Tony Accurso.

> «Il affirmait dans sa plainte, comme il l'a fait à l'émission de Paul Arcand, que j'avais "truqué l'enregistrement afin d'y ajouter une question non posée et un effet sonore".

> «Je cite l'ombudsman Julie Miville-Dechêne: "Rien ne m'indique à l'écoute de cet enregistrement qu'il ait été

trafiqué et qu'on aurait ajouté une question et un effet sonore […] Le montage de cette entrevue a été fait dans les règles de l'art […] Rien n'indique qu'il y a eu manipulation."

« Sur le fait que la conversation a été enregistrée à l'insu de M. Arsenault, encore là, l'ombudsman ne nous a adressé aucun blâme. Elle souligne qu'enregistrer "une conversation téléphonique n'est pas illégal quand l'un des deux interlocuteurs est au courant". Je participais à la conversation.

« Mais les Normes et pratiques journalistiques de Radio-Canada sont encore plus exigeantes. Elles encadrent cette diffusion et requièrent une autorisation de la direction avant de diffuser. Après analyse, l'ombudsman conclut que "les conditions de diffusion d'enregistrements clandestins [lui] apparaissent réunies".

« Je l'écrivais la semaine dernière : on tente actuellement de dénigrer le travail journalistique dans les scandales entourant l'industrie de la construction.

« Sur Internet, des informations mensongères circulent depuis un certain temps sur André Noël, Fabrice de Pierrebourg et moi. Ce n'est pas très grave, puisqu'il se dit à peu près n'importe quoi sur la toile. Le président de la plus grande centrale syndicale du Québec ne devrait pas en faire autant. »

Alain relit sa réplique, puis la met en ligne quelques jours plus tard. Évidemment, seuls les auditeurs de Paul Arcand qui lisent son blogue connaissent sa version des faits. Ce n'est pas grand-chose, mais c'est tout ce que Gravel peut faire pour rétablir la vérité. S'il y avait un ombudsman à la FTQ, peut-être aurait-il déposé une plainte lui aussi…

• • •

Alain tourne sur la petite rue tranquille où il habite et donne trois derniers coups de pédale avant de débarquer de son vélo. Il jette un regard rapide autour de sa maison, puis pousse un soupir de soulagement : le véhicule de la compagnie de sécurité est parti, les travaux sont enfin terminés.

Après que le père de Marie-Maude Denis a questionné Tourangeau et Saulnier sur la sécurité de sa fille, Radio-Canada a embauché un consultant pour évaluer la situation. Il a étudié les résidences de Marie-Maude et Alain, puis a proposé une série de mesures à appliquer dès maintenant, dont l'installation de systèmes de sécurité avancés.

La plupart des suggestions ont été acceptées par Radio-Canada – qui paye – ainsi que par Alain et Marie-Maude – qui vivent avec les conséquences. En plus des traditionnels systèmes d'alarme et détecteurs de mouvement, une foule de gadgets dignes d'Hollywood ont été posés, dont des pellicules antichevrotines et anticocktails Molotov sur les fenêtres. Une semaine de travail a été nécessaire pour installer l'équipement dans la maison d'Alain seulement.

En plus du système d'alarme, Marie-Maude s'est fait offrir un garde du corps pour quelques mois, le temps que les choses se calment un peu. La journaliste s'est empressée de refuser. Elle imaginait mal se déplacer ou rencontrer des sources confidentielles avec un gorille sur les talons. Elle s'est toutefois montrée plus réceptive à la proposition de Radio-Canada de payer son taxi lorsqu'elle doit quitter le travail tard le soir.

Fort heureusement, ces mesures de sécurité ne seront jamais mises à l'épreuve. La pression – et les menaces – sur l'équipe d'*Enquête* a nettement diminué au fur et à mesure que d'autres journalistes se sont intéressés au milieu de la construction. Si une personne a réellement envisagé de s'en prendre à Alain ou Marie-Maude, elle a dû se rendre à l'évidence que cela ne ferait qu'attiser la volonté des autres reporters de lever le voile sur la gangrène qui ronge les milieux de la construction et de la politique.

Au final, les principaux bénéficiaires de la sécurité additionnelle auront été la compagne d'Alain et le père de Marie-Maude. Après des mois à s'inquiéter, ils auront enfin pu dormir l'esprit un peu plus tranquille.

22
DES POTS-DE-VIN À LAVAL ?

« Monsieur Ménard, est-ce vrai que le maire Vaillancourt
vous a offert 15 000 dollars ? »

Christian Latreille à Serge Ménard

NOVEMBRE 2010

Onze mois bien chargés se sont écoulés depuis que l'ombudsman de Radio-Canada a rejeté la plainte du Fonds de solidarité FTQ. En plus de consacrer des heures et des heures à la préparation de sa défense pour la poursuite d'Accurso, Alain s'est intéressé au milieu de l'ingénierie. Derrière l'image respectable projetée par les firmes de génie-conseil du Québec, il a découvert de nombreuses taches sombres : culture des extras, financement occulte des partis, cadeaux et voyages offerts à des politiciens...

Toutes ces informations se trouvaient dans un reportage diffusé en mars, dans lequel *Enquête* révélait également la tenue, en octobre 2008, d'un cocktail de financement bien particulier pour la vice-première ministre et ministre des Affaires municipales et des Régions du Québec, Nathalie Normandeau. Elle a récolté 43 000 dollars au cours de cette soirée organisée par le président d'une filiale de la société de génie-conseil Dessau. Selon la ministre, qui a été interviewée par Gravel, l'homme en question agissait à titre personnel. Pourtant, un ingénieur d'une autre entreprise de génie, voulant lui aussi rencontrer des élus, a été invité à quitter les lieux.

Le 11 mars, *Enquête* s'est conclue comme à l'habitude avec l'annonce des dossiers à venir, dont celui de Marie-Maude et Claudine : « Également la semaine prochaine, les coulisses des enquêtes policières sur le scandale de l'industrie de la construction. »

Pourtant, la semaine suivante, les auditeurs attentifs auront remarqué que ce reportage a été remplacé par la diffusion d'une enquête sur la pollution sonore. Que s'est-il passé ? Le Fonds de solidarité FTQ éludait les questions des journalistes et semait l'incertitude sur plusieurs aspects du reportage.

Le Fonds savait très bien qu'un reportage est en préparation – Marie-Maude lui avait offert la chance de donner sa version des faits. La journaliste et la réalisatrice n'étaient toutefois pas présentes lorsque des représentants du Fonds sont venus à Radio-Canada pour rencontrer Jean Pelletier, Pierre Tourangeau et le directeur de l'information, Alain Saulnier, derrière des portes closes. À la fin de l'entretien, Pelletier est allé trouver Marie-Maude et Claudine pour leur annoncer que le contenu devait être, une fois de plus, retravaillé.

Ce n'est que quelques semaines plus tard, le 11 mai 2010, que le reportage a finalement été diffusé au *Téléjournal* de 22 h, la saison d'*Enquête* étant terminée. Le topo faisait état d'importants pots-de-vin qui auraient été demandés à des entrepreneurs dans l'espoir d'obtenir des prêts du Fonds de solidarité.

Céline Galipeau introduit ainsi le reportage : « Radio-Canada a appris que trois entrepreneurs qui ont voulu faire affaire avec le Fonds de solidarité FTQ ont été victimes de demandes de pots-de-vin. Dans les trois cas, des intermédiaires qui ont des liens avec le crime organisé ont fait ces demandes. Toutes les demandes ont été faites dans le cadre de projets parrainés par Jocelyn Dupuis, l'ancien directeur général de la FTQ-Construction, et Jean Lavallée, l'ancien président du syndicat. Marie-Maude Denis et Claudine Blais, de notre équipe *Enquête*. »

En plus d'Alain et Marie-Maude, d'autres journalistes d'*Enquête* ont commencé à travailler sur le milieu de la construction, dont Gino Harel, Julie Vaillancourt – qui a signé, en octobre 2011, un reportage percutant sur l'absence de concurrence dans le marché de l'asphaltage dans le Bas-Saint-Laurent et la Gaspésie –, Anne Panasuk et Christian Latreille. Ce dernier, qui se trouvait jusqu'à tout récemment dans la salle des nouvelles, s'est joint à l'équipe grâce au module d'enquête.

Latreille avait déjà envisagé de demander un transfert à *Enquête*. Il craignait cependant qu'en quittant le *Téléjournal*, les gens ne le voient plus assez souvent à la télé pour penser à l'appeler afin de lui donner des nouvelles exclusives. Avec le module d'enquête, il a obtenu le meilleur des deux mondes : il a désormais le luxe de creuser ses histoires pendant plusieurs mois, tout en ayant la chance d'aller régulièrement au *Téléjournal*.

Son premier reportage à *Enquête*, diffusé le 11 mars 2010, traitait du climat de terreur entretenu par des membres de la FTQ sur des chantiers de la Côte-Nord. La veille de la diffusion, après avoir vu des extraits au *Téléjournal*, le ministre de la Sécurité publique du Québec annonçait déjà que la Sûreté du Québec enquêterait sur la situation.

L'histoire à laquelle travaille Latreille en ce mercredi de novembre promet de faire encore plus de bruit. Le journaliste arrête sa voiture en bordure de la rivière des Mille Îles, à Laval, et observe les alentours. L'eau s'écoule lentement tandis que les dernières feuilles accrochées ici et là dans les arbres oscillent doucement sous l'effet de la brise. Un ciel bleu vif, digne des mois d'hiver, vient compléter ce tableau paisible qui ne pourrait contraster davantage avec l'excitation que ressent Latreille. Au cours de la dernière année, pas une journée ne s'est écoulée sans qu'il pense au moment qu'il s'apprête à vivre aujourd'hui.

Tout a commencé en novembre 2009, alors qu'il rencontrait des sources ici et là dans l'espoir de dénicher des informations exclusives. Ce qu'il a trouvé dépassait ses attentes : le député du Bloc québécois, Serge Ménard, se serait fait offrir un pot-de-vin de 15 000 dollars par le maire de Laval, Gilles Vaillancourt, au début des années 1990. La source qui a confié l'information à Latreille lui a toutefois demandé de ne pas « toucher à ça tout de suite ». Le journaliste a respecté sa requête, mais jamais ronger son frein n'aura été aussi difficile.

Au premier regard, l'affaire peut sembler banale, du moins si on la compare aux récentes révélations sur le milieu de la construction et l'octroi de contrats publics. La somme d'argent en question est petite, l'épisode remonte à près de 20 ans, mais la nouvelle implique personnellement le maire de Laval. Et il ne faut pas oublier qui est Serge Ménard. Cet avocat-criminaliste, ex-bâtonnier du Québec et ancien ministre de la Sécurité publique du Québec est un symbole d'intégrité dans la province. Que lui, plus que quiconque, n'ait pas dénoncé Vaillancourt s'avère perturbant.

Il y a quelques jours, jugeant que l'attente avait assez duré, Latreille a téléphoné à Ménard en disant vouloir le rencontrer pour discuter un peu. Le député, qui a déjà croisé Christian à quelques reprises par le passé, lui a proposé de venir le voir à son local de circonscription aujourd'hui.

Serge Ménard reçoit chaleureusement Latreille dans son bureau, une belle pièce ensoleillée qui donne sur la rivière des Mille Îles, et l'invite à s'asseoir à une petite table ronde. Les fins cheveux blancs du politicien, soigneusement peignés vers la droite, jurent violemment avec sa barbe d'un gris presque noir qu'il n'a visiblement pas taillée depuis plusieurs jours.

Comme convenu, les deux hommes discutent de Laval, mais le journaliste peine à se concentrer sur la conversation. Il n'a qu'une seule question en tête, et ce n'est que 35 minutes après le début de la rencontre qu'il trouve enfin l'occasion de se lancer : « Monsieur Ménard, est-ce vrai que le maire Vaillancourt vous a offert 15 000 dollars ? »

Un silence de mort s'installe dans la pièce.

Serge Ménard fixe le sol sans dire un mot. Son mutisme le trahit, et Latreille doit se mordre la langue pour ne pas poser les mille et une questions qui surgissent dans sa tête sous l'effet de l'excitation. Le journaliste se contente de regarder le politicien et d'attendre. Après ce qui semble une éternité, Serge Ménard ouvre enfin la bouche : « Comment savez-vous ça ? J'en ai jamais parlé à personne. » Puis il s'effondre en sanglots.

Jamais, dans toute sa carrière, Latreille n'a vu un politicien s'écrouler ainsi devant lui. Il attend poliment que l'homme essuie ses larmes avant de lui faire une offre d'une voix douce.

— Écoutez, monsieur Ménard, on peut faire ça de deux façons : soit vous nous accordez une longue entrevue, sans montage, où vous pourrez vous expliquer, soit on sort l'info au *Téléjournal* et, là, tout le monde vous court après.

— Laissez-moi y penser jusqu'à vendredi.

• • •

Vendredi matin, Christian décroche le téléphone et compose le numéro de Serge Ménard en ne sachant pas à quoi s'attendre. L'homme semblait très troublé mercredi, vulnérable même, mais il pourrait très bien avoir retrouvé ses instincts de politicien et refuser d'en dire davantage. Pessimiste, Latreille évalue à 25 pour cent ses chances d'obtenir une entrevue.

La conversation avec Ménard est brève. « Je préfère parler », dit-il au téléphone.

Le matin même, Latreille débarque au bureau du député avec un réalisateur, un caméraman et un preneur de son. Tout le monde est très nerveux, Serge Ménard le premier. Pendant que l'équipe de Radio-Canada installe le matériel, Christian regarde par la fenêtre et remarque la rivière des Mille Îles qui coule tranquillement. « Voulez-vous venir marcher avec moi, monsieur Ménard ? », demande spontanément le journaliste.

Les deux hommes sortent ensemble se promener le long de la rivière – des proches de Ménard confieront plus tard à Latreille que ce geste a été très apprécié par le politicien. À leur retour, l'équipe de tournage est prête et tout le monde est plus détendu. Serge Ménard s'assoit dans sa chaise et Christian Latreille pose sa première question.

— Monsieur Ménard, vous avez été ministre durant une dizaine d'années au gouvernement du Québec entre 1993 et...

— À peu près neuf ans, oui, précise le politicien de sa voix rauque.

— ... 2003. Est-ce que, dans l'exercice de vos fonctions, que ce soit comme député ou comme ministre, vous avez eu à rencontrer le maire de Laval, Gilles Vaillancourt, dans son bureau de l'hôtel de ville ?

— Écoutez, plusieurs fois. Mais j'imagine que la rencontre à laquelle vous voulez faire référence s'est passée... euh... je pense que c'est avant que je sois élu pour la première fois dans son bureau.

Malgré son ton de voix las, Serge Ménard ne semble pas avoir l'intention de tourner autour du pot. Rassuré, Christian écoute attentivement les révélations du politicien.

— J'me souviens pus si c'est lui qui m'avait convoqué pour me parler ou si c'est moi qui avais demandé à le rencontrer, mais à l'époque je cherchais à rencontrer beaucoup de monde. J'me lançais en politique avec beaucoup d'idéal, beaucoup de... euh, je... Bon, je voulais rencontrer... euh... le maire de la ville dans laquelle se trouvait mon comté, comme j'avais rencontré tous les curés de paroisse de mon comté, comme j'avais rencontré des gens, des organismes communautaires, j'avais rencontré aussi...

— Donc, vous cherchiez à créer des liens, à créer des contacts, l'aide Latreille.

— Je cherchais, oui, à créer des liens, pis à... à avoir des idées aussi... euh... sur ce qui fallait faire à Laval, comment c'était...

— Donc, c'est vous qui avez approché monsieur Vaillancourt?

— Je ne me souviens pas si c'est moi qui l'as approché ou si c'est lui qui m'a approché, mais, en tout cas, il m'a reçu dans son bureau.

— Qu'est-ce qui s'est passé à son bureau en 1993?

— Ben, on a... on a discuté de Laval, c'est évident, pis à un moment donné, je sais pas exactement comment ça s'est fait, mais y m'a fait passer... euh... à une petite table. Et pis là, il m'a parlé... euh... des dépenses électorales... euh... pis *et cetera*. Ce qui, de toute façon, pour moi était couvert, c'était une élection partielle à laquelle je me présentais. Mais... euh... là, y m'a... y m'a présenté une enveloppe dans laquelle il m'a dit qui avait 10 000 dollars. Et... euh... que c'est une contribution à... à mon... à ma caisse électorale.

Voilà, la bombe est lâchée.

— Et comment ça s'est passé, ça? Il vous a tendu cette enveloppe-là?

— Oui, oui, c'est ça. Ben là, j'étais très étonné. J'me souviens... j'me souviens qu'il l'a présentée, j'ai faite tout de suite: «Écoutez, monsieur le maire, vous connaissez la loi électorale. Les dons sont limités à 3000 dollars, ils doivent être faits par chèque, ils doivent être faits par un électeur. Si vous voulez contribuer à ma caisse électorale, faites-moi un chèque et votre nom sera publié. Pis si vous avez des amis qui veulent peut-être faire la même chose, et pis... euh...»

— Comment ça s'est présenté? L'argent, vous aviez une liasse de billets dans une enveloppe? dit Latreille en mimant une épaisseur généreuse à l'aide du pouce et de l'index.

— Ouais, c'tait une enveloppe. Était pas brune, était blanche, blague le politicien en souriant. J'me souviens. Et pis... euh... elle était comme à moitié ouverte quand il l'a présentée sur le bureau et y avait vraiment une liasse de billets de différentes couleurs.

J'voyais des billets roses, c'est sûr, mais j'en… j'avais l'impression qui y avait peut-être des billets de mille.

— Des billets bruns aussi? l'interrompt Latreille.

— Aussi, prob… Des billets bruns, c'est ça. Et qui sont les billets de 100 dollars. Les billets de mille, j'pense qui étaient roses ou, en tout cas, dans ces couleurs-là. Mais y avait plus que dix billets, donc y avait probablement diverses dénominations. Donc, c'est lui qui m'a dit qu'y avait 10 000 dollars. Mais je lui ai dit… j'ai… en tout cas, après lui avoir rappelé, ben, lui avoir rappelé, j'ai dit : « Quand même, vous connaissez la loi électorale… euh… c'est pas comme ça qu'on contribue. Il faut que ce soit par chèque, par un électeur, 3000 dollars maximum. » Et puis, euh… ben là, il m'a dit… euh… : « Ben oui, vous savez, c'est pour votre petite caisse. On a toujours besoin d'une petite caisse comptant dans une élection. »

— Donc, il a insisté?

— Ben, y… y… y… C'est à peu près la seule, oui, la seule insistance qu'il y a mis, mais j'ai dit, en tout cas, j'ai dit : « Moi, si j'ai besoin d'une petite caisse, elle sera déclarée puis comptabilisée et je… je ne veux pas toucher à ça. »

— Mais là, y a dû se créer un malaise entre vous deux?

— Ça, c'est certain, il est… euh… il s'est mis à trembler, il était devenu très, très rouge. J'me souviens… euh… la sueur perlait dans son front et… euh… y était très, très mal à l'aise. Et… euh… moi, c'est drôle, j'avais un peu le sourire, j'me disais : « Ben voyons donc… »

— Vous étiez un novice en politique à ce moment-là. Avez-vous été surpris que ce genre de… d'offre-là se fasse encore au Québec?

— Oui, oui. Mais je m'étais fait une tête, depuis que j'étais très jeune, que si j'allais en politique, n'est-ce pas, je serais incorruptible et qui fallait refuser, à la première occasion… euh… parce que c'est comme ça qu'on nous entraînait, une petite chose… Parce que vous voyez, au fond, c'tait une infraction… euh… à la loi électorale et… euh… j'étais pas encore élu donc…

— Mais monsieur Ménard, l'interrompt Latreille, y a probablement des gens qui nous écoutent qui vont se demander pour quelle raison, à ce moment-là, vous n'avez pas pris l'argent et vous n'êtes pas allé la porter à la police.

— J'y ai pas pensé sur le coup, honnêtement, répond le politicien après un court silence. Pis… euh… j'veux dire, pour moi, l'important, c'tait de refuser. Et ça demande quand même une certaine énergie… euh… pour refuser. Et pis, je sais pas, je… en tout cas, je sais pas, j'ai pas pensé, j'ai pas pensé à ça.

— Est-ce que vous regrettez de ne pas l'avoir dénoncé à ce moment-là ?

Serge Ménard joue de la langue un moment avant de répondre.

— J'l'ai regretté souvent par la suite, après. Mais par contre, le… à partir du moment où j'acceptais pas l'argent, j'avais pas de preuve. C'tait sa parole contre la mienne. Puis, il voulait souscrire à ma campagne électorale… euh… je crois pas qu'il ait souscrit.

— Alors, pourquoi, à ce moment-là, accepter d'en parler aujourd'hui ?

— Mais parce que vous me l'avez demandé, répond Ménard en haussant la voix. Pis vous le saviez. Alors, quand vous êtes arrivé ici, pis que vous m'avez dit : « Monsieur Ménard, avez-vous déjà accepté… est-ce qu'on vous a déjà offert une somme de 15 000 dollars, puis que vous ayez refusé ? », ben là, je voyais bien que… que vous l'saviez. Mais vous l'saviez pas de moi parce que j'en ai jamais parlé. Mais là, j'ai tout de suite réalisé que, devant mes hésitations, je venais de vous donner la réponse parce qu'évidemment que si ça avait été non, j'vous aurais dit non tout d'suite. Donc, j'v'nais de vous confirmer, pis là je…

— Pourquoi, selon vous, est-ce que monsieur Vaillancourt vous offrait, à ce moment-là, cet argent-là ?

— Écoutez, j'le sais pas. Y m'a parlé, à c'moment-là, d'une caisse électorale. Mais je sentais bien que, si j'acceptais ça, c'était le début de quelque chose de plus, éventuellement. Et que… c'était le chemin vers une corruption plus, plus grande éventuellement et que je perdais mon indépendance. Et… euh… personnellement, j'étais décidé. Je trouvais que la loi était bonne, je trouvais que c'était une des lois les plus importantes. René Lévesque avait décidé que c'était la deuxième loi. La première, la loi 1, qui est devenue la loi 101, la deuxième, c'est celle-là. J'ai vu monsieur Burns, qui l'a pilotée. Je trouvais que c'était bien fait, cette loi, pour nous protéger et garder notre indépendance. Parce que sans doute des gens intéressés nous offriraient de collaborer… euh… de… de… de donner à nos caisses électorales. Mais c'était limité.

— Est-ce que vous avez reçu d'autres offres de ce genre de la part d'entrepreneurs par exemple?

— De la part d'entrepreneurs, jamais. Euh… c'est arrivé à l'occasion que des gens nous aient offert des montants, mais beaucoup moins considérables que ceux-là. Et c'était entendu, enfin, mon principal collaborateur qui… qui s'occupait des finances, c'était entendu qu'il fallait que tout le monde soit averti de respecter la loi parce qu'y avait des gens, des fois, qui n'étaient peut-être pas conscients de ça.

— Est-ce que vous encouragez aujourd'hui tous ceux et celles qui soit se font offrir de l'argent ou se font demander de donner de l'argent de dénoncer ce genre de situation-là, par rapport… euh… d'argent venant d'élus, entre autres?

— Ben oui, mais je l'ai pas fait. Pis je l'ai pas fait parce que je sentais que c'était ma parole contre la sienne, sûrement que ça aurait sur lui un effet grave… euh… qu'il me combattrait avec violence. J'étais au début de ma… euh… de ma carrière politique. J'pas sûr… euh… je pense que la façon dont j'ai exercé mon métier de ministre m'a donné beaucoup de crédibilité. Euh… à cette époque-là, y en avait peut-être beaucoup plus que moi. Et pis… euh… bon, euh… il me semble que l'important, et c'est ce que je m'étais toujours mis dans la tête quand j'étais jeune pis que je pensais à la politique, c'est que, moi, on ne me corromprait pas.

— Monsieur Ménard, merci beaucoup.

— Merci.

• • •

L'entrevue avec Serge Ménard ne sera diffusée que lundi soir, le 15 novembre 2010, au *Téléjournal*. Comme il n'y a pas de montage à faire – c'était un des engagements de Latreille –, l'entretien aurait très bien pu être mis en ondes durant la fin de semaine, ou même vendredi soir. L'effet de cette entrevue en aurait toutefois été diminué pour la simple et bonne raison que moins de gens écoutent les informations durant le week-end. En attendant à lundi, Radio-Canada s'assure que la nouvelle fera les manchettes de tous les médias au cours de la semaine.

Tout au long du week-end, Latreille n'a fait que penser à son entrevue avec le politicien. Rarement a-t-il été aussi fier d'une primeur. Une question lui revient toutefois sans cesse : pourquoi a-t-il parlé ? Le journaliste n'avait pas de preuve, pas de photo de la tentative de pot-de-vin, pas d'enregistrement de la conversation et encore moins de confession de la part de Vaillancourt. Même l'information fournie par sa source n'était pas exacte : celle-ci avait mentionné 15 000 dollars. Lorsque Latreille a demandé si Vaillancourt lui avait offert 15 000 dollars, Ménard aurait pu affirmer, sans mentir, que non. Et si Ménard avait tout nié, le journaliste n'aurait jamais pu sortir la nouvelle. Alors pourquoi, pourquoi avoir accepté de témoigner ? Cela va à l'encontre de tous les réflexes de survie politique.

L'impression profonde de Christian Latreille, c'est que le politicien s'en est toujours voulu de ne pas avoir dénoncé Vaillancourt. Ménard s'était promis d'être incorruptible et il l'a été, en quelque sorte. Il s'agit là d'une lourde pensée à porter pour un homme intègre, et parler l'aura peut-être un peu soulagé de ce poids.

Le reporter n'a plus de temps pour ces réflexions lundi, lorsque déferle la nouvelle. La réaction du maire Vaillancourt ne se fait pas attendre. Le soir même, le roi de Laval publie un communiqué de presse dont le seul titre résume tout : « C'est totalement faux ! »

Voilà tout le problème des reportages portant sur des allégations de corruption impliquant deux personnes. Si une parle, l'autre nie tout. À moins d'avoir une preuve physique, c'est alors la parole de l'un contre celle de l'autre. Le problème pour Vaillancourt, c'est que Latreille a trouvé un deuxième cas : le député libéral de Vimont, Vincent Auclair, se serait également fait offrir plusieurs milliers de dollars par le maire de Laval en 2002.

Cette seconde tentative de corruption tendrait à démontrer que l'offre faite à Ménard n'est pas unique et que, pour Vaillancourt, l'appartenance politique – libérale ou péquiste – compterait peu. Plus encore, le cas d'Auclair semblerait révéler l'existence d'un *modus operandi*. Tout comme cela s'était produit pour Ménard, l'enveloppe lui aurait été tendue au cours d'une campagne électorale.

« Le maire de Laval éclaboussé », « Le maire Vaillancourt dans l'embarras », titrent respectivement *La Presse* et *Le Devoir* en une mardi matin. Sur la colline parlementaire, c'est le branle-bas de combat. Dans les corridors du Parlement, les reporters courent après les députés de la région de Laval pour savoir si Vaillancourt leur aurait proposé des pots-de-vin. Tous affirment que non. Pendant la période des questions, l'opposition réclame, une fois de plus, une enquête publique.

En 2012, lorsque le maire de Laval sera arrêté, les documents juridiques préciseront que l'enquête de la Sûreté du Québec a commencé à la suite du reportage de Latreille.

23

POULE, LÉNINE, LA TUQUE ET LES AUTRES...

*« Alain, ça fait 25 ans que l'Agence du revenu
est rongée par la corruption. »*

Une source du journaliste Alain Gravel

FÉVRIER 2011

Alain passe sa carte devant le lecteur magnétique et pousse la porte des bureaux d'*Enquête*. À peine a-t-il fait deux pas qu'un homme lui saute pratiquement dessus. « Alain ! Alain ! Alain ! Regarde c'que j'ai trouvé ! C'est écœurant ! » L'animateur répond à son recherchiste, Daniel Tremblay, ce qu'il lui dit presque tous les matins : « Oui, oui, je vais regarder, mais laisse-moi deux minutes, le temps d'arriver. »

Alain retire son linge de vélo et enfile des vêtements secs, puis passe prendre un café à la caféteria avant de retourner voir le recherchiste. Avec ses longs cheveux bruns, ses petites lunettes rondes et sa barbe hirsute, Daniel rappelle un peu John Lennon lors du *bed-in* à Montréal. La comparaison avec l'ex-membre des Beatles ne va toutefois pas plus loin. Le recherchiste porte un éternel sac banane en cuir autour de la taille et a le dos légèrement voûté à force d'être constamment penché sur son ordinateur portable. Son micro-ordinateur ne reste d'ailleurs jamais sur son bureau le soir. Daniel l'apporte toujours à la maison, un peu pour des raisons de sécurité et surtout parce qu'il continue de travailler la nuit. Du moins, c'est ce que croit Alain. Sinon, comment pourrait-il l'attendre chaque matin avec de nouveaux documents révélateurs, des statistiques étonnantes ou des liens obscurs entre des sociétés à numéro?

« Bon, qu'est-ce que tu voulais me montrer? » demande l'animateur. Daniel Tremblay détaille sa dernière trouvaille pendant quelques minutes, puis Alain retourne dans son bureau en se disant, une fois de plus, que le recherchiste est sans aucun doute la meilleure acquisition jamais faite par *Enquête*. Auparavant recherchiste à la radio de Radio-Canada, Daniel s'est joint à l'équipe il y a près d'un an. En quelques semaines à peine, Alain ne pouvait plus s'imaginer travailler sans lui.

Le journaliste dépose sur son bureau la pile de feuilles que lui a remise Daniel en se promettant d'y jeter un œil le lendemain. La journée s'annonce déjà assez chargée comme ça : des sources policières lui ont confié que l'escouade Marteau procéderait à une série d'arrestations importantes ce matin. Elles n'ont pas donné plus de détails, mais Alain a sa petite idée.

Depuis la création de la brigade, les plus grandes perquisitions ont été effectuées à Boisbriand. Il y a donc fort à parier que l'importante opération policière de ce matin sera l'aboutissement de l'enquête sur cette ville de la couronne nord de Montréal.

Alain allume le petit téléviseur de son bureau, qui se trouve déjà au RDI, et voit ses intuitions confirmées, ce 4 février 2011 : l'ex-mairesse Sylvie Saint-Jean et l'entrepreneur Lino Zambito ont été arrêtés.

• • •

Le cliquetis des caméras résonne sans cesse dans la salle de presse du quartier général de la Sûreté du Québec tandis que le chef de l'escouade Marteau, Denis Morin, fait le résumé de l'opération de ce matin. Assis sur une chaise, Alain écoute attentivement l'inspecteur en prenant des notes dans son calepin, tout comme les nombreux autres journalistes présents autour de lui.

En plus de Saint-Jean et Zambito, les policiers ont arrêté le père de l'entrepreneur, Giuseppe Zambito, un ancien conseiller municipal de Boisbriand, deux employés de la société de génie-conseil BPR et deux employés de la firme d'ingénierie Roche, dont la vice-présidente France Michaud. Pendant des années, ils auraient tous participé à un stratagème favorisant « certaines firmes pour le partage de contrats municipaux lucratifs, explique Denis Morin. Ce système visait aussi à fournir des avantages à certains anciens élus de la ville de Boisbriand en échange de décisions favorables dans l'octroi de contrats ».

Au total, « les suspects font face à 28 chefs d'accusation, poursuit Denis Morin, dont ceux de fraude envers le gouvernement, abus de confiance par un fonctionnaire public, acte de corruption dans les affaires municipales, influencer un fonctionnaire municipal, complot et extorsion. »

De toutes les personnes arrêtées, France Michaud est sans contredit la « prise » la plus surprenante de la journée. Les 13 chefs qui pèsent contre elle en font la personne la plus ciblée par l'enquête. Selon l'une des accusations, elle aurait notamment offert « un prêt, une récompense, un avantage ou un bénéfice » à l'ancienne mairesse Sylvie Saint-Jean en échange de son aide ou de son vote pour « une mesure, une motion ou une résolution ». Cela témoigne du rôle central qu'aurait joué Roche dans la collusion à Boisbriand.

Dans un communiqué laconique émis en début d'après-midi, la firme de génie-conseil rappelle que ses deux employés arrêtés aujourd'hui « sont présumés innocents » et qu'elle ne doute « aucunement de leur intégrité. Nous allons les appuyer dans leur défense ».

• • •

Ce n'est pas la première fois que l'escouade Marteau procède à des arrestations. En avril 2010, les enquêteurs avaient appréhendé une série de suspects à quelques jours d'intervalle dans trois dossiers distincts : l'ancien maire d'Outremont, son ancien attaché politique et l'ex-directeur général de l'arrondissement, accusés notamment de fabrication de faux documents ; deux promoteurs immobiliers qui auraient tenté de corrompre un fonctionnaire de la ville de Québec ; un contremaître de Beaconsfield qui se serait fait offrir deux scies et un compresseur par un entrepreneur. On est loin des scandales coûtant des millions de dollars aux contribuables que décrient les médias depuis 2009…

Après l'opération de ce matin, les enquêteurs se rapprochent du cœur du problème, car, selon les accusations portées, Boisbriand semble être un concentré, voire un microcosme de tous les vices qui rongent le secteur de la construction : allégations de collusion, de corruption, de copinage et d'intimidation. Il s'agit, en quelque sorte, d'une répétition générale pour les policiers avant de s'attaquer aux cas plus complexes de Laval et Montréal. Avec un peu de chance, le coup d'aujourd'hui permettra également à la brigade Marteau de respirer un peu. À force de répéter sur toutes les tribunes que c'est aux policiers de faire le ménage, le gouvernement libéral a transmis une part importante de la pression publique – et politique – sur les épaules des inspecteurs.

Alain Gravel a de quoi être fier. Si l'escouade Marteau s'est intéressée à Boisbriand, c'est assurément grâce à son reportage. Après tout, l'escouade a été créée quelques jours seulement après la diffusion de son enquête sur la tentative de Lino Zambito d'arranger les élections à Boisbriand. Pas question de se péter les bretelles pour autant à ses diverses apparitions à la télé de Radio-Canada pendant la journée. Le reporter se contente de relater sobrement les faits, tout en précisant que « d'autres arrestations seraient imminentes », selon ses sources.

Lors d'une intervention à *24 heures en 60 minutes*, l'animateur interrompt Alain pour indiquer que Radio-Canada vient tout juste de recevoir les images de Lino Zambito quittant le quartier général de la Sûreté du Québec après de longues heures d'interrogatoire. L'entrepreneur passe en vitesse devant les journalistes qui l'attendent à la sortie et ne jette qu'un bref regard aux caméras qui le mitraillent.

• • •

Après la journée perturbée par les arrestations de l'escouade Marteau, l'horaire de Gravel a repris son cours normal et le journaliste a replongé dans les multiples enquêtes qui l'occupent en ce moment, dont un dossier qu'il creuse depuis 2009 et qui tire à sa fin : les allégations de corruption à l'Agence du revenu du Canada.

Difficile d'imaginer un ministère plus névralgique pour le pays. Chaque année, il perçoit près de 180 milliards de dollars en impôts auprès des individus et des entreprises pour le gouvernement fédéral. C'est aussi lui qui enquête lorsque des personnes ou des compagnies sont suspectées de frauder le fisc.

L'Agence se doit d'être au-dessus de tout soupçon. Les gens n'aiment déjà pas payer des impôts ; on imagine aisément leur réaction s'ils apprenaient qu'il y a de la corruption au sein du ministère chargé de percevoir les sommes.

En avril 2009, le ministre du Revenu de l'époque, Jean-Pierre Blackburn, avait donné une conférence de presse révélant que les trois plus grosses entreprises de Tony Accurso – Constructions Louisbourg, Simard-Beaudry Construction et Hyprescon – étaient soupçonnées d'une fraude fiscale de 4,5 millions de dollars. Il s'agit certes d'un crime grave, mais un ministre ne se déplace habituellement pas pour une simple affaire de fraude. S'il était sur place, c'est parce que deux chefs d'équipe de l'Agence du revenu avaient été arrêtés, tandis que deux autres étaient suspendus sans salaire. Les quatre fonctionnaires étaient soupçonnés d'avoir facilité la magouille.

L'affaire semblait être un cas unique, un cas exceptionnel, et pourtant... « Alain, ça fait très longtemps que l'Agence du revenu est rongée par la corruption. » La personne qui a fait cette confidence grave est une source très précieuse de Gravel : la Tuque.

Au cours des années, les journalistes d'*Enquête* ont multiplié les rencontres avec les sources. La plupart des rendez-vous ont eu lieu dans des endroits publics mais discrets, tels des cafés ou des restaurants, mais d'autres étaient dignes d'une série policière. Certains informateurs ont insisté pour parler dans des motels miteux, dans des stationnements déserts ou dans les bois. Gravel a même discuté avec des sources en s'éreintant les mollets à vélo avec elles sur les diverses côtes entourant le mont Royal.

Les reporters d'*Enquête* protègent à tout prix l'identité de leurs sources, même entre eux. Ainsi, Alain Gravel et Marie-Maude Denis ne partagent les noms de leurs contacts qu'avec une seule autre personne : Jean Pelletier. Afin de s'y retrouver plus facilement, Alain leur donne presque tous des surnoms. En plus de Poule et Lénine, il y a notamment Railleur, Le Chef, Roger, Tempête, Pêcheur, monsieur Saint-Hubert, Belette, Nettoyeur, Shimano et Devinci. Ces sobriquets sont choisis de façon un peu aléatoire. Certains proviennent du lieu de la première rencontre, de la météo ou simplement de la passion de l'animateur d'*Enquête* pour le vélo. Le reporter s'assure ainsi que, si ses notes ou ses conversations sont espionnées, personne ne pourra tirer de conclusions sur l'identité d'une source à partir d'un surnom. Et cela vaut aussi pour la Tuque.

La Tuque est l'une des rares sources d'Alain qui n'ont absolument aucun intérêt à parler. Ni financier, ni politique, ni personnel, rien. Il s'agit d'une personne qui, normalement, se tient loin des caméras. Ce dont elle a été témoin à l'Agence du revenu du Canada l'a toutefois choquée au point d'accepter de se confier à un journaliste.

Au cours des deux dernières années, la Tuque a parlé à quelques occasions à Alain pour le guider dans son enquête sur l'Agence du revenu, en plus de fournir d'autres informations fort pertinentes concernant les scandales dans le milieu de la construction. Lentement mais sûrement, Gravel a trouvé d'autres sources qui lui ont confirmé ce que la Tuque affirmait.

Le reporter a ainsi appris que l'enquête sur l'Agence du revenu a commencé grâce à Colisée, une opération antimafia menée par la Gendarmerie royale du Canada. Il s'agit de la plus grande enquête jamais dirigée par le corps policier. Quatre ans de travail qui, avec à l'aide d'une dizaine d'informateurs et d'agents doubles, ont permis d'amasser une quantité faramineuse d'informations, dont des centaines de milliers de conversations téléphoniques.

Au travers de cette montagne de données figurait un élément qui, malgré l'absence de lien avec la mafia, a piqué la curiosité des policiers : selon un informateur, une taupe à l'Agence du revenu aiderait un entrepreneur à flouer le fisc. Celle-ci travaillerait dans les bureaux montréalais du Ministère. La Gendarmerie royale a ouvert une enquête, tout comme l'Agence, ce qui a mené aux deux arrestations et deux suspensions annoncées par Blackburn en 2009.

Mais selon les informations récoltées par Alain Gravel, ce ne seraient pas quatre fonctionnaires de l'Agence qui sont concernés par les enquêtes, mais au moins une douzaine. Dans le lot se trouveraient deux vérificateurs associés avec l'entrepreneur montréalais Francesco Bruno dans une entreprise qui a transféré 1,7 million de dollars dans un compte aux Bahamas. Une perquisition a même révélé que l'un des deux vérificateurs avait rédigé un document – naïvement intitulé *Plan of action* – qui détaille étape par étape les procédures à suivre pour permettre à une société à numéro de Bruno de flouer l'impôt.

À cela s'ajouteraient trois employés de l'Agence qui étaient partenaires avec Bruno dans une entreprise spécialisée dans l'obtention de crédit d'impôt. Elle aurait aidé des compagnies de Bruno et de Tony Accurso à frauder le fisc.

De plus, une source a révélé à Alain que le responsable de la section de la vérification des grandes entreprises recevait des entrepreneurs dans son bureau « après les heures de travail ». Par la suite, les vérifications les concernant «étaient fermées avec peu ou pas de changement ou pas d'augmentation». Ce fonctionnaire, tout comme d'autres vérificateurs visés par les enquêtes de l'Agence et de la Gendarmerie royale du Canada, aurait eu un rythme de vie qui soulevait des questions. Le plus inquiétant dans tout ça : une source d'Alain affirme qu'une dénonciation avait été faite bien avant l'opération Colisée. Pourtant, rien ne s'était passé.

Toutes ces informations seront dévoilées en mars dans un reportage diffusé à *Enquête*. Malgré tout, une partie importante de l'affaire risque de ne jamais être connue du public, ni même de Gravel. Pourquoi ? Parce que les entreprises de Tony Accurso accusées dans cette histoire ont plaidé coupables. L'entrepreneur en soi n'est pas concerné puisque ce sont ses compagnies, et non lui-même, qui étaient visées par les accusations.

Dans notre système judiciaire, une personne ou une entreprise qui plaide coupable à des accusations met un terme à son procès. Le juge rend alors sa décision sans que toutes les preuves soient présentées en cour. Cette façon de procéder fait gagner énormément de temps et d'argent aux tribunaux, aux parties en cause et, ultimement, aux contribuables. Le hic, c'est que cela sert parfois l'intérêt des malfrats.

S'il y a une organisation qui, encore plus que les médias, aurait voulu connaître la preuve amassée contre les entreprises de Tony Accurso, c'est Revenu Québec. L'équation est simple : si les entreprises d'Accurso ont fraudé l'impôt fédéral, elles ont probablement fraudé l'impôt provincial aussi. Or, l'Agence du revenu du Canada ne partage pas la totalité de sa preuve avec ses équivalents provinciaux. Le problème ici, comme Gravel l'a appris plus tard, venait du fait que Revenu Québec soupçonnait que Tony Accurso lui-même puisse avoir commis des infractions, ce qui amenait l'organisme à vouloir poursuivre son enquête.

Plutôt que de se croiser les pouces et d'attendre, Revenu Québec est passé à l'attaque. Le ministère provincial a remporté une première manche, le 9 février 2011, en obtenant de la Cour du

Québec une ordonnance de communication. Celle-ci oblige l'Agence du revenu du Canada à transmettre tous les éléments recueillis dans son enquête sur les entreprises d'Accurso et de Francesco Bruno.

Durant cette période, Alain a rendez-vous avec une autre source qui connaît bien le dossier pour éclaircir certains détails qui lui échappent: le Mirador. C'est l'une de ses meilleures sources et ils ont des contacts réguliers. La rencontre est brève, quelques minutes à peine. Juste avant que Gravel quitte l'endroit, sa source lui tend une petite pile de feuilles agrafées. « Tiens, ça pourrait t'intéresser. *For your eyes only.* »

Gravel se réfugie dans son bureau à Radio-Canada en vitesse pour lire le document à l'abri des regards indiscrets. Une fois dans son bureau, il sort le dossier de son sac et regarde la première page qui porte le titre *Motifs raisonnables à l'appui de la demande.* Un seul regard suffit pour comprendre qu'il s'agit d'un rapport juridique. Et Alain n'a qu'à parcourir quelques lignes pour réaliser à quel point son contenu est d'intérêt public.

Le texte détaille les informations remises par Revenu Québec à la cour pour justifier sa demande d'ordonnance de communication à l'endroit de l'Agence du revenu du Canada. Et apparemment, le ministère québécois a des raisons de croire, contrairement à son équivalent fédéral, que Tony Accurso était personnellement impliqué dans la fraude dont ses entreprises ont été reconnues coupables.

L'univers n'existe plus autour d'Alain. Il tient le document à deux mains, complètement plongé dans sa lecture, et ses yeux s'écarquillent au fur et à mesure qu'il tourne les pages.

« L'analyse des 10 395 chèques émis par la société Simard-Beaudry Construction inc. au cours de l'année 2006 fait ressortir que le nom d'Anthony Accurso apparaît sur 146 de ces chèques, à titre de signataire, dont les cinq chèques émis au nom de la société 3703436 Canada inc. mentionnés au point 18.11.2. » Pour un non-initié, ce paragraphe pourrait sembler banal. Pour quiconque croit que la société 3703436 émettait de fausses factures, ce passage suggère qu'Accurso a eu un rôle à jouer dans la fraude.

Plus loin, Revenu Québec allègue que de fausses écritures comptables de plusieurs millions de dollars dans les livres des compagnies de Tony Accurso servaient à « camoufler des dépenses de nature personnelle au bénéfice de monsieur Anthony Accurso et des membres de sa famille ». Celles-ci incluaient notamment plus de 230 000 dollars dans des hôtels et des boutiques chics de Montréal, ainsi que des travaux sur le bateau d'Accurso et dans les résidences personnelles de l'entrepreneur et de son fils.

Question de boucler la boucle, le ministère québécois écrit avoir « des raisons de croire que monsieur Accurso a fait des déclarations fausses ou trompeuses, ou participé, consenti ou acquiescé à leur énonciation en omettant d'inclure dans ses déclarations pour les années 2004 à 2008 des revenus additionnels pour un montant indéterminé ».

Gravel relit encore et encore le texte sans y croire. Il savait que Revenu Québec voulait obtenir la preuve de l'Agence, mais là, c'est différent. Le provincial semble déterminé à pousser l'enquête beaucoup plus loin que l'a fait le fédéral.

Le vétéran journaliste n'a jamais été partisan de brandir des textes en ondes. Il répète toujours à qui veut bien l'écouter que « du papier, ça fait pas de la bonne télé ». Il se montre toutefois prêt à faire exception. De fait, le document du Mirador s'intégrerait à merveille à son reportage sur l'Agence du revenu du Canada, qui doit être diffusé d'ici la mi-mars.

Le projet n'ira toutefois pas bien loin : sa source refuse que le document soit rendu public.

• • •

Le reportage d'Alain Gravel sur l'Agence du revenu du Canada est diffusé en mars comme prévu, sans le document remis par le Mirador. D'abord dans sa version réduite pour le *Téléjournal* du 9 mars, puis dans sa version intégrale, dans le cadre d'*Enquête*, le 10 mars 2011.

Dès qu'elle reçoit le feu vert de la source pour enfin divulguer l'information contenue dans le document, l'équipe d'*Enquête* prend contact avec les entreprises d'Accurso à plusieurs reprises pour leur offrir un droit de réplique. Les jours passent et elle ne reçoit aucune réponse. En avril, Gravel dévoile donc une petite partie du document au *Téléjournal*. C'est là qu'il révèle également que Tony Accurso a récemment entrepris de nouvelles procédures judiciaires pour empêcher Revenu Québec d'obtenir les informations à son sujet réclamées à l'Agence du revenu du Canada. Qui plus est, Accurso a demandé à la Cour supérieure que ces procédures soient gardées secrètes. En fait, à la demande de l'entrepreneur, tout le dossier de l'ordonnance de communication a été mis sous scellés le 16 février 2011, y compris le texte remis par le Mirador.

Le 31 mai 2011, Gravel revient à la charge en divulguant au *Téléjournal* d'autres parties du document, et Radio-Canada en publie même des extraits en ligne. Voici la nouvelle que diffuse le site Internet de Radio-Canada, ce jour-là, d'après un reportage d'Alain Gravel, sous le titre « Tony Accurso soupçonné de fraude fiscale par Revenu Québec » :

> « *Un document de cour déposé par Revenu Québec soulève des questions sur la possible implication de Tony Accurso dans la vaste fraude fiscale impliquant deux de ses entreprises.*

> « *Selon ce document, intitulé le projet "Touch", Tony Accurso a signé de sa main des chèques permettant à une de ses entreprises de se procurer des millions de dollars en fausses factures.*

> « *L'Agence du revenu du Canada, qui a réalisé l'enquête sur cette fraude, a toujours soutenu qu'elle n'avait pas la preuve de l'implication personnelle de l'homme d'affaires dans cette histoire.*

> « *Les journalistes de l'émission Enquête ont obtenu le document en question. [...]* »

24

DU RAPPORT DUCHESNEAU
À LA COMMISSION CHARBONNEAU

> « *Nous avons ainsi découvert un univers clandestin*
> *et bien enraciné, d'une ampleur insoupçonnée, néfaste*
> *pour notre société aussi bien sur le plan de la sécurité*
> *et de l'économie que sur celui de la justice et de la démocratie.* »

Extrait du rapport Duchesneau

JUILLET 2011

Le léger clapotis de l'eau berce Alain tandis qu'il se laisse flotter dans la piscine, les yeux fermés. Sa peau absorbe les chauds rayons du soleil italien. Le monde n'existe plus. Il ne reste que l'eau, la chaleur et cette douce sensation d'apesanteur.

Gravel demeure ainsi quelques minutes, puis fait deux brasses et se hisse hors de la piscine en projetant des gerbes d'eau sur le béton brûlant. Il agrippe sa serviette, s'essuie paresseusement et s'installe dans une chaise pour se laisser sécher au soleil pendant qu'il observe le paysage. Au loin, des vallons couverts de végétation éparse oscillent à l'horizon. Tout près, des oliviers centenaires au feuillage presque gris poussent en rangées désordonnées. Tout est immobile, comme si la nature elle-même faisait la sieste en ce torride après-midi d'été.

À l'instant où il est arrivé avec Marie dans ce petit gîte de la campagne toscane, Alain a senti tout le stress des derniers mois s'évaporer d'un coup. Balades dans l'oliveraie, visites de vignobles, cafés dans les coquets villages, longs repas copieux… Ici, rien ne fait penser aux scandales de la construction. Enfin, presque rien.

Au début du séjour, Alain s'est lié d'amitié avec leur voisin de chambre, un Danois qui partage une passion commune avec le reporter : la mafia. Au grand désespoir de Marie, le sujet de conversation revient invariablement lorsqu'ils croisent l'homme au bord de la piscine, au restaurant ou dans un café. «On est en vacances, Alain, décroche donc un peu ! » lui répète Marie, exaspérée d'entendre son chum parler de la Camorra, de la Cosa Nostra ou encore de la 'Ndrangheta. Au moins, elle est parvenue à convaincre le journaliste de ne pas prendre ses courriels.

Bien sec, Alain se dirige vers sa chambre. Marie est partie marcher dans les alentours et le journaliste se dit qu'il pourrait en profiter pour faire la sieste avant l'apéro. En s'assoyant sur le matelas, son BlackBerry posé sur la table de chevet attire son attention. «Juste un petit coup d'œil», pense Gravel en allumant l'appareil.

Une longue liste de courriels non lus apparaît à l'écran. Alain les fait défiler en lisant ceux qui semblent importants : une information d'une source, un commentaire de Jean Pelletier, une question d'un réalisateur. Un message pique la curiosité de Gravel. Il hésite une fraction de seconde, puis, se promettant de ne pas se laisser ébranler, ouvre le courriel. Il n'aurait pas dû.

Accurso, ou plutôt une de ses entreprises, Constructions Louisbourg, poursuit Radio-Canada pour outrage au tribunal. La compagnie reproche à la société d'État d'avoir diffusé un document juridique qui se trouvait sous scellés – celui remis à Alain par le Mirador.

Alain n'essaie même pas de faire la sieste. Il y a quelques minutes à peine, lire ses courriels lui semblait une bonne idée. À présent, il s'en mord les doigts. À quoi pensait-il ? Depuis l'Italie, il ne peut absolument rien faire pour régler le problème, si ce n'est d'angoisser jusqu'à la fin de ses vacances.

À l'instant même où Marie revient dans la chambre, elle remarque que quelque chose ne va pas. « Ça va ? » demande-t-elle à Alain en voyant son visage grave. Le reporter lui avoue avoir regardé ses messages – « Je t'avais dit de pas faire ça ! », s'exclame Marie – et explique la situation. Marie a beau essayer de le rassurer, lui dire de ne plus y penser d'ici la fin des vacances, rien n'y fait. Le hamster s'est mis à tourner dans la tête d'Alain et rien ne peut arrêter sa course folle, pas même la paisible campagne toscane.

• • •

Depuis le dépôt de sa poursuite de 2,5 millions de dollars contre Alain Gravel et Radio-Canada en 2009, Tony Accurso a multiplié les procédures juridiques contre la société d'État et ses journalistes. En janvier 2010, l'entrepreneur a entrepris un recours de 3,5 millions de dollars contre Radio-Canada à la suite d'un reportage dans lequel on affirmait à tort qu'Accurso était présent aux funérailles du fils aîné du parrain de la mafia montréalaise, Vito Rizzuto. Un an plus tard, ce sera au tour de Marie-Maude Denis d'être ciblée. Il lui réclamera 2,5 millions de dollars pour avoir sali, selon lui, sa réputation avec un reportage sur un projet immobilier impliquant la FTQ et des proches de la mafia.

Au total, Accurso exige 8,5 millions de dollars à Radio-Canada et à ses journalistes. Bien que Marie-Maude, Alain et d'autres journalistes soient personnellement nommés dans les poursuites, ils n'auront probablement pas à payer des millions de dollars personnellement en cas de défaite. Les trois reporters n'en dorment pas l'esprit léger pour autant. Un revers en cour aurait une incidence immense sur leur réputation. Et personne n'a envie d'être celui qui a fait perdre une fortune à son employeur…

S'il y a une personne que cette situation inquiète davantage que Gravel, c'est le Mirador. Plus que jamais, il craint que son identité soit dévoilée, que sa vie soit détruite. Le journaliste le rassure régulièrement. En cas de perquisition aux bureaux d'*Enquête*, rien dans ses notes et ses documents ne permettrait de remonter jusqu'au Mirador. Et si jamais le juge exige que l'identité de la source soit révélée, Alain Gravel préférerait aller derrière les barreaux plutôt que de parler.

Aux yeux de l'animateur d'*Enquête*, l'objectif ultime des procédures judiciaires d'Accurso et de ses entreprises est simple : intimider les journalistes de Radio-Canada et des autres grands médias. Et là, il est question d'un média qui possède les moyens de se défendre. Imaginez l'effet paralysant que peuvent avoir ces menaces sur un hebdomadaire ou un journal de région avec un budget beaucoup plus modeste. Peu d'entre eux oseront enquêter sur Accurso sachant qu'une menace judiciaire pend comme une épée de Damoclès au-dessus des salles de rédaction de la province.

Marie-Maude Denis et Alain Gravel ont beau jouer les durs en public et faire comme si tout cela ne les touchait pas, il n'en demeure pas moins que les procédures judiciaires sont lourdes à porter. Ils passent énormément de temps à préparer leur défense, à se présenter au tribunal lorsque nécessaire, etc. Chaque semaine, l'espace consacré aux documents juridiques dans le bureau d'Alain Gravel augmente. Il y a des papiers de cour dans son étagère, sur son classeur, sur sa table, dans son ordinateur... Et il dispose de moins en moins de temps et d'énergie pour ses enquêtes.

• • •

Alain sort de chez lui et enfourche son vélo, l'esprit préoccupé par les procès à venir. Cela fait quelques semaines déjà qu'il est revenu d'Italie et le stress n'a fait qu'augmenter depuis. Il est si absorbé par ses pensées qu'il lui faut une fraction de seconde pour réaliser que son voisin, conseiller juridique de la police, lui fait signe de la main. Tout au long de l'été, Alain l'a vu jardiner avec un chapeau de paille sur la tête. Le reporter a essayé de l'approcher une fois ou deux, sans jamais trouver rien de mieux à dire que des politesses entre voisins. Ce n'est pas avec un « Belle journée, hein ? » que Gravel le convaincra de partager les secrets de la police…

Aujourd'hui, c'est ce voisin qui engage la conversation et Gravel se rapproche pour l'écouter. « Beau travail, monsieur Gravel. Continuez comme ça », l'encourage l'homme avec le sourire. Cette fois, l'occasion est trop belle pour la laisser passer.

— Justement, j'aimerais ça vous parler de tout ça, bientôt, commence le journaliste avant que l'avocat tourne les talons.

— Ça va me faire plaisir de vous parler, monsieur Gravel…

Le cœur du journaliste s'accélère.

— Appelez au service des communications et ils vont arranger un rendez-vous.

Gravel déchante aussitôt. Dire à un journaliste d'appeler le service des communications est une façon polie de refuser de parler. Même si Gravel communiquait avec la police et fixait un rendez-vous avec cet avocat, il s'agirait d'une entrevue officielle et un relationniste serait présent dans la salle. En d'autres mots, Alain n'obtiendrait ni confidence ni document révélateur.

Résigné, Gravel souhaite une bonne journée à son voisin et pédale en direction du bureau.

• • •

Marie-Maude Denis regarde la pile de feuilles sur son bureau comme s'il s'agissait du plus beau des cadeaux de Noël. Après des mois de pressions, elle a finalement obtenu le rapport de Jacques Duchesneau, le patron de l'Unité anticollusion du Québec. Lorsqu'elle a rencontré Duchesneau pour la première fois, en 2009, jamais elle n'aurait pu deviner que l'homme lui remettrait un jour un document qui ébranlerait la province en entier.

C'est une source policière qui a suggéré à Marie-Maude d'entrer en contact avec Duchesneau. À l'époque, l'homme avait récemment quitté son poste de président et chef de la direction de l'Administration canadienne de la sûreté du transport aérien et commençait une thèse de doctorat sur le terrorisme aérien au Collège militaire royal du Canada, à Kingston. À première vue, le lien avec la construction est inexistant. Quiconque a un peu de mémoire se souviendra toutefois qu'avant de s'intéresser au milieu de l'aviation, Duchesneau a dirigé le Service de police de la Ville de Montréal. On lui doit notamment l'implantation de la police de quartier. L'homme a aussi tenté de se faire élire à la mairie de Montréal en 1998, sans succès.

Marie-Maude Denis a donc donné un coup de fil à Duchesneau pour découvrir qu'il ne possédait pas d'informations spécifiques concernant ses enquêtes. Parallèlement à cela, l'émission *24 heures en 60 minutes*, qu'anime Anne-Marie Dussault, s'est mise à inviter l'ex-policier de temps à autre pour qu'il commente les divers scandales sur l'industrie de la construction dévoilés par Radio-Canada et les autres médias.

Après un de ses passages à *24 heures en 60 minutes*, Duchesneau a croisé Marie-Maude Denis par hasard dans un corridor de Radio-Canada. C'était la première fois qu'ils se rencontraient et l'ex-policier a couvert d'éloges la jeune journaliste pour son travail. Ils ont discuté un moment de certains dossiers auxquels elle travaillait et les idées de Duchesneau se sont révélées intéressantes. Dès lors, Marie-Maude l'a appelé à l'occasion pour obtenir son avis sur certains sujets. Contrairement aux libéraux, il affirmait souvent que seule une commission publique permettrait de faire le ménage dans le milieu de la construction.

Ces discussions se sont poursuivies épisodiquement jusqu'au 23 février 2010. La ministre des Transports du Québec, Julie Boulet, donnait cette journée-là une conférence de presse pour dévoiler un investissement massif de 4,2 milliards dans le réseau routier de la province. L'occasion idéale, pour les journalistes, de talonner la ministre sur la collusion et les coûts de construction anormalement élevés au Québec par rapport aux autres provinces. Julie Boulet s'y était préparée. Elle a causé la surprise en annonçant la création d'une unité anticollusion dont la direction serait assurée par... Jacques Duchesneau.

Marie-Maude n'en croyait pas ses oreilles. Pour elle, accepter ce poste revenait à endosser la position des libéraux. Pourtant, Duchesneau avait maintes fois critiqué le gouvernement au cours de leurs conversations. La journaliste n'a pas gardé ses pensées pour elle-même. Cela ne lui ressemble pas, du reste. Dès qu'elle en a eu l'occasion, elle a appelé l'ex-policier pour lui dire ses quatre vérités. « Tu es devenu la caution morale du MTQ [ministère des Transports du Québec] », s'est-elle exclamée. Duchesneau lui a dit qu'il n'en était rien, qu'il avait l'intention de mener une enquête sérieuse et qu'il n'hésiterait pas à dénoncer le gouvernement publiquement si rien ne changeait. L'ex-policier paraissait de bonne foi et Marie-Maude s'est calmée. Les premiers mois ont semblé donner raison à Marie-Maude. Au téléphone, l'homme se plaignait de ne pas avoir les ressources nécessaires pour faire son travail – après plusieurs semaines, son équipe n'avait toujours pas d'ordinateurs !

En cours d'enquête, Duchesneau s'est retrouvé sur la sellette lorsque TVA a révélé qu'il aurait demandé à un des organisateurs de sa campagne à la mairie d'agir comme prête-nom pour dissimuler la source d'un prêt à son parti politique. Il a quitté son poste à l'Unité anticollusion en novembre 2010, le temps que le directeur général des élections fasse la lumière sur les allégations formulées. Ce dernier a blanchi l'ex-policier en février 2011. Le même mois, le gouvernement crée l'Unité permanente anticorruption, dont l'objectif est de coordonner les diverses enquêtes sur le milieu de la construction, dont celles de l'escouade Marteau et de l'Unité anticollusion.

Parallèlement, Marie-Maude essayait d'obtenir une copie du rapport auprès de diverses sources à l'Unité anticollusion. En septembre 2011, sept mois plus tard, ce qui serait bientôt connu comme le rapport Duchesneau se trouve enfin entre ses mains.

La journaliste lit la première page en diagonale – elle détaille la création et le mandat de l'Unité anticollusion –, puis plonge dans la deuxième. « Nous avons ainsi découvert un univers clandestin et bien enraciné, d'une ampleur insoupçonnée, néfaste

pour notre société aussi bien sur le plan de la sécurité et de l'économie que sur celui de la justice et de la démocratie», écrivent les
enquêteurs. Le ton est donné pour la suite du document.

Au cours de leurs travaux, les auteurs ont interviewé de nombreux
témoins ayant tous requis l'anonymat. Ce n'est pas Marie-Maude
qui va critiquer cela ; dans les dernières années, elle a réalisé à
plus d'une reprise que les gens prêts à parler à visage découvert sont
rares. Et à lire ce que les sources de l'Unité anticollusion racontent,
dont ce témoignage d'un ingénieur, on comprend pourquoi :

> « Le truc est le suivant : c'est l'entrepreneur qui facilite le tour de
> passe, mais c'est en haut que ça se joue. Mettons que l'ingénieur
> de la firme chargée de la surveillance doit autoriser un extra
> de 100 000 $ pour des travaux supplémentaires. Il trouve
> moyen d'aller chercher le double auprès du MTQ. Il y a donc
> un 100 000 $ blanchi à se partager : la firme pourra l'utiliser
> pour contribuer à des caisses électorales et l'entrepreneur
> pour payer ses travailleurs au noir. »

Ces extras inquiètent beaucoup l'Unité anticollusion, qui
observe que «ces réclamations ne font pas l'objet d'enquêtes ou de
vérifications approfondies de la part du ministère [des Transports
du Québec] et leur bien-fondé n'est donc jamais établi». De façon
générale, le Ministère se contente de payer le tiers des suppléments
exigés par les entrepreneurs lorsque ceux-ci entament des procédures judiciaires. « Or ce mode de règlement des réclamations ne
constitue rien de moins qu'une banalisation des dépassements de
coûts dont plusieurs ne se privent pas de profiter», lit Marie-Maude.

Les enquêteurs dénoncent aussi l'habitude du Ministère de
confier une part importante des travaux aux firmes de génie-conseil
plutôt que d'utiliser ses propres ingénieurs. Au fil du temps,
celui-ci perd ainsi une expertise inestimable.

Fidèle à ce qu'il avait confié à Marie-Maude lors de sa nomi-
nation, Duchesneau n'a pas épargné la classe politique. Un long
témoignage d'un ancien conseiller politique donne plutôt froid
dans le dos :

« *Le secteur de la construction est extrêmement sollicité par les partis de tous les paliers de gouvernement, pour ce qu'on appelle du financement sectoriel. Le financement populaire, c'est beau, mais il s'agit d'un vœu pieux. Vous en connaissez, vous, des gens de votre entourage qui contribuent à des partis politiques uniquement par conviction ? Non ! Les partis n'ont donc pas le choix d'aller tous frapper aux mêmes portes : celles des ingénieurs-conseils et des entrepreneurs. Du coup, à travers des professionnels du financement, les politiciens encouragent la déviance et se mettent en position de vulnérabilité face à l'industrie. Ils ne se préoccupent que de savoir si la lettre de la loi a été respectée : les contributions ont-elles été faites à l'aide de chèques personnels n'excédant pas le maximum autorisé ? Dans les faits, ils savent très bien qu'une entreprise a contribué plus de 100 000 $ à la caisse électorale et c'est pour cette raison, notamment, que les gens de la construction ont si facilement accès aux décideurs sur qui ils peuvent exercer une grande influence. Ironiquement, cette influence, ils l'ont acquise à partir de l'argent qu'ils tirent des contrats qu'ils exécutent pour les administrations publiques. Plus ils ont de contrats, plus ils donnent ; plus ils donnent, plus ils ont de l'influence ; plus ils ont de l'influence, plus ils ont de contrats. Et cette influence, ils l'exercent ensuite partout via [sic] l'argent public, que ce soit en siégeant sur [sic] des fondations ou en faisant des levées de fonds [sic] pour des œuvres caritatives. Ils deviennent presque intouchables compte tenu de tous ces rapports enchevêtrés.* »

Une situation qui, si elle devait s'intensifier, pourrait être le point de départ « d'une infiltration voire d'une prise de contrôle [par des entrepreneurs et des firmes de génie-conseil] de certaines fonctions de l'État ou des municipalités, comme celle de l'octroi de contrats publics », avertissent les auteurs du rapport. Voilà qui est plutôt alarmant.

Pour Marie-Maude, cette lecture représente une synthèse de toutes les allégations qui sortent presque chaque semaine depuis

2008 dans les journaux et à la télévision: collusion, corruption, crime organisé, extras, entrepreneurs, politiciens, ingénieurs, mafieux, motards... Même s'il n'apporte pas énormément d'éléments nouveaux, le rapport Duchesneau constitue un tournant: il valide officiellement le travail de Marie-Maude Denis, d'Alain Gravel, de l'équipe d'*Enquête* et de tous les autres médias qui ont multiplié les révélations sur l'industrie de la construction.

Dès qu'elle termine la lecture du document, Marie-Maude le feuillette de nouveau pour relire les passages qu'elle a surlignés et choisir ceux qu'elle intégrera à son reportage, non pas pour *Enquête*, mais pour le *Téléjournal* de 18 h. Elle ne veut pas prendre le risque d'attendre plusieurs jours avant d'utiliser cette fuite.

Et elle fait bien, car, comme elle le découvrira demain matin, *La Presse* a aussi obtenu le rapport Duchesneau. Le 14 septembre 2011, Radio-Canada dévoile donc en primeur les conclusions du rapport jusque-là secret de l'Unité anticollusion. «Marie-Maude, c'est extrêmement troublant. En fait, ça vient confirmer tout ce que vous et vos collègues nous dites depuis deux ans», dit Céline Galipeau à la journaliste.

• • •

Les réactions politiques au rapport Duchesneau sont immédiates. Dès le lendemain de son dévoilement, le journaliste Tommy Chouinard écrit sur *Cyberpresse* que le directeur général des élections, Jacques Drouin, est «ébranlé» et «consterné» par les révélations de l'Unité anticollusion sur le financement occulte des partis politiques par des firmes de génie et de construction. Il entend rencontrer prochainement Jacques Duchesneau afin d'obtenir des renseignements qui lui permettront d'ouvrir des enquêtes.

La même journée, le nouveau ministre des Transports, Pierre Moreau, déclare au cours d'un point de presse être «profondément convaincu que la majorité des hommes et des femmes à l'emploi du MTQ sont d'une probité exemplaire», sans pour autant nier les conclusions de l'Unité anticollusion. Il affirme qu'« entre 10 et 13 dossiers » auraient été transmis par l'équipe de Duchesneau à l'Unité permanente anticorruption pour mener une enquête plus approfondie. « Ce rapport ne sera pas rendu public », prévient toutefois le ministre, car sa publication pourrait nuire au travail des policiers.

La Société Radio-Canada ne l'entend pas ainsi. « Dans un souci de transparence et pour servir l'intérêt public, le service de l'Information de Radio-Canada met en ligne le rapport de l'Unité anticollusion du Québec », écrit-elle sur son site Web, où les lecteurs peuvent désormais consulter et télécharger le document.

Le 16 septembre 2011, deux jours après le reportage de Marie-Maude, le premier ministre Jean Charest brise enfin le silence. Il déclare ne pas avoir lu le rapport et que ce dernier semble basé essentiellement sur des allégations. « Il faut faire la part des choses dans tout ça […] Il peut y avoir des gens qui pensent des choses, mais entre penser des choses, pis des allégations, et la réalité, là, les faits, y a une distance. » Son discours demeure inchangé : la solution passe par les policiers et les mesures annoncées jusqu'à présent sont suffisantes.

Le premier ministre a beau se vouloir rassurant, le tollé ne fait que croître au fil des jours. Au moment de créer l'Unité anticollusion, la réputation de Jacques Duchesneau avait servi le gouvernement. Aujourd'hui, cette arme s'est retournée contre lui. Les libéraux doivent s'en mordre les doigts d'autant plus que les derniers mois avaient été tranquilles dans l'actualité. Les demandes pour la tenue d'une commission d'enquête publique avaient presque disparu. Maintenant, elles sont sur toutes les lèvres.

Une semaine après le dévoilement du rapport Duchesneau par Marie-Maude, la chef du Parti québécois, Pauline Marois, dépose une motion voulant que l'Assemblée nationale exige la tenue d'une commission d'enquête publique. Une motion qui est, sans surprise, rejetée par le Parlement où les libéraux sont majoritaires.

Les jours passent, mais le patron de l'Unité anticollusion continue de hanter le gouvernement. Jacques Duchesneau fait un passage remarqué à *Tout le monde en parle*, puis en commission parlementaire, où il réclame, une fois de plus, la tenue d'une commission d'enquête.

Finalement, le 6 octobre 2011, *La Presse* annonce l'inévitable à la une :

« CHAREST PLIE

« Québec s'apprête à donner le feu vert à une commission d'enquête. Mais le gouvernement penche pour une formule à huis clos. »

La primeur a été obtenue par l'infatigable journaliste de *La Presse* Denis Lessard, réputé pour ses nombreuses nouvelles exclusives. « Après des mois de refus catégorique, le gouvernement va annoncer, d'ici deux semaines, qu'il mettra en place une enquête sur l'industrie de la construction, une "solution convenable" qui s'appuiera, surtout, sur des audiences à huis clos », écrit le journaliste en page A6. Selon ses informations, « [le] témoignage percutant du responsable de l'Unité anticollusion du ministère des Transports, Jacques Duchesneau, a enlevé toute marge de manœuvre au gouvernement. »

Comme révélé par *La Presse*, c'est près de deux semaines plus tard, le 19 octobre, que Jean Charest annonce finalement la tenue d'une commission d'enquête publique, qui sera dirigée par la juge France Charbonneau. La femme s'est forgé une réputation solide à l'époque où elle était procureure : elle avait fait condamner le chef des Hells Angels, Maurice « Mom » Boucher, à l'emprisonnement à vie pour le meurtre de deux gardiens de prison.

Au début, les libéraux limitent le mandat et les pouvoirs de la commission. Une partie importante des audiences se fera à huis clos et les gens ne pourront pas être contraints à témoigner. Les partis d'opposition y voient un « écran de fumée », un « simulacre » de commission. En novembre, devant le tollé général, le gouvernement Charest fait de nouveau volte-face et accorde les pleins pouvoirs à la commission. Plus de trois ans après le premier reportage d'*Enquête* sur la FTQ, la commission Charbonneau voit le jour.

25
UNE BELLE LECTURE DE VACANCES

HIVER 2012

Alain baisse la braguette de son pantalon sans porter attention au colosse installé à l'urinoir à côté de lui. L'homme, lui, a remarqué le journaliste à l'instant même où il est entré dans les toilettes. « Monsieur Gravel, on peut se serrer la main ? » lance-t-il de sa grosse voix.

Surpris, le reporter tourne la tête pour voir son interlocuteur. Lino Zambito, l'entrepreneur dont il a changé le destin, est installé devant l'urinoir à côté de lui. Aucune trace de haine ni de rancune n'est visible derrière le sourire qu'il arbore en attendant la réponse de Gravel. « OK, mais lavez-vous les mains avant ! », rétorque le journaliste en riant.

Alain Gravel savait que sa collègue Marie-Maude Denis s'entretenait avec Zambito depuis quelque temps pour un reportage sur le rôle de la firme de génie-conseil Roche dans la collusion et le financement politique à Boisbriand. Il ne s'attendait toutefois pas à croiser l'entrepreneur par hasard dans les toilettes publiques de Radio-Canada.

Les deux hommes marchent en bavardant vers les bureaux d'*Enquête*, où Zambito a rendez-vous avec Marie-Maude. L'entrepreneur vient un moment dans le bureau de Gravel, et la discussion tombe rapidement sur Boisbriand. Zambito veut s'expliquer. C'est d'ailleurs pour cela que ce dernier a accepté de se confier à Marie-Maude. L'homme d'affaires reconnaît ne pas s'être comporté comme un ange, mais il n'est pas seul et il n'a pas l'intention de tomber seul. Alain serre la main de Lino Zambito encore une fois, puis le laisse aller rejoindre Marie-Maude. Au cours des mois qui suivront, les deux hommes se parleront régulièrement. L'entrepreneur lui confiera un jour qu'*Enquête* a fait « une bonne job » avec son reportage sur Boisbriand. Il a été perquisitionné, a fait faillite, a été arrêté et sera même sous protection policière lorsqu'il témoignera à la commission Charbonneau. Tout ça en grande partie à cause de Gravel. « J'ai creusé sa tombe et, lui, il me pardonne », se répétera souvent le journaliste, incrédule.

• • •

« Silence, veuillez vous lever ! ordonne l'huissière-audiencière. La Cour supérieure, présidée par l'honorable Jean-Pierre Senécal est ouverte. » Le juge entre dans la salle d'audience par la porte arrière vêtu de sa toge rouge et noire. Ce n'est qu'une fois le magistrat en place dans son siège surélevé que l'huissière-audiencière permet aux personnes présentes dans la pièce, dont Alain Gravel, de s'asseoir à leur tour. L'animateur a assisté à plusieurs procès par le passé à titre de journaliste. Aujourd'hui, c'est différent : il fait partie des témoins.

D'un côté de la salle se trouvent les trois avocats de Constructions Louisbourg, dont le principal est Luc Giroux, et de l'autre figure Geneviève Gagnon, l'avocate qu'a embauchée Radio-Canada pour se défendre contre l'accusation d'outrage au tribunal dans l'affaire de Revenu Québec. Chacun son tour, les avocats se lèvent pour s'adresser au juge afin de régler les formalités qui précèdent les plaidoiries. Alain n'écoute que d'une oreille, l'esprit préoccupé par ce qui s'en vient.

L'argumentaire de maître Giroux est essentiellement que l'ordonnance de mise sous scellés du document dévoilé par Radio-Canada suppose *de facto* une ordonnance de confidentialité et, donc, de non-publication. Maître Gagnon affirme, quant à elle, le contraire.

Alain Gravel est appelé à la barre.

L'interrogatoire est mené par Luc Giroux, un juriste d'expérience aux yeux clairs et aux lèvres fines qui roule ses *r*. Comme bien d'autres avocats, il a l'air sévère dans sa toge. Gravel s'est bien préparé pour cet exercice. Il maîtrise le dossier et en connaît toutes les nuances sur le bout des doigts. N'empêche, il se sent nerveux seul à la barre.

« Alors, Monsieur Gravel, on vous connaît tous, commence maître Giroux, mais, pour les fins de la sténographie, peut-être des questions évidentes que j'vas vous poser auxquelles j'vas vous demander de répondre. D'abord, j'comprends que vous êtes journaliste ? »

Les premières questions de l'avocat sont simples. Il interroge Alain sur son expérience, son rôle à Radio-Canada, sur le processus décisionnel à la salle des nouvelles, etc. Ce n'est qu'après plusieurs minutes que maître Giroux tombe dans le vif du sujet et mentionne le document remis par la source d'Alain, le Mirador, mais dont l'avocat ignore tout, même le nom de code.

Dans les jours qui ont précédé le procès, Gravel a parlé au Mirador à quelques reprises. Celui-ci est inquiet – très inquiet – que le juge ordonne au journaliste de divulguer le nom de son informateur. Alain lui a juré qu'il irait en prison avant de le trahir, mais la source reste craintive. Devant la menace des barreaux, le reporter tiendrait-il réellement sa promesse ?

Chose certaine, Gravel garde sa parole devant l'avocat et est très prudent dans ses réponses. Il admet être en possession du document depuis au moins le 16 février, soit avant sa mise sous scellés, mais il refuse de donner le moment exact afin de « protéger sa source ». La date en elle-même ne permettrait pas de remonter jusqu'au Mirador. Mais combinée à d'autres petits indices que le reporter pourrait involontairement donner ici et là au cours de son interrogatoire, cette information pourrait être révélatrice.

Guidé par les questions de maître Giroux, Alain explique pourquoi Jean Pelletier et lui ont estimé pouvoir diffuser le document en toute légalité. S'ensuivra un interrogatoire éprouvant, au cours duquel le journaliste ne révélera jamais l'identité de sa source.

• • •

En mars 2012, le son des vagues berce Alain tandis qu'il est allongé avec Marie à l'ombre d'un parasol sur une plage de la République dominicaine. Le couple a pris une semaine dans un Club Med pour se reposer à l'abri du froid québécois.

Cette fois, le journaliste s'est promis de décrocher à cent pour cent pendant ses vacances. Pas de cellulaire, pas de courriels, *niet*! Juste au cas où il flancherait, il a prévenu la direction de Radio-Canada de ne surtout pas lui écrire si une nouvelle poursuite est déposée. « Je ne veux pas le savoir avant mon retour ! »

Alain ne se souvient plus de la dernière fois où il s'est senti aussi détendu. Il pousse un soupir de contentement en regardant les vagues s'échouer l'une après l'autre sur le sable, puis tend la main vers son sac de plage, d'où il sort sa lecture de vacances. « Encore ! s'exclame Marie en voyant la couverture. Ça fait quatre fois que tu le lis ! » Le journaliste lui renvoie un sourire pour toute réponse. Il a reçu le texte quelques jours avant de prendre l'avion. En temps normal, c'est le genre de littérature qui l'ennuie à mourir, mais cette semaine c'est tout le contraire. « Écoute ça, c'est écœurant ! », dit-il à Marie en lisant un passage à voix haute :

> « *Alain Gravel a expliqué au cours de son témoignage pourquoi il n'a jamais personnellement compris que la mise sous scellés impliquait la confidentialité des informations contenues dans le dossier mis sous scellés. Si une scène de crime est vue par un journaliste avant que les scellés soient apposés sur la porte qui en permet l'accès, rien n'empêche le journaliste de faire état de ce qu'il a vu et de le publier. Ce qui lui est interdit, c'est de briser les scellés pour satisfaire sa curiosité. De l'avis de la Cour, il a parfaitement raison.* »

Le reporter tourne la tête vers sa blonde pour voir sa réaction, mais elle ne l'écoute pas. Alain lui a déjà lu assez d'extraits du jugement pour qu'elle puisse en citer par cœur. Loin de s'en offusquer, Gravel replonge dans sa lecture et s'arrête longuement sur les paragraphes qu'il aime particulièrement.

« *[70] L'ordonnance de M. le juge Boyer était une ordonnance de mise sous scellés. Elle ne comprenait pas une ordonnance de non-publication ni de confidentialité des informations mentionnées dans un document se trouvant dans le dossier de la Cour du Québec mis sous scellés. Par ailleurs, la preuve fait voir que ni Alain Gravel, ni un autre employé de Radio-Canada n'ont violé les scellés du dossier. En réalité, la preuve est à l'effet que Radio-Canada a obtenu les renseignements en litige avant l'émission de l'ordonnance de mise sous scellés et par le biais d'une source confidentielle. Il apparaît donc que cette source avait elle-même en main le document avant l'émission de l'ordonnance de scellés. Quoi qu'il en soit, même si tel n'avait pas été le cas, la Cour suprême a reconnu dans l'arrêt Globe and Mail c. Canada, [2010] 2 R.C.S. 592, qu'un journaliste qui obtient une information légalement n'est pas garant des obligations du tiers qui la lui a communiquée.* [...] »

« *[102] Le Tribunal est d'avis que tant qu'une ordonnance de confidentialité, de non-publication, de secret des procédures ou de huis clos n'a pas été prononcée, il n'existe aucune interdiction empêchant un média de publier une information dont il dispose si elle est d'intérêt public. Il n'existe alors aucun principe de confidentialité, aucun principe de non-publication, aucun secret, sauf texte législatif précis.* »

« *[103] Un média n'est pas empêché de publier une information pour le cas où quelqu'un, à un moment donné, déciderait de demander à la Cour supérieure ou à un autre tribunal une ordonnance de confidentialité, de non-publication ou de huis clos. Tant que les informations que l'on voudrait éventuellement voir protégées ne le sont pas, un média peut publier ce qui est d'intérêt public. Cela fait partie de la liberté d'expression et du droit du public de savoir et de connaître une information d'intérêt public. L'annonce de démarches en vue d'en venir à une éventuelle ordonnance de confidentialité, de secret ou de non-publication n'y change rien.*

« *[104] Conclure autrement voudrait dire qu'un média ne peut rien diffuser au cas où quelqu'un songerait à demander éventuellement la confidentialité d'une ou de plusieurs informations. [...]*

« *[120] Mais il y a plus. De l'avis de la Cour, Louisbourg a été incapable d'établir devant le Tribunal en quoi l'identité de la source aurait été utile même dans le cas où une ordonnance de non-publication ou de confidentialité aurait été en vigueur. [...]*

« *[139] De l'avis du Tribunal, les éléments factuels en l'espèce conduisent à la conclusion que l'intérêt public sera mieux servi en soustrayant l'identité de la source à la divulgation et l'emporte sur l'intérêt public relié à la découverte de la vérité. [...]*

« *[145] Par ailleurs, l'importance pour le public des informations diffusées les 9 février, 17 avril et 31 mai 2011 ne fait aucun doute. Rappelons que la diffusion de ces informations n'a été possible que parce qu'elles ont été transmises par la source à M. Gravel. [...]*

« *[148] L'importance de l'ensemble des informations transmises par la source dans le présent cas et la nécessité de maintenir l'intégrité du canal de communication entre M. Gravel et sa source dans le futur militent ici clairement en faveur du maintien de la confidentialité de l'identité.*

« *[149] Alain Gravel a témoigné que cette source est une de ses meilleures sources. Elle fut l'une de ses plus importantes sources depuis le début de l'émission Enquête.*

« [150] Il a aussi témoigné de la qualité et de la fiabilité des informations transmises par cette source, attestées par les contres-vérifications [sic] qui ont été effectuées et en regard de la fonction occupée par cette source. Les informations fournies se sont toujours révélées exactes, dit-il.

« [151] Il est clair que la source refusera de dévoiler de nouvelles informations et ne collaborera plus avec M. Gravel et son équipe s'il y a un risque que son identité soit révélée.

« [152] La source a par ailleurs permis à Radio-Canada de dévoiler au public plusieurs nouvelles d'un intérêt public considérable.

« [153] Ce que l'on a appelé les "scandales de la construction" est au cœur de l'actualité politique et économique du Québec depuis environ trois ans. La corruption, la collusion dans le processus d'obtention des contrats publics, la fausse facturation pour frauder le fisc, l'assumation de dépenses personnelles par des entreprises, les liens entre certains représentants syndicaux et certains entrepreneurs, l'intimidation, le placement syndical et toutes les autres questions reliées à la construction sont d'une très grande importance tant du point de vue économique que pour le fonctionnement de l'une des plus importantes industries au Québec. Les fonds publics sont en cause, et ce de façon importante. Par ailleurs, ces pratiques ne sont pas sans conséquence sur le fonctionnement de la démocratie québécoise. Ce n'est sans doute pas pour rien qu'une commission publique d'enquête a été créée pour enquêter sur plusieurs de ces questions. Elle ne s'explique que par l'importance des problèmes et leurs lourdes conséquences.

« [154] La source concernée par la présente demande a contribué à révéler des informations sur plusieurs de ces questions. Il faudrait des considérations impératives et décisives pour songer à mettre fin à ce canal d'information si important dans les circonstances. D'autant qu'une grande partie sinon la totalité des informations qui ont été révélées au public sur le sujet au cours des dernières années a eu pour seule origine les médias et leurs "sources" d'information. Suivant des propos tenus à l'Assemblée nationale le 21 septembre dernier, "depuis trois ans, les seules informations qui ont été soumises à l'attention du public [ont été] le fait de révélations journalistiques".

« [155] En l'espèce, force est de constater que l'intérêt public relié à la recherche de la vérité par Louisbourg ne fait pas le poids face à l'intérêt public qui est protégé par le refus de la divulgation de l'identité de la source, eu égard à l'importance de la question pour la société et les débats publics.

« [156] Ce serait d'ailleurs envoyer un très mauvais message au moment de la mise sur pied de la Commission d'enquête sur l'octroi et la gestion des contrats publics dans l'industrie de la construction au Québec, laquelle aura peut-être bien besoin d'informations "confidentielles" pour mener à bien sa mission. [...]

« [160] Car la faiblesse des motifs de divulgation exposés par Louisbourg et d'autres éléments obligent en l'espèce à se questionner sur les véritables buts qu'elle poursuit. Radio-Canada croit qu'en réalité par ses multiples procédures contre elle et ses demandes de divulgation d'identité qui risquent de tarir ses sources, M. Accurso et ses entreprises tentent par tous les moyens de la faire taire, ainsi que ses journalistes. L'argument a une certaine portée à la lumière d'une lettre envoyée à Radio-Canada et à sa journaliste Marie-Maude Denis par les procureurs de M. Accurso et ses entreprises à l'effet que dès qu'un journaliste est poursuivi par eux, il ne devrait plus pouvoir enquêter sur eux! En somme, il suffirait de poursuivre un média ou un journaliste pour être assuré de les faire taire. Voilà une idée brillante pour mettre hors jeu ceux qui ne font pas notre affaire. Cette prétention fausse et consternante est peut-être aussi révélatrice. En tout cas, elle fait naître bien des questions. Tout comme la multiplicité des procédures contre Radio-Canada et le fait que celle-ci soit poursuivie pour avoir diffusée [sic] des informations contenues *dans l'Annexe IV, alors que le Globe and Mail ne l'est pas bien qu'il ait fait la même chose (le 17 avril 2011). [...]*

« *CONCLUSIONS*

« *PAR CES MOTIFS, LE TRIBUNAL :*

« *[162] REJETTE la demande de Constructions Louisbourg ltée visant à faire condamner la Société Radio-Canada pour outrage au tribunal ;*

« *[163] DÉCLARE la Société Radio-Canada non-coupable d'outrage au tribunal et l'ACQUITTE de l'accusation portée contre elle ;*

« *[164] REJETTE la demande de la requérante visant à forcer Radio-Canada et son journaliste Alain Gravel à révéler l'identité de la source qui leur a procuré les informations relatives aux démarches de Revenu Québec pour obtenir le dossier et les preuves de l'ARC [Agence du revenu du Canada] à l'encontre de Louisbourg, et qui a remis une copie des Motifs raisonnables à l'appui de la demande d'émission de l'ordonnance de communication dans le dossier 500-26-063527-117 de la Cour du Québec ;*

« *[165] LE TOUT AVEC DÉPENS contre Constructions Louisbourg ltée en faveur de la Société Radio-Canada sur la requête de la première pour faire condamner la seconde pour outrage au Tribunal.* »

Alain Gravel remet le jugement dans son sac, se lève et va sauter dans la mer. Décidément, il ne se souvient pas de la dernière fois où il s'est senti aussi détendu.

ÉPILOGUE

La source d'Alain Gravel était catégorique : « Sois là tôt le matin et tu le verras. » En arrivant à l'endroit indiqué, l'animateur grogne en voyant la petite meute de journalistes, caméramans et photographes déjà présents. C'était à prévoir ; il n'est pas le seul à avoir des relations dans le milieu policier.

Gravel fait le pied de grue avec son caméraman, un micro dans les mains. Après quelques minutes, une voiture grise s'avance lentement et s'arrête devant le quartier général de la Gendarmerie royale du Canada à Montréal. Tous les journalistes se pressent les uns contre les autres en essayant de s'approcher autant que possible de la voiture devant laquelle des policiers forment maintenant un cordon de sécurité. À l'instant même où la porte s'ouvre, Alain commence à poser ses questions, comme tous les autres reporters autour.

« Monsieur Accurso ? Alain Gravel de Radio-Canada, monsieur Accurso. » L'entrepreneur marche la tête haute, les menottes aux poings, sans jeter un seul coup d'œil à Alain. « Monsieur Accurso, est-ce que vous avez un commentaire ? » L'homme d'affaires poursuit son chemin en silence, escorté par trois policiers.

• • •

Tony Accurso est arrêté une première fois, en avril 2012, par l'escouade Marteau ainsi que 16 autres personnes soupçonnées d'avoir faussé l'octroi de contrats publics, dont le maire de Mascouche. Sa deuxième arrestation, en août 2012, par la Gendarmerie royale du Canada, concerne les accusations de fraude déposées par l'Agence du revenu du Canada.

Peu de temps après, l'entrepreneur quitte la direction de ses entreprises et le monde des affaires, «tant pour des raisons personnelles que pour ce que je crois être de l'intérêt du Groupe des entreprises», écrit-il dans une lettre envoyée à ses employés.

En avril 2013, l'homme d'affaires se fait appréhender à une troisième reprise, cette fois par l'Unité permanente anticorruption du Québec. Au total, 37 personnes sont arrêtées lors de cette opération concernant la Ville de Laval. Le maire Gilles Vaillancourt fait partie des suspects et est accusé de gangstérisme.

En juin 2013, Revenu Québec dépose 928 chefs d'accusation contre Tony Accurso et certaines de ses entreprises. L'entrepreneur s'expose à des amendes totalisant plus de 8,5 millions de dollars ainsi qu'à des peines d'emprisonnement.

En février 2014, la Cour d'appel du Québec rejette l'appel des Constructions Louisbourg, qui voulaient infirmer le jugement blanchissant Radio-Canada dans l'affaire d'outrage au tribunal.

Le 26 juin 2014, la Cour suprême vient clore les procédures. Le plus haut tribunal du pays refuse d'entendre Constructions Louisbourg.

Le 9 juillet 2014, l'entrepreneur Tony Accurso est assigné à comparaître devant la commission Charbonneau du 2 au 5 septembre.

-30-

POSTFACE
LE FANTÔME ACCURSO

PAR ALAIN GRAVEL

Depuis le début des enquêtes portant sur l'industrie de la construction, un nom ressort constamment : celui de Tony Accurso. Qu'il soit question d'apparences de favoritisme et de copinage, de fraude fiscale, de financement illégal des partis politiques, d'allégations de collusion et de corruption, toujours le même nom revient : Accurso. L'homme d'affaires est devenu l'un des visages du scandale qui a frappé toute l'industrie de la construction au Québec.

Pourtant, quand nous avons commencé nos recherches sur le sujet, c'est tout juste si l'on savait prononcer son nom. Pendant longtemps, il a été un véritable « fantôme ». Avant ses arrestations, il n'existait que de très rares photos de lui, aucune apparition sur vidéo, rien ! Quelques mentions à son sujet, au fil des ans, dans des journaux ou des magazines. C'est tout. À la tête de son empire, Tony Accurso était partout et nulle part à la fois !

Il est un maître des relations publiques, comme on l'a vu lors de son témoignage à la commission Charbonneau, mais aussi un homme secret et effacé. Il a toujours voulu protéger jalousement ce qu'il a appelé son « droit à la vie privée » dans les poursuites qu'il a intentées contre nous. Même si la vaste majorité de ses contrats provenait du secteur public.

Un homme pourtant dont le maître mot aurait pu être : contact, contact, contact.

Selon lui et ses avocats, tourner des images du *Touch* était un affront, puisque cela constituait une atteinte à sa vie privée. Il a toutefois oublié de dire que les contribuables canadiens ont payé une partie de ce bateau, considérant qu'il a été démontré en cour que sa construction, son aménagement et sa rénovation ont fait l'objet de fausses inscriptions fiscales.

Ce sont les médias et, au premier chef, l'équipe d'*Enquête* qui ont dirigé les projecteurs sur Tony Accurso, ses relations, ses contrats, ses stratagèmes et ses compagnies. Pourtant, il était cité dans plusieurs enquêtes policières, ici comme en Italie. Il faisait partie, tout comme le maire Vaillancourt, des personnes ciblées par l'opération Bitume, qui s'est penchée sur la collusion à Laval au début des années 2000 . Déclenchée après la dénonciation de l'ingénieur François Beaudry du ministère des Transports, cette enquête de la Sûreté du Québec n'a toutefois mené nulle part et a été abandonnée. Mon collègue Christian Latreille a fouillé cette histoire. La question que soulevait son reportage du 25 septembre 2014 est de savoir si, à cette époque, la relation que monsieur Accurso entretenait avec Richard Bégin, le directeur des enquêtes criminelles à la Sûreté du Québec, a pu jouer dans la décision d'interrompre cette enquête en 2003.

Les policiers de la Gendarmerie royale du Canada savaient aussi qui était Tony Accurso. À la commission Charbonneau, certaines conversations enregistrées dans le cadre d'opérations policières ont été diffusées. On y apprend que l'homme d'affaires était en relation constante avec Filippo Ranieri, un des intermédiaires de Vito Rizzuto, le chef de la mafia. On sait aujourd'hui que Ranieri était l'organisateur de rencontres entre Accurso, Vito Rizzuto et son fils, Nick Rizzuto Jr. Une filature a même permis à la police d'assister à une accolade entre Accurso et Rizzuto dans un restaurant du boulevard Saint-Martin, à Laval, le 14 février 2002. Accurso a tenté de banaliser la chose en disant, dans son témoignage, que faire des accolades, c'est une tradition italienne. Or, des spécialistes de la mafia italienne vous diront qu'il s'agit d'un geste symbolique démontrant le respect voué au chef de clan.

Il n'y a pas que les corps policiers canadiens qui avaient entendu parler de Tony Accurso. Son nom revient à quelques reprises dans des résumés d'écoutes électroniques recueillies par la brigade antimafia italienne lors de l'enquête sur la vaste opération de blanchiment d'argent qu'a tentée Vito Rizzuto lorsqu'il a proposé d'investir dans le projet de construction du pont de Messine reliant la Calabre à la Sicile. Encore une fois, Filippo Ranieri était considéré comme l'intermédiaire de Rizzuto. Dans un de ces enregistrements, Ranieri discute avec Joseph Zappia, que la police soupçonnait d'être un des prête-noms des Rizzuto en Italie. Ce dernier est l'ingénieur qui a construit les pyramides olympiques en vue des Jeux de Montréal, en 1976. Il vit maintenant à Rome. En 2010, il a écopé d'une peine d'emprisonnement de trois ans pour son rôle dans le stratagème visant à financer la construction du pont de Messine à même l'argent du crime. Il a été absout en cour d'appel en 2012.

Dans les enregistrements obtenus par la brigade italienne, Joseph Zappia mentionne à Filippo Ranieri qu'il a envoyé deux petits livres, un sur la Sicile et l'autre sur la Calabre, et qu'il aimerait donner le premier à « l'ami » (les enquêteurs associent « l'ami » à Nicolo Rizzuto Sr) et le second à Tony Accurso.

Il est encore question d'Accurso lors d'une autre conversation interceptée par la police italienne et dans laquelle Joseph Zappia dit à sa sœur Nancy que « [maintenant], Anthony travaille pour la mafia, il y a un mafieux dans le groupe ». Dans un document parlant de cette écoute, la police italienne écrit : « À l'égard de ce personnage, les vérifications préliminaires laissent vraisemblablement entendre que celui-ci soit identifié comme Antonio Accurso, résidant à Montréal [...] un homme riche [...] et fort d'influences politiques importantes, bien qu'à l'état actuel des choses il n'ait jamais été impliqué dans aucune enquête sur la mafia ».

Bien sûr, il ne s'agit que de ouï-dire et l'enquête italienne, outre le fait de citer cette conversation, ne tente pas d'en approfondir le sens. Cet échange a été révélé par l'équipe d'*Enquête* le 9 octobre 2014.

Résumons : pas d'accusation contre Accurso ni de condamnation concernant ses discussions avec la mafia, mais son nom dans des enquêtes, et des contacts. Toutefois, Accurso se défend bien d'avoir eu des relations d'affaires avec la mafia, disant même les avoir toutes refusées.

Yves Messier, un spécialiste du renseignement criminel à la Sûreté du Québec qui a enquêté pendant 15 ans sur la mafia, croit que les contacts d'Accurso avec celle-ci sont révélateurs. C'est ce qui ressort d'une entrevue qu'il a accordée à *Enquête* à l'automne 2014. Quand je pense que Tony Accurso nous a poursuivis, réclamant une somme de huit millions de dollars, notamment pour, a-t-il prétendu, avoir laissé entendre dans divers reportages qu'il avait des liens avec le crime organisé ! Que, pendant trois ans, son avocat, Louis Demers, a multiplié les mises en demeure et les requêtes. Sans compter la poursuite pour outrage au tribunal qu'il a intentée contre Radio-Canada pour avoir rendu public un document de Revenu Québec placé sous scellés, document que j'avais obtenu avant sa mise sous scellés.

On sait aujourd'hui que toutes ces procédures ne sont allées nulle part. Et jamais Tony Accurso ne s'est montré en cour, préférant rester dans l'ombre comme il l'a toujours fait.

Il a tout tenté pour ne pas comparaître devant la commission Charbonneau, refusant de collaborer avec ses enquêteurs. Puis, de requête en requête, il s'est rendu jusqu'à la Cour suprême pour éviter de répondre aux questions des procureurs de la Commission.

Il a gagné du temps. Assez pour être le dernier à témoigner. Il savait alors ce qu'avaient révélé les témoins l'ayant précédé dans des affaires le concernant. Il partait donc avec une longueur d'avance lorsqu'il s'est présenté devant les commissaires et les procureurs. Aussi, ses avocats ont multiplié les requêtes devant les tribunaux pour que la Commission ne l'interroge pas sur les faits entourant les accusations criminelles dont il fait l'objet.

Pourtant, d'autres avant lui, comme Lino Zambito, avaient été contraints de répondre à toutes les questions, y compris celles liées à des accusations criminelles. Mais dans leur cas, la juge Charbonneau, s'était limitée à imposer une ordonnance de non-publication. Par la suite, on élaguait leurs témoignages de façon à écarter les passages pouvant leur porter préjudice et le reste était rendu public. Mais ce fut différent dans le cas de Tony Accurso puisque la Commission s'était engagée à ne pas le questionner sur des faits relatifs aux poursuites criminelles intentées contre lui. Frilosité de la Commission devant un adversaire qui ne recule devant aucun recours judiciaire, ou traitement de faveur ? À vous de répondre.

J'ai eu peu de contacts avec Tony Accurso. Avant son témoignage, je connaissais à peine le son de sa voix. En fait, je n'avais eu avec lui que de « tout petits contacts ». Je l'avais appelé une fois au début de mes enquêtes. Il m'avait dit qu'il était en réunion et qu'il allait me rappeler, ce qu'il n'a pas fait. J'ai par la suite laissé de nombreux messages dans sa boîte vocale, mais jamais il ne m'a donné signe de vie.

Une autre fois, je l'ai croisé brièvement chez Milano, une épicerie située dans le quartier italien de Montréal. C'était un samedi matin, tôt. Je l'avais vu du coin de l'œil alors que je me trouvais au comptoir des charcuteries. Je n'étais pas certain que c'était lui, puisque je ne l'avais jamais rencontré. Il est venu vers moi et m'a serré la main comme si je le connaissais : « Bonjour, Alain. Je me présente : Tony Accurso. » Rapidement, il a tourné les talons en me disant qu'on allait se revoir bientôt, faisant référence aux procédures judiciaires qu'il avait intentées contre moi et Radio-Canada.

Deux semaines plus tard, une de mes sources m'a demandé si j'avais effectivement eu une rencontre secrète avec Accurso chez Milano. Une de ses relations à la Gendarmerie royale du

Canada lui avait révélé qu'une équipe de filature l'avait vu sortir de l'épicerie et que je l'avais suivi peu de temps après. Je n'en revenais pas. L'entrepreneur était donc sous surveillance 24 heures sur 24? J'en avais conclu que ma source était vraiment bien branchée.

Erreur! J'ai su récemment que tout ça était de la frime. Un enquêteur m'a mis en garde contre cette source qui, semble-t-il, était en relation constante avec Accurso. Un homme qui m'appelait sans cesse pour s'informer de mes prochains reportages sur le scandale de l'industrie de la construction. Inquiétant…

J'ai eu d'autres «petits» contacts avec Accurso, cette fois indirectement. Ken Pereira le rencontrait à l'occasion. Il m'a dit qu'Accurso lui avait annoncé que j'allais bientôt prendre ma retraite. S'agissait-il d'un message à peine voilé d'Accurso, qui savait que Pereira me parlait régulièrement?

Le dernier «contact» que j'ai eu avec lui a eu lieu en mai 2012, lorsqu'il était escorté par les policiers vers le quartier général de la Gendarmerie royale du Canada à Montréal, après son arrestation dans le cadre de l'opération Coche, portant sur de la fraude fiscale. Je faisais partie du groupe de journalistes présents pour filmer son arrivée. Je lui ai demandé s'il avait des commentaires à faire. Il n'a pas répondu et n'a même pas tourné le regard dans ma direction.

Tout ça pour dire que j'avais bien hâte d'entendre le fantôme Accurso à la commission Charbonneau. Le 7 septembre 2014, je m'installe donc devant un petit téléviseur déposé sur mon bureau pour entendre le début de son témoignage. Première constatation : il n'a pas l'air du méchant loup qu'on présente en boucle depuis quelques années, lors de ses différentes arrestations. Assis devant les commissaires, il lui arrive même de sourire. Certaines de mes collègues journalistes ont même trouvé charmants «sa beauté virile, son regard perçant et son sourire carnivore». Un journaliste de Québecor, Jean-Jacques Samson, est allé jusqu'à dire que le Québec aurait besoin d'autres Tony

Accurso tellement il a été impressionné par le témoignage de l'homme d'affaires!

Comment peut-on oublier que les entreprises de Tony Accurso ont plaidé coupables, en 2010, à une fraude à l'impôt fédéral pour une somme de plus de quatre millions de dollars? Comment oublier la kyrielle d'accusations – plus de 900 – déposées contre lui et certaines de ses sociétés par Revenu Québec dans un autre dossier de fraude fiscale? Comment oublier aussi les nombreuses accusations criminelles portées contre lui pour fraude, abus de confiance et corruption? Il doit d'ailleurs subir bientôt trois procès en lien avec ces histoires.

Au-delà de ses esquives, comment croire qu'il entretenait des liens strictement amicaux avec tous les «contacts» de la FTQ, de la FTQ-Construction et du Fonds de solidarité qu'il a reçus sur son bateau? Le fait que ses «amis» occupaient très souvent des postes influents au sein de la centrale syndicale ou du Fonds, n'était-ce que pure coïncidence? Ne devrait-on pas s'interroger davantage quand le plus grand patron de l'industrie de la construction invite, toutes dépenses payées, les représentants syndicaux de ses travailleurs? Quels étaient ses intérêts en recevant régulièrement sur ses bateaux des présidents de la FTQ qui d'office dirigeaient le conseil d'administration du Fonds de solidarité, une organisation de capital de risque qui n'existerait pas sans les généreux crédits d'impôt consentis par l'État?

Tony Accurso a témoigné en disant que jamais il n'a convié de banquiers sur son bateau. La Commission n'a pas relevé que les véritables banquiers d'Accurso étaient ceux qui investissent du capital de risque, c'est-à-dire les syndicalistes qui dirigeaient le Fonds de solidarité.

J'ai regardé la presque totalité de son témoignage. J'y ai vu de nombreuses contradictions et, surtout, beaucoup d'oublis. J'ai trouvé qu'on le laissait beaucoup parler. Un homme qui en a dit juste assez pour satisfaire les procureurs, mais pas trop pour ne pas trébucher. Il avait eu le temps de bien se préparer.

C'est évidemment la partie sur ses liens avec le crime organisé qui m'a le plus intéressé. Surtout celle des «petits contacts» avec Vito Rizzuto et son fils, Nick, celle des «bons contacts» avec Filippo Ranieri, et la partie du «zéro contact» avec Raynald Desjardins, un mafieux converti en entrepreneur de la construction qui fait face aujourd'hui à des accusations de meurtre au premier degré de Salvatore Montagna, un membre du clan Bonanno, criblé de balles en novembre 2011 à Charlemagne, dans la banlieue est de Montréal.

Comment peut-on n'avoir que de «petits contacts» avec la mafia? Surtout lorsque ces «petits contacts» ont été plus fréquents que monsieur Accurso a voulu le faire croire au début de son témoignage.

Nombreux contacts avec Vito, lorsque ce dernier fréquente régulièrement l'Onyx, le restaurant d'Accurso, et ce dès son ouverture. Puis, contact officiel avec le chef de la mafia pour discuter d'un projet immobilier. Contact une fois de plus lorsque ce dernier sort de prison, à l'automne 2012.

Contacts aussi avec Nick Rizzuto Jr, qui s'occupait des affaires de son père durant son emprisonnement. Des centaines d'échanges téléphoniques avec Filippo Ranieri, l'intermédiaire de Vito Rizzuto que la police italienne a déjà voulu extrader. Deux entretiens avec Raynald Desjardins, même si, au début, il a dit «zéro contact».

Connaît-on des gens ordinaires, salariés, syndiqués ou entrepreneurs, qui ont de «petits contacts» avec la mafia pour discuter de leurs affaires? Qui obéissent quand on vient les chercher *subito presto* pour assister à une rencontre avec Raynald Desjardins?

Le témoignage de Tony Accurso était un moment symbolique fort à la commission Charbonneau. Qu'en restera-t-il? Il n'a pas trébuché, mais n'a pas dit grand-chose. Il a joué la trappe, comme on dit au hockey, quand une équipe se contente de neutraliser les attaques. Et la Commission l'a laissé patiner comme s'il était seul sur la glace.

La grande question est de savoir si la Commission en avait plus dans ses cartons pour tenter de le contredire. Peut-être en saurons-nous davantage à l'occasion des procès à venir. Mais la vérité pourrait aussi s'évanouir dans l'étroit corridor des poursuites judiciaires, comme cela arrive si souvent.

Les médias ont joué pleinement leur rôle de chiens de garde de la démocratie en enquêtant sans relâche sur les scandales dans l'industrie de la construction. La police a pris le relais en procédant à de multiples arrestations, surtout dans le secteur municipal.

Malheureusement, ceux qui ont suivi les événements depuis 2008 sont restés sur leur faim en entendant certains témoignages de la commission Charbonneau au cours desquels on a raté de bonnes occasions d'aller au bout des choses, en premier lieu avec le témoignage de Tony Accurso. Qu'en dira la Commission dans son rapport? Avait-elle d'autres cartouches en réserve? Attendons la fin de ses travaux avant de conclure.

Entre-temps, croisons-nous les doigts afin que toute la lumière soit faite pour éviter que ceux qui ne cherchent qu'à s'enrichir à nos dépens disparaissent de nouveau dans le brouillard de leurs combines, en attendant la prochaine commission d'enquête!

Montréal, octobre 2014

MARQUIS

Québec, Canada